Yvonne H. Koch · Dr. Ursula Stumpf

PFLANZENASTROLOGIE
Heilung durch Pflanzen und Planeten

Freya Verlag –
unabhängig, familiengeführt, subventionsfrei, werteorientiert, grundsatztreu
Seit über 30 Jahren veröffentlichen wir Bücher, die unseren Überzeugungen entsprechen und ausschließlich einen positiven Beitrag für Mensch, Tier und Umwelt leisten.

Werden Sie Teil unserer Verlagsfamilie – wir wünschen Ihnen viel Freude mit diesem Buch.

www.freya.at

ISBN: 978-3-99025-088-4
© 2025 Freya Verlag GmbH
3. Auflage
Alle Rechte vorbehalten
Layout: freya_art, Isabell Gemende M.A.
Lektorat: Mag. Dorothea Forster
printed by GPS-Group

Fotos: Dr. Ursula Stumpf und Yvonne H. Koch
Zeichnungen: Anita Perez-Arnold
Grafiken: Nicolas Koch
Cover: © Fotolia Subbotina Anna, siloto, Joachim;
© shutterstock Oleg Golovnev

Die Autoren und der Verlag übernehmen keine Haftung für die Richtigkeit, Vollständigkeit oder Folgen der Anwendung der enthaltenen Inhalte. Es ersetzt keine professionelle Beratung. Die Nutzung erfolgt auf eigene Verantwortung.
Alle Rechte vorbehalten. Jede Vervielfältigung oder Verbreitung bedarf der Genehmigung.

Bildnachweis:
S. 12: © Kautz15, S. 18: © Zlajs, S. 25: © siloto, S. 36/37: © Floydine, S. 42: © j.o.photodesign, S. 47: © gudrun, S. 59: © Светлана Ильева, S. 61: mit freundlicher Genehmigung vom ZeitenSchrift-Verlag, S. 62: © paylessimages, S. 67: © Stauke, S. 68: © tosoth, S. 72: © Nunnicha Supagrit, S. 78 unten: © Natalie Prinz, S. 84: © Artur Synenko, S. 90: © Christian Huschga, S. 91: © peppi18, S. 104 oben, S. 243, S. 247: © LianeM, S. 106: © emer, S. 116: © Rafael Ben-Ari, S. 129: © petrabarz, S. 130: © Thomas Otto, S. 131: © M. Schuppich, S. 133: © Freya Verlag, S. 134: © Gerhard Seybert, S. 136: © Friedberg, S. 140: © Konstiantyn, S. 156, S. 287, S. 291: © Subbotina Anna, S. 158: © jpfctf, S. 167: © Perseomedusa, S. 172: © DLeonis, S. 173: © kernel, S. 178: © line-of-sight, S. 187: © diez-artwork, S. 198: © Joachim Opelka, S. 206: © Maslov Dmitry, S. 227: © alephnull, S. 236: © eZeePics Studio, S. 244: © Rozmarina, S. 246: © Martina Berg, S. 264: © vvoe, S. 268: © naturepics, S. 272: © Africa Studio, S. 281: © Tatiana Yakovleva, S. 282: © Jürgen Fälchle, S. 288/289: © klagyivik, S. 292/293: © Konstiantyn, S. 297: © TSpider, S. 305: © Acik, S. 306: © Brad Pict, S. 308: © Li-Bro, S. 310: © Horticulture, S. 320: © Georgios Kollidas, S. 322: © J.J.Brown, S. 327: © photowings, S. 334: © JulietPhotography – Fotolia.de, S. 329: © C m handler

Herzlichen Dank

Herzlichen Dank all denen, die uns direkt oder indirekt bei der Entstehung dieses Buches geholfen, unterstützt und ermuntert haben. Dazu gehören die TeilnehmerInnen all unserer AstroFlora-Kurse, die uns immer wieder mit Gedanken, Diskussionen und Impulsen bereichert haben.

Herzlichen Dank an die Künstlerin Anita Perez-Arnold (*solentauro@hotmail.com*), die mit ihrem unverkennbar kreativen Pinselstrich die Ausgestaltung unseres Buches bereichert hat. Bei Peter Stahmer bedanken wir uns für die Gestaltung der himmlischen Erdkugel auf dem Titelbild. Danke an Nicolas Koch für die kreative Gestaltung der Grafiken. Dank sei auch an Diana Thommen gerichtet, welche dabei geholfen hat, die zwölf Tierkreisbewegungen zu entwickeln. Herzlichen Dank an Wulfing von Rohr und an Gret Ziswiler, die das Manuskript gelesen und wertvolle Anregungen dazu gegeben haben. Herzlichen Dank an Professor Urs von Stockar, der die Geschichte von Marduk mit wissenschaftlichen Ratschlägen untermauerte. Bei Rüdiger Dahlke bedanken wir uns für seine motivierende Inspiration. Ganz besonderen Dank geht auch an Grethe Fremming und an Rolf Havsboel für ihre immerwährende Begleitung.

Last, but not least bedanken wir uns ganz herzlich beim Freya Verlag und ganz besonders bei Frau Isabell Gemende für die schöne Gestaltung dieses Buches.

INHALT

Vorwort –
Warum schreiben wir dieses Buch?... 9

1. Marduks Zeitreise – Evolutionssprünge
   in der Menschheitsgeschichte 13

   Pflanzen, Planeten und die Entwicklung des Bewusstseins 13
   Die Zeitreise des babylonischen Hohepriesters Marduk 19

2. Astroflora –
   Pflanzen und Planeten im Einklang 27

   Ein neues kosmisches Weltbild 27
      Sternenkunde kurz gefasst 27
      Eine besondere Symbolsprache 29
      Das Modell eines Schwingungsmoments – das Horoskop 30
      Prognosen sind überall 31
      Fokus auf die Potentiale 32
      Ein Blick in die Zukunft:
      Kosmische Energien am 5. Oktober 2255 43
      Kosmos, Schwingungen und Quanten 48
      „Der stille Punkt" – Pflanzen und Planeten im Einklang 53

   Wie oben, so unten – wie im Kosmos, so in den Pflanzen 56
      Planeten in Pflanzen entdecken 56
      Die Bahn der Venus als Vorlage für Rosenblüten 57
      Die Bewegung der Planeten in Bäumen erkennen 59
      Wassertropfen spiegeln die Energien der Planeten 61
      Planeten regen das Wachstum einer Pflanze an 62
      Pflanzen als intelligente Lebewesen 65

**Leben im Einklang mit den Zyklen
von Sonne, Mond und Planeten**..................69
  Die Zyklen der Sterne geben
  die Rhythmen auf der Erde vor 69
  Spaziergang durch einen Monat –
  der Mond und seine Pflanzen 71
  Begleitung durch ein ganzes Jahr –
  die Sonne und ihre Pflanzen 79
  Ziele setzen mit Planeten und Pflanzen 92
  Ernten und Sammeln im Rhythmus der Wochentage 129

3. Zusammenhänge zwischen Pflanzen, Planeten und Tierkreiszeichen 137

Die Signaturenlehre – Zeichensprache der Natur 137
  Planeten in Pflanzen entdecken 140
  Der Tierkreismensch – seit Urzeiten überliefert 151
  Die Farben der zwölf Tierkreiszeichen 155

Der Kosmos und seine Pflanzen 157
  Widder, Mars und die Brennnessel 157
  Stier, Venus und die Rose 166
  Zwillinge, Merkur und die Wilde Möhre 177
  Krebs, Mond und die Seerose 186
  Löwe, Sonne und die Sonnenblume 196
  Jungfrau, Chiron und der Lavendel 205
  Waage, Isis und die Iris 215
  Skorpion, Pluto und die Lotusblume 225
  Schütze, Jupiter und der Gelbe Enzian 235
  Steinbock, Saturn und der Ackerschachtelhalm 245
  Wassermann, Uranus und die Arnika 254
  Fische, Neptun und die Frangipani 263
  Lilith, die Urkraft, und der Hibiskus 273

4. So nutzen Sie dieses Buch ... 283

So mobilisieren Sie Ihre Selbstheilungskräfte mit Planetenpflanzen ... 283
- So beschäftigen Sie sich mit den Pflanzen ... 285
- Hilfen im Alltag mit AstroFlora ... 286
- Pflanzenenergien verstärken oder abmildern ... 288

Planeten und Pflanzen auf einen Blick ... 292
- Pflanzenzuordnungen von Mars bis Neptun einschließlich Lilith ... 292

Planeten – Mineralien – Pflanzen – Tiere – Archetypen – auf einen Blick ... 294
Die zwölf Tierkreisbewegungen – Energie für jeden Tag ... 295

5. Die phantastische Geschichte des Babylonischen Hohepriesters Marduk ... 307

Die Generationenzyklen von 1912 bis 2068 ... 329

6. Ausblick: Heilung durch Schwingung ... 335

Anhang ... 336
- Stichwortverzeichnis ... 336
- Literaturverzeichnis ... 342
- Die Autorinnen ... 343

VORWORT – WARUM SCHREIBEN WIR DIESES BUCH?

„Blumen sind die Sterne der Erde und Sterne sind die Blumen des Himmels."

Paracelsus

In den letzten Jahren haben wir viele gute Erfahrungen mit der von uns entwickelten Methode der Verbindung von Pflanzen und Planeten gemacht. Sie stellt einen Zusammenhang zwischen Kosmologie und Pflanzenheilkunde dar, die zu den ältesten Wissenschaften der Menschheit gehören, und macht sie für unsere aktuellen Herausforderungen äußerst wertvoll.

Wir haben diese Methode in unseren Beratungspraxen, in Seminaren und Jahresausbildungen angewendet und immer wieder festgestellt, dass die TeilnehmerInnen positiv motiviert und voller Leichtigkeit und Lebensfreude ihre Erkenntnisse in den Alltag integriert haben. Wichtig ist uns dabei die Liebe zur Natur, zum Kosmos und zu den Pflanzen. Wir möchten die Menschen dahin führen,

- in Einklang zu kommen mit den Zyklen in der Natur und im Kosmos.
- ihre Sinne zu öffnen, zu sehen, zu hören, zu riechen, zu schmecken, zu fühlen.
- über das Öffnen der äußeren Sinne die inneren zu wecken.
- das Ur-Vertrauen zu finden, dass die Natur jede Hilfe bereithält.
- die Schönheit im Leben zu sehen.
- im Hier und Jetzt zu sein, den Augenblick zu lieben und zu leben.

Dabei haben wir aus alten Modellen (Hermes Trismegistos, Paracelsus, Culpeper, Steiner ...) gelernt und aus diesen Vorgaben unsere eigenen entwickelt.

Nun stellen wir sie in diesem Buch vor und schließen auch die neuesten Erkenntnisse der Gegenwartsforschung mit ein.

Wer sich zum Beispiel im Frühling in die Energie des Neuanfangs einstimmen will, dem gelingt es leichter mithilfe der Brennnessel. In dieser Jahreszeit zeigt sich der Mars auf der Erde in Form dieser Pflanze. Als Urprinzip wird dem Mars der menschliche Kopf zugeordnet – und so hilft die Brennnessel auch bei Frühjahrskopfschmerz, der häufig bei Wetterwechsel die Köpfe quält. Mithilfe des Marsmetalls Eisen bringt sie neue Energie in die vom Winter ermatteten Körper.

Anhand solcher Beispiele zeigen wir für jedes Tierkreiszeichen und für jeden Planeten die Grundthemen, Energien und Pflanzen der zwölf Monate im Jahresverlauf.

Wer es versteht, die Geschehnisse in der Natur auf sich und sein Erleben zu übertragen, für den wird eine positive Lebenseinstellung selbstverständlich.

So unterstützt Sie dieses Buch dabei, in die Natur hinauszugehen, aufzutanken, zu regenerieren, in den Sternenhimmel zu schauen und dabei auch nach innen zu gehen, Ihren wahren Kern zu finden und dem modernen Alltagsleben gewachsen zu sein.

1. MARDUKS ZEITREISE – EVOLUTIONSSPRÜNGE IN DER MENSCHHEITSGESCHICHTE

Pflanzen, Planeten und die Entwicklung des Bewusstseins

Als wir uns im Jahre 2008 mit der Idee anfreundeten, ein Buch über die Zusammenhänge zwischen Planeten und Pflanzen zu schreiben, ging der Planetoid Pluto gerade in das Tierkreiszeichen Steinbock. Lediglich Astrologen nicken bei diesem Satz bedeutungsvoll. Allen anderen sei verraten, dass dies eine Konstellation am Sternenhimmel ist, die nur etwa alle 250 Jahre eintritt und im Schnitt ungefähr 20 Jahre andauert. Momentan sind es nur gut 16 Jahre von 2008 bis 2024.

250 Jahre braucht der Pluto, um auf seiner Bahn einmal um die Sonne zu kreisen. Wenn er weit draußen im Universum einmal in diesen 250 Jahren in das Tierkreiszeichen des Steinbocks eintritt, bedeutet das für die Erde immer eine Zeit großer Veränderungen. Wissen und Weisheit aus alten Zeiten (Babylonier, Ägypter, Griechen ...) tauchen wieder auf und werden neu interpretiert.

Die daraus folgenden Einsichten und Erkenntnisse spielen sich im Vergleich zu früher auf einer höheren Bewusstseinsstufe ab und bewirken einen Wandel im Denken und Handeln. Alle 250 Jahre dreht es sich in diesen Zeiten für uns Menschen darum, mit dem Kosmos und der Natur, mit oben und unten, mit Planeten und Pflanzen wieder vermehrt in Einklang zu kommen. Auch zur Zeit der Renaissance in Europa wanderte Pluto durch das Tierkreiszeichen

Steinbock. Diese Epoche machte die Ideale der Klassik wieder lebendig und wandelte sie zu neuen Lebensformen um.

Zwischen 2008 und 2024 ist nun wieder ein solcher Bewusstseinssprung angesagt. Zum Geist dieser Zeit passend faszinieren uns neben der Erforschung der kosmischen Gesetzmäßigkeiten und des Potentiales in der Pflanzenwelt die neuesten Entwicklungen in der Quantenphysik. Diese hat sich aus der Physik entwickelt und befasst sich mit Verhalten und Wechselwirkung allerkleinster Teilchen, die überall zu finden sind, auch in Planeten und Pflanzen.

Nach dem Prinzip „wie oben, so unten" und „wie im Großen, so im Kleinen" werden nun Zusammenhänge gefunden zwischen den Gesetzmäßigkeiten im Makrokosmos des Universums und im Mikrokosmos der Erde. Bestimmte Phänomene, die wir bisher nur beobachten, aber nicht erklären konnten, öffnen sich inzwischen einer wissenschaftlichen Erforschung und Interpretation. Wissenschaftler sind dabei zu beweisen, dass die minimalen Schwingungen der Quanten in Einklang sind mit den großen Schwingungen im Kosmos und überall auf der Welt.

Von Max Planck, Begründer der Quantenphysik um 1900, wissen wir, dass es Schwingungen sind, die sowohl die Funktion eines Teilchens als auch einer Welle erklären:

> *„Materie an sich gibt es nicht,*
> *es gibt nur den belebenden, unsichtbaren,*
> *unsterblichen Geist als Urgrund der Materie,*
> *den ich nicht scheue, Gott zu nennen."*

Der Physiker und Nobelpreisträger Erwin Schrödinger fasste 1952 die Ergebnisse seiner Forschungen folgendermaßen zusammen:

> *„Materie sind Gebilde innerhalb eines Wellenfeldes."*

Dies bedeutet, dass auch Materie nur aus Schwingungsfeldern und Schwingungsmustern besteht. Diese Erkenntnisse zeigen, dass im Kern sich alles aus Schwingungen zusammensetzt, gleich, ob Menschen, Tiere, Pflanzen, Mineralien oder auch Planeten.

Und hier genau setzt die Astrologie an: Die Art der Schwingungen, welche in und um uns aktuell sind, können wir an den Konstellationen der Planeten ablesen. Da die Bahnen der Planeten um die Erde herum in Zyklen verlaufen und sich exakt berechnen lassen, ist es möglich, aus ihren Positionen im All Gesetzmäßigkeiten abzuleiten. Diese Gesetzmäßigkeiten formulierte im alten Ägypten Hermes Trismegistos mit dem Satz:

„Wie oben, so unten, wie außen, so innen."

So wie wir die Uhr verwenden, die uns die Zeit anzeigt, nutzen wir auch die Informationen des Kosmos, um die Schwingungen zu erfahren und zu messen.

Aus Neugierde und dank eines phänomenalen Computerprogramms konnten wir nachsehen, was vor 250, 500 Jahren etc. geschah. Und staunten über das, was wir herausfanden.

Vor rund 250 Jahren propagierte Jean Jacques Rousseau sein „Zurück zur Natur", Linné führte ein welteinheitliches Ordnungssystem für Pflanzen ein und Goethe ließ klassische Grundsätze wieder aufleben. Vor rund 500 Jahren, während der Renaissance, schuf Leonardo da Vinci seine Werke, wirkten der Reformator Martin Luther, der Arzt Paracelsus und der Astronom Kopernikus. Vor rund zehnmal 250 Jahren etablierten Konfuzius, Laotse und Buddha neue Glaubenssysteme und Hippokrates schrieb als erster Europäer medizinische Pflanzenbücher.

Jedes Mal waren es große Menschen, Universalgenies, die mit neuen Denkweisen und ihrem konsequenten Leben und Handeln einschneidende Veränderungen in die Wege leiten. Meistens hatten diese Veränderungen mit der Natur zu tun, und hier (zu unserer großen Freude und Überraschung) besonders mit Pflanzen und Astrologie.

Kein Wunder, dass wir wie elektrisiert waren und immer weiter in die Vergangenheit „schauten". Schließlich wurden wir inspiriert, den babylonischen Priester Marduk zu erfinden, denn es war das Zweistromland, in dem die Wiege der Astrologie stand. Und wir erlebten zusammen mit Marduk eine Zeitreise, die uns durch die Jahrhunderte und Jahrtausende der Vergangenheit führte. Wir machten Station in der Gegenwart und reisten weiter in die Zukunft. Dank der Astronomie kennen wir die Positionen der Planeten in den nächsten Jahrtausenden und dank der Astrologie können wir sie – allerdings nur von unserem momentanen Standpunkt aus – interpretieren.

Ein bisschen Hintergrund

Für Astrologen bedeutet der Planetoid Pluto Veränderungen und Wandlung. Er begleitet uns durch Stirb-und-Werdeprozesse. Seit 2008 und bis 2024 wirkt diese Energie im Tierkreiszeichen Steinbock. Steinbock ist mit der Mutter Erde verbunden, ist ein weibliches Erdzeichen. (Eigentlich müsste es „Steingeiß" heißen …) Dieses Zeichen weist uns hin auf die Bedeutung der Natur, der Ökologie und der Nachhaltigkeit – und in unserer Zeit auch auf den verantwortungsvollen Umgang mit den natürlichen Ressourcen unseres Planeten.

Von dem astrologischen Zeichen Steinbock können wir etwas lernen über Gesetze allgemein und die Gesetze der Natur im Besonderen. Bei ihm gewinnt die natürliche Ordnung der Dinge an Bedeutung. Und zwar in einer knappen, gut strukturierten Form, die nur das Wesentliche zulässt. Nicht nur wirtschaftliche Bescheidenheit ist das Gebot der Stunde – Konzentration, Klarheit und Essenz charakterisieren den Steinbock.

Dieses Tierkreiszeichen ist auch symbolisch verantwortlich für die Zeit. Es wird auch „Herr der Zeit" genannt, müsste genauso „Herrin der Zeit" heißen. Denn männliche Zeit verläuft linear. Weibliche Zeit hingegen verläuft in Zyklen. Und diese Zyklen zeigen uns das Immer-Wiederkehrende in neuem Gewand. Jedes Jahr gibt es Frühling, Sommer, Herbst und Winter, und jedes Jahr zeigen sich die Jahreszeiten anders und wir erleben sie anders. So führen uns diese Zyklen von einer Entwicklungsstufe zur nächsten.

Das Tierkreiszeichen Steinbock lehrt uns altes Wissen und alterslose Weisheit. Es gilt, jetzt dieses alte Wissen aufzuarbeiten, es an die Gegenwart anzupassen und Neues daraus zu kreieren. Beim Steinbock können wir lernen, wie wir uns mit der Zeitqualität synchronisieren, den richtigen Zeitpunkt finden und ihn nutzen. Er verschafft den Botschaften der naturverbundenen, indigenen Völker, z. B. der Indianer, wieder mehr Gehör – und verhilft in unserer Zeit dem Schamanismus zu neuer Blüte. Die Mayas haben das Wissen um die Synchronisation der Zeit beherrscht und in ihren über 20 planetarischen Kalendern exakt aufgezeichnet. Sie haben es auch für Zeitreisen genutzt ...

Pluto in Steinbock

Das goldene Zeitalter 2254 · 2270

Jetzt 2008 · 2024

Frühe Klassik 1762 · 1778

Renaissance 1515 · 1531

Spätmittelalter 1269 · 1286

Hochmittelalter 1024 · 1042

Frühmittelalter 778 · 796

Altes Rom 42 · 61

Altes Griechenland 447 · 427 v. Chr.

Altes Babylon 2184 · 2164 v. Chr.

Altes Ägypten 2680 · 2660 v. Chr.

Höhlen von Lascaux 17808 · 17788 v. Chr.

Marduks Zeitreise

Pluto in Steinbock von den Anfängen bis in die Zukunft

Damit dieser Hintergrund nicht nur Theorie bleibt, haben wir beispielhaft einige wichtige Zeiträume, in denen sich der Planet Pluto durch das Tierkreiszeichen Steinbock bewegte, herausgegriffen. Diese jeweils etwa 20 Jahre bedeuten immer einen wichtigen Bewusstseinssprung in der Entwicklung der Menschheit.

Tierkreiszeichen Steinbock in der Menschheitsgeschichte:

Etwa 18.000 v. Chr.:	Jungpaläolithikum: Höhlen von Lascaux
2646–2621 v. Chr.:	Das alte Ägypten: Hermes Trismegistos, Architekt Imhotep, Pharao Djoser
2158–2135 v. Chr.:	Das alte Babylon: Herrscher Ur-Nammu in Ur
448–428 v. Chr.:	Das alte Griechenland: Hippokrates
42–61 n. Chr.:	Das alte Rom: Dioscurides, Apostel Paulus
1024–1042 n. Chr.:	Hochmittelalter: Avicenna von Persien
1515–1531 n. Chr.:	Renaissance, Reformation: Leonardo da Vinci, Paracelsus, Kopernikus
1762–1778 n. Chr.:	Frühe Klassik: Goethe, Mozart, Linné, Rousseau
2008–2024 n. Chr.:	Gegenwart: Professor Quantix
2255–2270 n. Chr.:	Zukunft: Das „goldene" Zeitalter: Frau Tao

Die Zeitreise des babylonischen Hohepriesters Marduk

Wir laden Sie, liebe Leserinnen und Leser, ein, unseren Priester Marduk auf dieser Zeitreise zu begleiten. Immer wieder wird er dort Station machen, wo Pluto im Steinbock gewirkt hat. Und auch in Zukunft wirken wird. Immer wieder wird Marduk Menschen begegnen, die neue Zusammenhänge zwischen Planeten und Pflanzen entdecken. Marduks Zeitreise endet im Jahre 2255, wenn sich Pluto das nächste Mal ins Zeichen Steinbock bewegt. Dort endet vorerst unsere Reise. Kommen Sie einfach mit ...

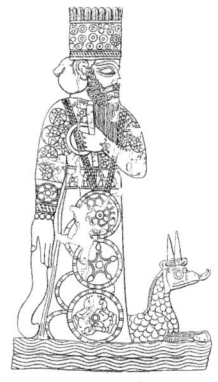

Der babylonische Hohepriester Marduk

Pluto in Steinbock 2158–2135 v. Chr.: Marduk im alten Babylon

Er (der Göttervater) ersann Standorte für die großen Götter.
In Sternbildern ordnete er ihre Entsprechungen, die Sterne.
Er bestimmte das Jahr, teilte Abschnitte ab,
für jeden der zwölf Monate bestimmte er drei Sterne.

Die Ordnung der Weisheit,
Tafel 5 aus dem Gilgamesch-Epos

Es ist das Jahr 2158 vor unserer Zeitrechnung. Eine klare, lange Winternacht verspricht eine gute Sicht auf die Sterne. Marduk, Priester im alten Babylon, steigt langsam die Stufen zur Spitze der Zikkurat hinauf. Zikkurat bedeutet so viel wie Himmelshügel oder Götterberg. Dieser Turm mit seinen sieben Stufen ist gerade fertiggestellt

Marduks Zeitreise

Turm zu Babel (Pieter Bruegel, d.Ä.: 1563)

worden. Der Herrscher des Zweistromlandes, Ur-Nammu, hat ihn in Uruk, dem „Venedig des Altertums", erbaut, um dem Himmel und den Göttern näher zu sein. Dieser neue Turm ist dem Gott des Mondes, Nanna, gewidmet. Etwa 62 m ist er hoch und von weither sichtbar. Marduk steigt die sieben Stockwerke hinauf. Jedes Stockwerk ist einem der sieben sichtbaren Planeten von Sin bis Ninurtu, von Mond bis Saturn, gewidmet. Schritt für Schritt kommt er dem Nachthimmel näher. Oben, auf der höchsten Spitze der Zikkurat, will er allein sein mit Sternen und Planeten. Heute Nacht wird er die himmlischen Götter um Rat fragen.

Viele Jahre hat er schon den Lauf der Sterne verfolgt und den besten Zeitpunkt für Aussaat und Ernte, Feste und Rituale daraus abgelesen. Noch niemals aber hat er eine so große Dürre wie in den letzten Jahren erlebt. Die Felder sind vertrocknet, das Getreide verdorrt, die Vorräte sind aufgebraucht. Tiere und Menschen leiden unter Durst und Hunger und machen sich große Sorgen um ihre Zukunft. Der höchste Herrscher des Landes, Ur-Nammu, ist schwer erkrankt und braucht dringend Hilfe. Heute Nacht will der Priester Marduk den Stand der Planeten am Firmament beobachten und nach einer Möglichkeit suchen, den Menschen Kraft und Hoffnung zu bringen.

Als Knabe hat Marduk zusammen mit seinem Großvater viele Nächte hier oben auf der Zikkurat verbracht. Stundenlang beobachteten sie den klaren Himmel und die Abertausend Sterne. So hatten schon viele Generationen vor ihm Jahr für Jahr, Jahrhundert für Jahrhundert, die Wanderung der Sterne am Himmelszelt geschaut. (Es gab weder störendes künstliches Licht noch Fernseher.) Die Menschen damals lebten sehr verbunden mit Natur und Kosmos und erkannten intuitiv die Zusammenhänge zwischen der Stellung der Sterne am Himmel und den Ereignissen auf der Erde.

Von seinem Großvater weiß Marduk noch, wie sehr der Stand der Sterne und die Zyklen von Sonne und Mond die Aufgaben der Menschen im Alltag bestimmen. Schon Großvaters Vorfahren hatten das ganze Rund der Himmelsgrenze aufgeteilt in zwölf Bilder, die sie in der Anordnung der Sterne erkennen konnten. Und sie hatten diesen ungleich großen Sternbildern Namen gegeben. Zwölf war seit alters her eine heilige Zahl. Sie achteten besonders darauf, wann Sonne und Mond durch diese zwölf Sternbilder wanderten. Und sie beobachteten, wann und wo die anderen fünf sichtbaren Wandelsterne (Venus, Merkur, Mars, Jupiter und Saturn nennen wir sie heute) am Horizont auf- und wieder untergingen.

Tontafel mit Keilschrifttext

So stellten sie sogar schon Berechnungen an, wann bestimmte Konstellationen der Planeten in der Zukunft wieder eintreten würden. Diese Berechnungen ritzten sie in Keilschrift auf Tafeln aus Ton, um sie der Nachwelt zugänglich zu machen.

Im Gilgamesch-Epos, dem ersten literarischen Epos der Weltgeschichte, hat dieses Wissen auf Tontafeln die folgenden Jahrtausende überlebt. Das heutige Sternbild „Orion" war damals dem Helden des Epos, „Gilgamesch", gewidmet.
So brachten die Menschen das Leben auf der Erde und in der Natur in Einklang mit den Rhythmen des Kosmos und fanden darin Sicherheit. Auch Marduks

Zeitgenossen säten und ernteten, gingen auf die Jagd oder brachten den Göttern Opfer dar – in diesem immer wiederkehrenden und fest gefügten Rhythmus der Sterne und Planeten.

Immer schon, auch zu Großvaters Zeiten, hatte der Regen eingesetzt, sobald die Sonne in das Sternbild des Wassermannes eintrat. Dann ging der Wassermann umher und überschüttete das Land mit dem Regen aus seinen Kübeln. Wenn die Sonne dann in das Sternbild der Fische weiterzog, begann die Laichzeit der Fische in den Flüssen und Seen. Im Anschluss an die Fische folgte die Zeit des „Taglöhners", der mit der Feldarbeit beginnen und die Saat ausbringen konnte. (Wir kennen ihn heute als Widder.)

In der Zeit des Tagelöhners begannen die Menschen zu pflanzen, neue Projekte anzugehen, neue Ideen und Ziele zu manifestieren.

Jedes Sternbild hatte einen eigenen Namen, eine eigene Geschichte, und war zu einer bestimmten Jahreszeit besonders gut zu erkennen. Wanderte die Sonne durch das Tierkreiszeichen der Ähre (heute Jungfrau), war es Zeit, die Ernte einzubringen. Und wenn später im Jahr die Sonne durch den Ziegenfisch (heute Steinbock) zog, wurde die Wintersonnenwende gefeiert. Den Zusammenhang zwischen der Position der Planeten im Kosmos zu einem bestimmten Augenblick und den Ereignissen auf der Erde nannten griechische Forscher später „Horoskop", das „Bild der Stunde".

Die Planeten waren für die Menschen in Babylon wie Götter und Göttinnen, die ihr Schicksal beeinflussten. Sie trugen auch häufig die Namen dieser Götter. Er, Marduk, hat den gleichen Namen wie der größte Planet am Himmel, der König der Götter. Zwölf Jahre braucht dieser, um wieder die gleiche Position am Firmament zu erreichen. (Später werden die Griechen diesen Planeten Zeus und die Römer den Planeten Jupiter nennen.)

Schneller als Jupiter läuft der Planet des Gottes Nergal über den Himmel. Er ist der Herrscher über Frühling und Kampf. Mars, so wird er etwa 2000 Jahre später heißen, braucht nur zwei Jahre für seinen Weg. Und wenn sich der strahlendste Planet am Firmament zeigt, ist es die geliebte Göttin Ischtar, die die Menschen begleitet und beschützt. Ischtar, die Himmelskönigin, Göttin der Liebe und Fruchtbarkeit, lehrt sie Liebe, Weisheit und Gerechtigkeit. Sie löst Freude aus, Feste werden ihr zu Ehren gefeiert. Viel später nannten die Griechen sie Aphrodite und die Römer Venus.

Jetzt hat der Priester Marduk die Spitze der Zikkurat erreicht. Immer wieder schweifen seine Blicke über das Firmament. Wann endlich wird das Sternbild des Wassermanns am östlichen Horizont aufsteigen und würde es dann endlich regnen? Sein Großvater hat ihn gelehrt, dass dann der Regen nicht mehr fern sein kann. Aber das stimmte in der letzten Zeit nicht mehr. Ganze sieben Jahre dauert nun die Dürre schon. Niemand kann sich erklären, warum es so lange nicht geregnet hat. Damit die Menschen wieder in Einklang kommen mit den großen Zyklen von Natur und Kosmos, planen sie für dieses Jahr eine besondere Zeremonie beim Auftauchen des Wassermanns. Marduks Aufgabe ist es, den geeigneten Zeitpunkt dafür zu finden und auch Adad, den Gott des Regens, umzustimmen. Wie könnte er nur dieses große Problem lösen?

Hier oben, auf der Spitze der Zikkurat, saugt Marduk die kühle Nachtluft tief in seine Lungen. Hier fühlt er sich sehr verbunden mit dem Himmel und der Erde, mit oben und unten, Vergangenheit und Zukunft. Das Licht der Sterne hüllt ihn ein. Ein ganz besonderer türkisfarbener Lichtstrahl berührt sein Herz, füllt es an und er spürt, wie sich dieses Licht über den ganzen Horizont ausweitet.

Marduk wird eins mit dem Kosmos. So, wie er eben die sieben Stockwerke der Zikkurat hinaufgestiegen ist, so fliegt er jetzt vorbei an den sieben Planeten. Kaum hat er Sin, den Mond, hinter sich gelassen, rauscht er viel zu schnell an Ischtar (Venus) vorbei und überholt sogar den hurtigen Nabu (Merkur). Er achtet darauf, der heißen Schamasch (Sonne) nicht zu nahe zu kommen und entdeckt den roten Nergal (Mars). Gerade ist er noch beeindruckt von der Größe des

Marduks (Jupiter), da fliegt er auch schon vorbei an Ninurtu (Saturn) und staunt über seine Ringe … „Bei Ninurtu, dem Hüter der Schwelle, ist die Reise zu Ende, hier ist die Grenze des Kosmos", denkt er und will sich ausruhen. Doch das Unbekannte zieht ihn weiter hinaus. Kein Mensch vor ihm ist jemals hier draußen gewesen. Es gibt also noch mehr Planeten! Schließlich, weit draußen, am Rande des Planetensystems, landet er auf einem kleinen Trabanten – und holt erstmal tief Luft.

„Ich heiße Pluto", hört er eine wohltönende Stimme sagen. „Du kennst mich noch nicht. Niemand kennt mich – und doch sorge ich für Veränderung im Laufe des Lebens. Ich kreise auf meiner Bahn um die Sonne 250 lange Jahre und lasse mir so etwa 20 Jahre Zeit für jedes Tierkreiszeichen. Ich bin es, der dafür sorgt, dass die Menschen wirklich zu dem werden, was sie sind. Das dauert, aber Schritt für Schritt wird so auch die Erde immer bewusster, schöner und harmonischer. Und ich sorge dafür, dass sich die Menschheit verändert und transformiert. Genauso, wie nach langen Mühen aus einer Raupe schließlich ein wunderschöner Schmetterling schlüpft.

Ich habe dich gerufen, weil ich gerade durch das Tierkreiszeichen des Ziegenfisches (Steinbock) wandere. Und weil ich dir etwas zeigen will. Der Ziegenfisch ist nämlich ein alter Weiser. Er weiß genau wie ich, was wirklich wichtig ist. Und er hat alles im Blick, das Wichtige aus Vergangenheit, Gegenwart und Zukunft. In diesen 20 Jahren, die ich durch sein Revier marschiere, arbeiten wir gut zusammen. Gemeinsam bringen wir altes Wissen und überlieferte Weisheiten aus vergangenen Zeiten wieder hervor, beseitigen Verstaubtes und Firlefanz und sorgen dafür, dass das Brauchbare davon erneuert und weitgreifender genutzt wird. Da der Ziegenfisch ein Zeichen ist, welches der Erde zugeordnet wird, bringe ich in dieser Phase viele Ideen auf die Erde und verwirkliche sie in der Materie.

Der Ziegenfisch (Steinbock) ist Spezialist für die Zeit – er findet immer den richtigen Moment für meine Pluto-Aktionen. Ich bin Fachmann für Verwandlung. Dabei geht zwar manches in die Brüche, aber was übrig bleibt, ist unzerstörbar und hat Bestand. Das Zusammenspiel von Menschen, Vater Himmel und Mutter Erde zum Beispiel. Und die Naturgesetze, die dort wirken. Wie oben, so unten ... Da habt ihr Menschen noch einiges zu lernen in den nächsten Jahrtausenden. Außerdem müsst ihr erst noch all die Naturgesetze finden, die ihr braucht, um mich zu entdecken. Vorher glaubt sowieso keiner, dass es mich gibt. Dabei bin ich der Türöffner zu neuen Dimensionen! Und mit Freund Ziegenfisch, seiner Weisheit und seiner Klarheit, arbeite ich jedes Mal sehr effektiv zusammen. Nach menschlichem Ermessen vergeht viel Zeit, 250 Jahre, bis ich wieder mal bei ihm vorbeischaue.

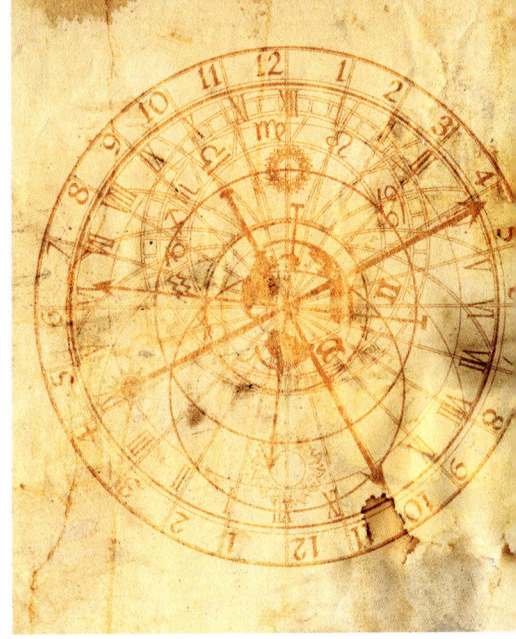

Aber so viel Zeit braucht es auch, damit ihr Menschen unser Werk verstehen, verdauen und umsetzen könnt.

Und jetzt zu dir. Ich habe dich hierher geholt, weil ich mit dir eine Zeitreise machen will. In die Vergangenheit und in die Zukunft. Damit du Ideen sammeln kannst, um deinem Volk zu helfen. Zeit ist sowieso nur eine Illusion, die euch Menschen hilft zu verstehen. Vergessen wir sie ruhig einmal für heute Nacht. Es ist ja sowieso alles im Hier und Jetzt, in diesem Augenblick, enthalten, Vergangenheit, Gegenwart und Zukunft. Komm mit – und ich zeige dir, was alles geschah und geschehen wird!"

Ungläubig, erstaunt und neugierig willigt Marduk ein.

„Zuerst reise ich mit dir weit zurück in die Vergangenheit, um dir einen Einblick zu gewähren in eine magische, urtümliche Zeit, in der die Menschen im Einklang lebten mit Natur und Kosmos und sich mit Pflanzen, Tieren und Planeten beschäftigt haben."

Falls Sie gerne mit Marduk zurück in die Steinzeit und weiter über Ägypten, Griechenland, Rom, Jetzt und in die Zukunft reisen würden, finden Sie die Fortsetzung ab Seite 307.

2. ASTROFLORA – PFLANZEN UND PLANETEN IM EINKLANG

Ein neues kosmisches Weltbild

Der Kosmos ist von einem Geist durchweht, der größer, umfassender, weit intelligenter und vieldimensionaler ist, als unser Bewusstsein dies zu erfassen vermag. Mit diesem größeren Ganzen in Übereinstimmung zu kommen ist eine Ursehnsucht; denn dann fühlen wir uns „in Ordnung".

Verfasser unbekannt

Sternenkunde kurz gefasst

Astrologie ist ein uraltes Modell, das versucht, dem Individuum und der Gemeinschaft den Sinn des Lebens zu erklären. „Astrologie" kommt von „Astro = Stern" und „Logos = Lehre" und bedeutet „Die Lehre der Sterne" bzw. Sternenkunde.

Das astrologische Modell liefert grundlegende Informationen über Talente, Fähigkeiten und Potentiale eines einzelnen Menschen. Es hilft, das Leben besser zu verstehen: sich selbst, die Mitmenschen, Vergangenheit, Gegenwart und auch die Zukunft. Man kann sich so im Einklang mit der Zeitqualität entwickeln, entfalten und bewusst werden.

In alten Zeiten galt die Astrologie als Königin der Wissenschaften. Da gab es noch keine Trennung zwischen Astro – Nomie = Sterne zählen, und Astro – Logie = Sterne verstehen. Während der Renaissance und der Entwicklung des logisch-mentalen Bewusstseins hat sich die Astronomie – „Die Messung und Zählung der Sterne" – aus der Astrologie entwickelt.

Astrologie ist eine Erfahrungswissenschaft. Sie beobachtet den Lauf der Planeten am Himmel und schließt von den jeweiligen Konstellationen der Gestirne auf irdische Entsprechungen. Wenn ein bestimmter Planet am Horizont erscheint, tritt gleichzeitig oder zeitnah auf der Erde ein entsprechendes Ereignis ein. Die Planeten aber haben wenig direkten, materiellen Einfluss auf die Geschehnisse auf der Erde, sondern diese laufen lediglich zur gleichen Zeit ab. Sie sind durch die Gleichzeitigkeit schwingungsmäßig verbunden, nicht durch eine Beziehung von Ursache und Wirkung. Wir sprechen hier von Analogien und der Synchronizität der Zeit.

Der Kosmos mit den wandelnden Planeten ist wie eine Uhr, von der wir die aktuellen Schwingungen ablesen können. Diese Uhr beeinflusst uns aber nicht, genauso wenig wie es der Kosmos tut.

Ein Beispiel: Heute wissen wir aus der Quantenphysik, dass alles im Universum im allerkleinsten Teil aus Schwingungen besteht: Jeder Mensch, jedes Tier, jeder Planet, jeder Augenblick hat seine eigene Grundschwingung. Und alle stehen miteinander in Verbindung.

„Immer, wenn morgens um sieben Uhr der Wecker läutet, stehe ich auf."
„Immer, wenn der Mars am Himmel sichtbar ist, beginne ich etwas Neues."

Dem ersten Satz können wohl viele zustimmen. Aber ist uns der Zusammenhang zwischen den Ereignissen des zweiten Satzes bewusst? Wohl kaum. Wenn wir darauf achten, können wir feststellen, dass wir häufig etwas Neues beginnen, wenn der Mars am Himmel sichtbar ist. Seine Schwingung ist dann überall auf der Erde aktuell und alle Menschen werden durch „marsische" Qualitäten auf aktive, feurige, pionierhafte Art und Weise in Schwingung versetzt – und können leichter aktiv werden.

Eine besondere Symbolsprache

Die Astrologie bedient sich einer Symbolsprache und arbeitet mit den Symbolen der zwölf Tierkreiszeichen aus dem Tierkreis oder Zodiak. Dieser Zodiak ist der fixe Hintergrund, vor dem die Planeten in bestimmten, astronomisch festgelegten Rhythmen durch das Himmelsgewölbe wandeln.

Ausgangspunkt für diese Betrachtung des „Himmels" ist unsere Erde, auf der wir als Menschen leben und auf die sich die Deutungen beziehen. Da alle Planeten ständig in Bewegung sind, ist jeder Moment einzigartig und erhält dadurch seine eigene Schwingungsqualität. Nach dem astrologischen Modell befindet sich jeder einzelne Mensch im absoluten Mittelpunkt des Universums und alles dreht sich subjektiv um ihn herum.

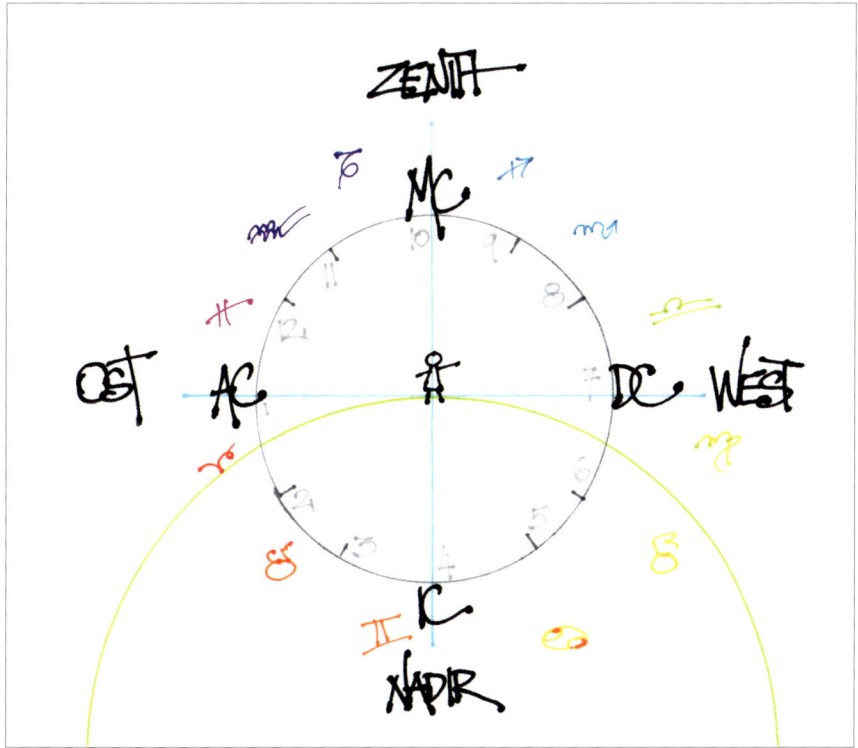

Der Mensch im Zentrum des Kosmos

Das Modell eines Schwingungsmoments – das Horoskop

Das Wort Horoskop stammt von dem griechischen Wort *hóra* = Stunde und *skopein* = schauen, ist also eine „Stundenschau". Der Astrologe schaut sich die Qualität einer bestimmten Stunde an und zieht daraus seine Schlüsse.

Das Geburtshoroskop ist ein Schwingungsbild und zeigt uns, mit welchen grundsätzlichen Themen und Lernaufgaben sich ein Mensch in seinem Leben auseinandersetzt und welche besonderen Talente und Entwicklungsmöglichkeiten er mitbringt. Der Moment der Geburt wird durch den ersten Atemzug festgelegt und setzt einen Samen für das ganze Leben eines Menschen. Jeder Mensch nimmt hier zum ersten Mal richtig Kontakt auf mit dem Planeten Erde. Ab jetzt hat er die Möglichkeit, seinen Samen wachsen zu lassen, seine Grundschwingung zu entwickeln, zu entfalten und so bewusst, licht- und liebevoll zu werden. Da fast alle Menschen auf der Erde einen anderen Geburtsort und Geburtsmoment haben, hat praktisch jeder sein eigenes, individuelles Schwingungsmuster, seine individuellen Talente, Potentiale und Fähigkeiten.

Für jeden Ort auf der Erde und für jeden beliebigen Moment in Gegenwart, Vergangenheit und Zukunft lässt sich ein Horoskop erstellen. Für das Geburtshoroskop eines Menschen benötigt man das Datum, den Ort und die genaue Geburtszeit.

Beispiel: Ein Mensch, der zwischen dem 21. Juli und dem 21. August auf die Welt kommt, wenn die Sonne im Tierkreiszeichen Löwe steht, bringt sicher andere Grundschwingungen mit als ein Mensch mit Sonne im Tierkreiszeichen Steinbock, der zwischen dem 21. Dezember und dem 21. Januar den ersten Atemzug macht. Der Löwe-Geborene wird eher kreativ sein, im Mittelpunkt stehen, Sonne ausstrahlen, Herzen berühren können als ein Steinbock-Geborener. Dieser geht eher in die Tiefe, kann sich gut konzentrieren und bringt eine große Ausdauer mit, um zur Essenz des Lebens zu gelangen.

Prognosen sind überall

Prognosen sind Hypothesen. Sie werden nicht nur von Astrologen gemacht. Mit Prognosen rüstet sich die Menschheit gegen allzu große Unsicherheit und Angst. Sie geben den Menschen eine Orientierungshilfe und damit auch Sicherheit. Konkrete Prognosen kann niemand machen, die Zukunft ist nicht vorbestimmt. Politologen, Trendforscher, Wirtschaftsinstitute, Konjunkturforschungsstellen, Börsenanalysten, Meteorologen – alle machen Prognosen. Und alle werten lediglich Datenmaterial und Erfahrungen aus. Selbst aus den Suchanfragen im Internet lassen sich Prognosen entwickeln. Aber immer werten Prognostiker nur das aus, was vorher eingegeben worden ist. Prognosen bleiben Hypothesen und persönliche Einschätzungen, auch wenn sie laufend überprüft und neu angepasst werden. Wie falsch Prognosen sein können, erfahren wir oft genug am Wetterbericht: Wenn in Zürich die Sonne scheint, obwohl der Wetterfrosch Regen vorhergesagt hat, spazieren wir überflüssigerweise mit dem Regenschirm durch die Straßen ...

Ein konkretes Beispiel dazu: Astrologen sehen, dass von 2012 bis 2015 die Schwingung von Pluto im Quadrat zu Uranus aktuell ist. Aus Marduks Geschichte wissen wir, dass Pluto für Transformation, Loslassen, für Stirb-und-Werdeprozesse zuständig ist. Uranus wurde etwa zur Zeit der Französischen Revolution entdeckt und steht für Freiheit, Gleichheit, Gemeinschaft. Astrologen wissen, dass in der jüngeren Vergangenheit von 1964 bis 1968 eine ähnliche Konstellation zwischen Pluto und Uranus wirkte: Es war die Zeit der Hippiebewegung, des Aufbegehrens gegen die Autorität der älteren Generation, der sexuellen Befreiung. Die Schweizerinnen bekamen das Wahlrecht.
  In der Gegenwart erleben wir die Revolution der arabischen Völker und den wirtschaftlichen und politischen Umbruch im Euroraum. Aus der Erfahrung der Vergangenheit können wir schließen, dass bis 2015 mehr Gleichberechtigung und Selbstbestimmung gelebt wird.

Fokus auf die Potentiale

Das astrologische Modell ist seit Jahrtausenden überliefert und einer steten Wandlung unterworfen – wie auch alle Naturwissenschaften, z. B. Astronomie, Physik, Biologie etc. Jede Generation hat je nach Interesse, Wohnort, Arbeitsverhältnissen und Bewusstseinsentwicklung wieder einen neuen Ansatz, sich mit der Astrologie zu befassen. Je nach Zeitqualität werden neue Planeten und Deutungsmethoden entwickelt.

Wir sind der Meinung, dass wir nicht abhängig sein sollten von der alten Astrologie aus babylonisch-ägyptisch-griechisch-römischen Zeiten, sondern dass wir den freien Willen haben, das Arbeitsinstrument des astrologischen Modells so zu nutzen, dass es uns auf dem Weg zu mehr Selbstvertrauen, Selbsterkenntnis, Bewusstwerdung und zu einem liebevolleren Umgang mit uns selber und unseren Mitmenschen hilft.

Was sind nun diese neuen Ansätze?

Überblick:

1. Die Arbeit mit den zwölf Archetypen vereinfacht die Horoskopdeutung.
2. Entwicklung von der rein persönlichen zur kollektiven, geistig-spirituellen Ebene.
3. Der Schwerpunkt der Deutungen liegt auf der Förderung der Talente und Fähigkeiten, des Potentials.
4. Gleichberechtigung der einzelnen Planetenenergien.
5. Fokus auf eine positive Zukunft.
6. Gleichwertigkeit von männlichen, linearen und weiblichen, zyklischen Prinzipien.

*Die Arbeit mit den zwölf Archetypen
vereinfacht die Horoskopdeutung*

Die alte Astrologie arbeitete mit den sieben Planeten, die die Menschen mit bloßem Auge am Abendhimmel entdecken konnten. Mond, Venus, Merkur, Sonne, Mars, Jupiter und Saturn gelten als die „Planeten der Persönlichkeit". Diese sieben Planeten ordneten die alten Astrologen den zwölf Häusern der Tierkreiszeichen zu.

So kam es, dass Merkur sowohl in den Zwillingen als auch in der Jungfrau zu Hause war, Venus im Stier und in der Waage herrschte, Mars für den Widder und den Skorpion zuständig war, Jupiter den Schützen und die Fische regierte und Saturn der Herrscher von Steinbock und Wassermann war.

Mithilfe des Fernrohrs und fortschreitender Technik drang der Blick der Menschen immer tiefer in den Kosmos hinein. Es wurden in den Jahrhunderten nach der Französischen Revolution einige neue Planeten entdeckt: 1791 Uranus, 1846 Neptun, 1931 Pluto, 1945 Isis und 1987 Chiron. Uranus wurde dem Wassermann, Neptun den Fischen und Pluto dem Skorpion zugeordnet. Nach jahrelanger Forschung und Erfahrung gliedern wir Chiron dem Tierkreiszeichen Jungfrau und Isis (und Venus) dem Tierkreiszeichen Waage zu. Isis ist ein sehr langsam laufender, weit entfernter Schwingungskörper und steht für überpersönliche Liebe, für Seelenverbindungen, für die absolute Harmonie zwischen Yin und Yang, für den voll integrierten Menschen und so für eine wunderbare Energie, die es gilt, heute in unseren Alltag zu integrieren. Nun hat jedes Tierkreiszeichen seinen dazugehörigen Planeten, der ihn kennzeichnet und mit dem er im Einklang schwingt. Diese neu entdeckten Planeten begleiten uns Menschen auf dem Weg zu einem bewussten, liebevollen, hilfsbereiten Dasein auf der Erde und werden deswegen auch die „geistigen Planeten" genannt. Mit zwölf Planeten und zwölf Tierkreiszeichen gelangen wir zu einem absolut harmonischen Modell in der Astrologie. Die „Harmonica mundi", die Weltenharmonie, wird manifest …

Das neue astrologische Grundmodell der zwölf Archetypen

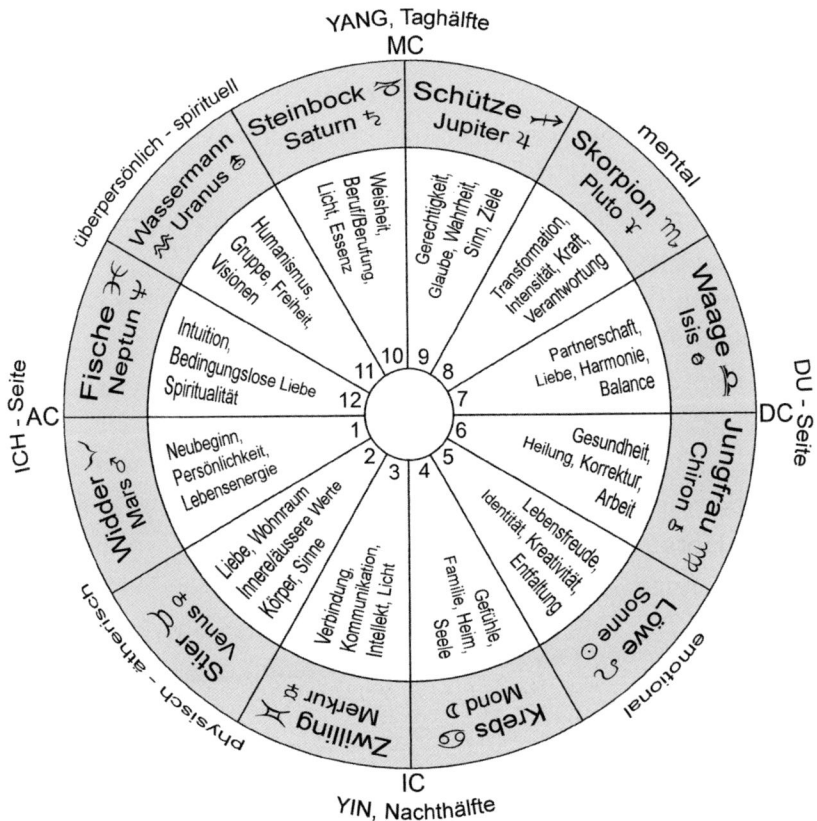

Die zwölf Archetypen: Planeten, Zeichen und Häuser

In unserem astrologischen Grundmodell arbeiten wir mit zwölf Planeten, zwölf Zeichen und zwölf Häusern. Hierbei handelt es sich jeweils um ähnliche Schwingungen, der Hauptunterschied besteht nur im Was, Wie, Wo. Die zwölf Planeten sind wie zwölf Archetypen der Menschheit (s. Übersicht S. 36/37), die überall in der Natur und im Leben der Menschen zu finden sind.

Was? Wie? Wo? – So ein Theater ...
Hier hilft es weiter, wenn wir uns ein Theater vorstellen:

Die zwölf Planeten sind die Schauspieler auf der Bühne unseres Lebens, sie verkörpern das „Was", jene Themen, die uns gerade beschäftigen. In alten Zeiten wurden die Planeten als handelnde Personen gesehen. So war Mars der temperamentvolle Krieger und die Sonne der König des Reiches. In guten Zeiten kämpfte der Krieger für den König, manchmal gerieten sie auch in Streit miteinander.

Die zwölf Tierkreiszeichen stellen die Kostüme der Schauspieler dar und gestalten Gestik, Mimik und Verhalten dieser zwölf Akteure, sie charakterisieren das „Wie". Der Tierkreis beginnt immer bei der Frühlings-Tagundnachtgleiche mit dem Tierkreiszeichen Widder und der Energie des Planeten Mars und seinem 1. Haus.

Die zwölf Häuser symbolisieren die verschiedenen Schauplätze, an denen sich die Ereignisse abspielen: bei der Arbeit, im Schlafzimmer oder im Hörsaal. Sie beschreiben, „Wo", in welchem Umfeld, auf der Erde diese Energie gelebt wird. Dabei bilden der Aszendent (AC) und Deszendent (DC) eine horizontale Achse durch das Horoskop, die gleichzeitig den Beginn des 1. und des 7. Hauses bestimmt. Der Aszendent ist das Tierkreiszeichen, das im Moment der Geburt am östlichen Himmel aufsteigt. Der Deszendent steigt zur gleichen Zeit am Westhimmel hinunter. Die Himmelsmitte (Medium Coeli, MC) und die Himmelstiefe (Imum Coeli, IC) bilden eine vertikale Achse, mit der das 10. und das 4. Haus beginnen. Die restlichen Häuserteilungen werden nach unterschiedlichen astronomischen bzw. astrologischen Berechnungsmethoden gefunden.

    Diese zwölf Planeten, Zeichen und Häuser werden in der Arbeit mit einem Horoskop ähnlich behandelt. Dies vereinfacht die Arbeit sehr und man gelangt schneller zur Essenz.

Kurz gefasst könnte das so aussehen:
Planeten: Was ist das Thema?
Tierkreiszeichen: Wie wird dieses Thema gelebt? Gefühle, Emotionen ...
Häuser: Wo wird dieses Thema gelebt, was ist der Ort des Geschehens?

AstroFlora – Ein neues kosmisches Weltbild

12 Planeten, Zeichen, Häuser – Archetypen einer großen Firma

Mars Widder 1. Haus	Archetyp: Der Manager, Organisator, Pionier Neuanfang, Geburt, Initiative, Energie, Risikobereitschaft, Kraft, Mut aktiv, unternehmungslustig, pionierhaft, mutig, sportlich Kriegsschauplatz, Eingangshalle, Sportplatz, Frühlingswiese
Venus Stier 2. Haus	Archetyp: Die Köchin, Floristin, Event-Managerin Liebe, Sinnlichkeit, Zärtlichkeit, Nähe, Natur, Schönheit beständig, liebevoll, genießerisch, sinnlich, treu, gesellig, praktisch Natur, Wohnraum, Esszimmer, Küche
Merkur Zwillinge 3. Haus	Archetyp: Der PR-Berater, Werbefachmann, Kommunikator Kommunikation, Sprache, Vielseitigkeit, Offenheit, Flexibilität fröhlich, beweglich, neugierig, kommunikativ, vielseitig, interessiert nahe Umgebung, Nachbarschaft, Verhandlungsräume, Konferenzräume
Mond Krebs 4. Haus	Archetyp: Die Psychologin, Personalmanagerin, Mutter der Firma Gefühle, Seele, Geborgenheit, Vertrauen, Hingabe, Mitgefühl, Schutz einfühlsam, romantisch, fantasievoll, sensibel, nährend Familie, Heim, Haus, Firma
Sonne Löwe 5. Haus	Archetyp: Der Chef, Motivator, Trainer Kreativität, Identität, Ausstrahlung, Großzügigkeit, Lebensfreude, Kinder optimistisch, herzlich, kreativ, großzügig, spielerisch, dynamisch, führend Spielplatz, Kinderzimmer, auf der Lebensbühne, in der Leitung
Chiron Jungfrau 6. Haus	Archetyp: Die Ärztin, Ökologin, Ökonomin Gesundheit, Reinigung, Verbesserung, Heilung, Unterscheidung zuverlässig, objektiv, fleißig, heilend, hilfsbereit, gründlich Arbeitsplatz, Büro, Spital, Natur

Fokus auf die Potentiale

Isis-Venus Waage 7. Haus	Archetyp: Die Künstlerin, Innenarchitektin, Friedensstifterin Harmonie, Frieden, Schönheit, Kunst, körperliche/seelische Partnerschaft gerecht, ausgleichend, friedensstiftend, harmonisch, kontaktfreudig in der Beziehung, am Friedenskongress, im Schönheitssalon, im Museum
Pluto Skorpion 8. Haus	Archetyp: Der Finanzexperte, Forscher, Tiefenpsychologe Transformation, Wandlung, Macht, Kraft, Intensität, Verantwortung verantwortungsbewusst, heilerisch, intensiv, kraftvoll, forschend Heilräume, Spital, Sterbehospiz, Bank, Führungsetage
Jupiter Schütze 9. Haus	Archetyp: Der Jurist, Philosoph, internationale Manager Wahrheit, Glaube, Religion, Lebenssinn, innere und äußere Reisen weltoffen, tolerant, optimistisch, abenteuerlustig, gerecht, gebildet auf der ganzen Welt, im Reisebüro, im Tempel – in der Kirche
Saturn Steinbock 10. Haus	Archetyp: Die Seniorchefin, Coach, Supervisorin Beruf und Berufung, Klarheit, Essenz, Weisheit, Verantwortung, Zeit verantwortungsbewusst, ausdauernd, klar, weise, geduldig, führend Unternehmensleitung, Arbeitsplatz, Büro, auf dem Berg
Uranus Wassermann 11. Haus	Archetyp: Der Computerspezialist, Erfinder, Astrologe, Humanist Fortschritt, Erfindung, Freiheit, Gleichberechtigung, Toleranz, Schwingungen visionär, originell, genial, erfinderisch, humanitär, freundschaftlich Welt, humanitäre Gruppen, Planetarium, Weltraum, Forschungslabor
Neptun Fische 12. Haus	Archetyp: Die Yoga- und Meditationslehrerin, Heilerin, Musiktherapeutin Intuition, Fantasie, Medialität, Nächstenliebe, All-Liebe, Heilung hilfsbereit, mitfühlend, medial, künstlerisch begabt im Meditationsraum, in der Klosterzelle, in der Höhle, im Licht

Neben den zwölf Planeten arbeiten wir mit der Lilith und dem Mondknoten.

Die **Lilith** (oder auch „schwarzer Mond" genannt) bezeichnet *den* Punkt innerhalb der ellipsenförmigen Bahn des Mondes um die Erde, der „leer" ist: In *einem* Brennpunkt dieser ellipsenförmigen Mondbahn steht die Erde, im anderen Brennpunkt „nichts" – das ist die Lilith. Sie ist der archetypische und mythologische Ausdruck für die kraftvolle, weibliche Urkraft.

Die **Mondknoten** (der nördliche und der südliche) bilden eine Achse. Sie sind die Schnittpunkte der Mondbahn um die Erde mit der Erdbahn um die Sonne. Der nördliche Mondknoten steht für Gruppenarbeit und neue karmische Aufgaben; der südliche steht für Eigenarbeit und alte karmische Themen.

Die Aspekte

Aspekte sind geometrisch sichtbare Energiebeziehungen zwischen zwei Planeten und erzählen etwas darüber, wie die Schwingungen der jeweiligen Planeten interagieren. Der Winkel wird dabei aus der Perspektive der Erde gemessen. Je nach Winkel können diese Planetenkräfte entspannt oder auch angespannt sein. Auf den Menschen übertragen heißt das, dass diese Energiebeziehungen den Fluss der Lebensenergie (Chi) im Körper unterstützen oder aber auch hemmen können. Johann Wolfgang von Goethe drückte das so aus: „Zwei Herzen wohnen, ach, in meiner Brust ..."

Aspektverbindungen bilden auch musikalische Intervalle, die entweder wohlklingend oder atonal sein können. (Mehr darüber bei Cousto, *Die kosmische Oktave*.)

Wir können die Lebensaufgabe eines Menschen auch mit dem Einüben eines großen Orchesterstücks vergleichen. Zu Beginn, bei der Geburt, ist das Orchester eher atonal gestimmt. Lebenssinn und Lebensziel sind, unser Orchester im Laufe des Lebens zu stimmen und so immer mehr in Harmonie mit uns selber und mit dem Kosmos zu schwingen.

Die wichtigsten förderlichen, harmonischen Schwingungsaspekte sind **Trigone**. Dabei handelt es sich um Dreiecksbeziehungen mit einem Winkel von 120 Grad. Sie zeigen große Talente und Fähigkeiten an und helfen dabei, möglichst große Harmonie und Stabilität zu erreichen. In der Musik entspricht ein Trigon dem Intervall einer Quinte. **Sextile** mit einer Winkelbeziehung von 60 Grad zeigen ein harmonisches Zusammenspiel der Planeten an. Es sind angenehme Verbindungen, die über kleinere Talente sprechen. In der Musik entspricht ein Sextil dem Intervall einer Mollterz.

Bei einer **Konjunktion** stehen zwei Planeten nahe beieinander. Je nach ihrem Temperament können sie sich gegenseitig hemmen oder fördern. Oft zeigt eine Konjunktion die Neigung zum Verschmelzen an. In der Musik hört man bei diesem Intervall eine Prime.

Bei einer **Opposition** stehen sich die Planeten genau gegenüber. Sie können sich das Leben schwer machen oder sich auch wunderbar ergänzen. Ein **Quadrat** mit dem Winkel von 90 Grad zwischen den Planeten ist ebenfalls ein herausfordernder Aspekt und zugleich auch eine große Lernaufgabe.

Opposition und Quadrat können immer auch als Möglichkeiten gesehen werden, unter besonderen Umständen ganz spezielle Fähigkeiten hervorzubringen, viel zu lernen und bewusster zu werden.

In der neuen Astrologie legen wir größeren Wert auf die positiven und förderlichen Aspekte wie das Trigon und das Sextil. Die Astrologie soll uns nützen, uns mehr zu uns selber, zu unserem innersten Kern, zu entwickeln und unsere Talente und Fähigkeiten voller Vertrauen optimal zu entfalten und zu leben.

Entwicklung von der persönlichen zur kollektiven, geistig-spirituellen Ebene

Die sieben mit dem Auge sichtbaren, altbekannten Planeten Sonne, Mond, Merkur, Venus, Mars, Jupiter und Saturn stehen vor allem für die Entwicklung der Persönlichkeit, die fünf seit 1791 „neu" entdeckten Himmelskörper Uranus, Neptun, Pluto, Chiron und Isis für die Entwicklung des Bewusstseins und des geistigen Horizonts. Sie erschließen neue Dimensionen menschlichen Seins.

Nach dem Grundprinzip „wie oben, so unten" sind wir heute immer mehr bewusst und dementsprechend in der Lage, immer feinere und lichtvollere Schwingungen aus dem Universum aufzunehmen und zu leben. Auch die Sprache der Astrologie wird differenzierter und bezieht vermehrt geistige Themen mit ein. (Die Eskimos z. B. haben etwa 200 verschiedene Ausdrücke für das Wort „Schnee", weil dies für sie von essenzieller Bedeutung ist ...)

Der Schwerpunkt der Deutungen liegt auf der Entwicklung der Talente und Fähigkeiten, des Potentials

Das alte astrologische Modell, welches über Jahrtausende hinweg genutzt wurde, war sehr deterministisch, das Leben jedes Einzelnen war vorbestimmt. Heute gehen wir davon aus, dass jeder Mensch einen freien Willen hat. Im Geburtsmoment sind die grundlegenden Themen ersichtlich (z. B. Waage- oder Fischethemen) und wir können uns immer wieder neu entscheiden, ob wir diese Themen zum Positiven, zur Liebe, oder zum Negativen, zur Angst, hin entwickeln. Deshalb wird der Schwerpunkt der Astrologie heute auf das Erkennen, die Entwicklung und die Manifestation des Positiven, der Talente und Fähigkeiten, des Potentials, gelegt.

Da wir annehmen, dass in jedem Menschen auf der Erde das Licht und die Liebe die stärkste Kraft sind, werden sich auch jeder Einzelne und die ganze Menschheit immer mehr zum Positiven hin entwickeln, bis wir alle in Harmonie und Frieden auf der Erde zusammenleben können.

Gleichberechtigung der einzelnen Planetenenergien

In der alten Astrologie gab es „positive und negative", fördernde und hemmende Planetenenergien. Venus und Jupiter z. B. wurden ganz allgemein als eher „gute", Saturn und Pluto dagegen als negative, blockierende Kräfte gedeutet. Heute wissen wir, dass jede einzelne Planetenenergie ein großes Potential in sich birgt, welches es zu entdecken und zu entfalten gilt, um ein ganzheitlicher, vollkommener Mensch zu werden.

Fokus auf eine positive Zukunft

Das Wissen um die Planetenschwingungen in der Zukunft wird genutzt für ein zielgerichtetes, fokussiertes, vertrauensvolles Vorwärtsschreiten im Einklang mit den Energien in Natur und Kosmos.

Ein großer Vorteil der Astrologie gegenüber anderen Modellen ist der zeitliche Aspekt: Wir sehen ganz klar, wann die optimale Zeit ist, um gewisse Potentiale zu manifestieren und Lernaufgaben zu lösen. Nun können wir unseren Fokus vermehrt darauf richten, zum optimalen Zeitpunkt Ziele zu setzen und diese im richtigen Moment zu manifestieren. So sind wir immer mehr in Einklang mit den kosmischen Zyklen. Der Blick in die Zukunft hilft uns dabei, vertrauensvoll im Hier und Jetzt zu sein.

Gleichwertigkeit von männlichen, linearen und weiblichen, zyklischen Prinzipien

Jetzt wird es immer mehr möglich, die Verbindung von männlich und weiblich und die wahre Gleichberechtigung zu leben. Dabei gilt es, Akzeptanz und Respekt des Anders-Seins zu lernen und von diesen Gegensätzen zu profitieren.

Allmählich halten auch die weiblichen Planeten Einzug in die bisher sehr männlich-analytisch betonte Astrologie. So können zum Beispiel durch die Arbeit mit Isis (Ausgleich des männlichen und weiblichen Prinzips, selbstlose Liebe) und mit Lilith (weibliche Urkraft) die Venus-Energien viel differenzierter gelebt werden.

Die Mayas wie auch andere Hochkulturen wussten noch, dass das lineare und das zyklische Zeitmodell gleichwertig sind. Im linearen Zeitmodell gibt es Anfang und Ende, Geburt und Tod, und im zyklischen, kreisförmigen Zeitmodell geht jeweils ein Zyklus in den anderen über und endet nie ganz. Das weibliche, intuitive Wissen um die Zyklen von Sonne (Jahreslauf), Mond und Planeten im Kreislauf der Natur dringt wieder mehr ins Bewusstsein und will gelebt werden. (Abschnitt über Zyklen ab Seite 69). Diese Zyklen werden auch vermehrt wieder ritualmäßig gefeiert (Sonnenwenden, Vollmondmeditationen etc.) und die intellektuelle, analytische Astrologie wird ergänzt über weibliche, praxisbezogene, erfahrbare, intuitive Ansätze wie Tierkreismeditationen, Planetenstellen, Bewegungen, Malen und Musik.

Ein Blick in die Zukunft: Kosmische Energien am 5. Oktober 2255

Anstatt wie üblicherweise das Horoskop einer bekannten Persönlichkeit für die Interpretation beizuziehen, haben wir uns entschieden, das Horoskop vom nächsten Eintritt Plutos ins Tierkreiszeichen Steinbock näher zu beleuchten. Wie werden wohl die Schwingungen zu Zeiten von Frau Tao und ihrer Pflanzenfirma aus Marduks Geschichte aussehen? Den Text dazu finden Sie ab Seite 324.

Heutige Forscher sagen, dass im jetzigen Moment alles enthalten ist, Vergangenheit, Gegenwart und Zukunft.

Wenn wir das zukünftige Horoskop von 2255 interpretieren, können wir das natürlich nur von unserer gegenwärtigen Bewusstseinsstufe und Entwicklung her. Prognosen beruhen immer auf Erfahrungen aus der Vergangenheit und Erwartungen, dass es in der Zukunft ähnlich verlaufen wird. Schließlich ist alles auf unserem Planeten Erde permanenten Veränderungen unterworfen. Wir wissen nicht, ob es uns in 250 Jahren noch geben wird, ob wir auf dem Mars leben werden, ob Außerirdische uns besuchen oder ob es noch Lebewesen wie Tiere und Pflanzen geben wird. Nirgendwo in der Natur gibt es konstante, berechenbare Gesetzmäßigkeiten. Selbst bei einem Olivenbaum, der doch mehr als 1000 Jahre alt werden kann, können wir nicht im Voraus sagen, wie er in 250 Jahren aussehen wird …

Lediglich den Lauf der Planeten können Astronomen ganz genau berechnen, denn diese ziehen schon seit Jahrmillionen konstant und gleichmäßig ihre Bahnen. Aus den Berechnungen können wir die entsprechende Schwingungsqualität ablesen. Dabei ist es unser eigener freier Wille, ob wir die Schwingungen der Planeten in Richtung Angst oder in Richtung Liebe nutzen wollen. Immer wieder ist es unsere Entscheidung, die Zukunft zum Positiven zu verändern und mehr Liebe zu leben.

Das Horoskop vom 5.10.2255, 5:06 Uhr (GMT)
– Frau Tao und ihre Pflanzenfirma

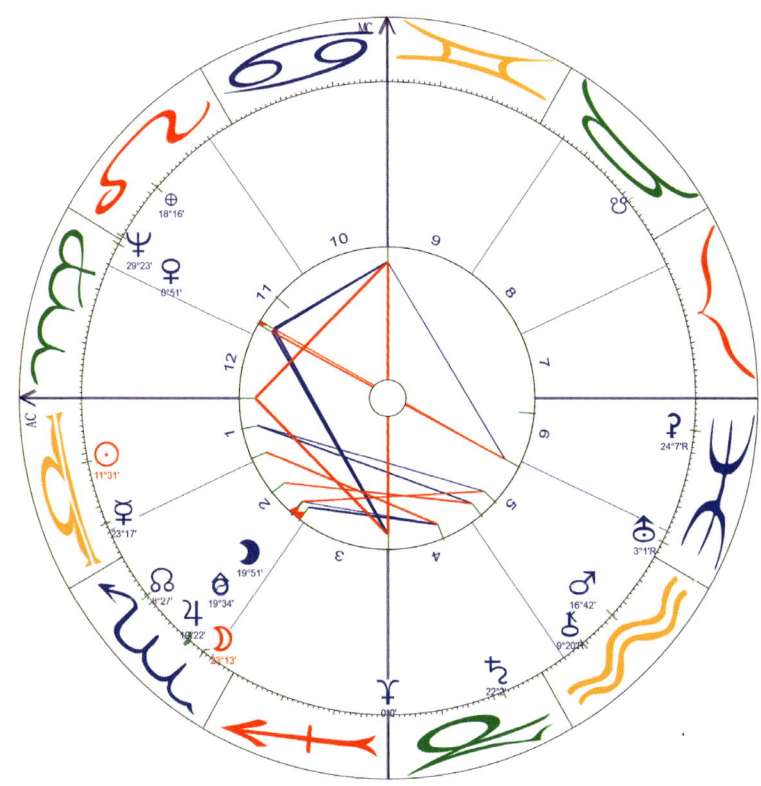

Legende:

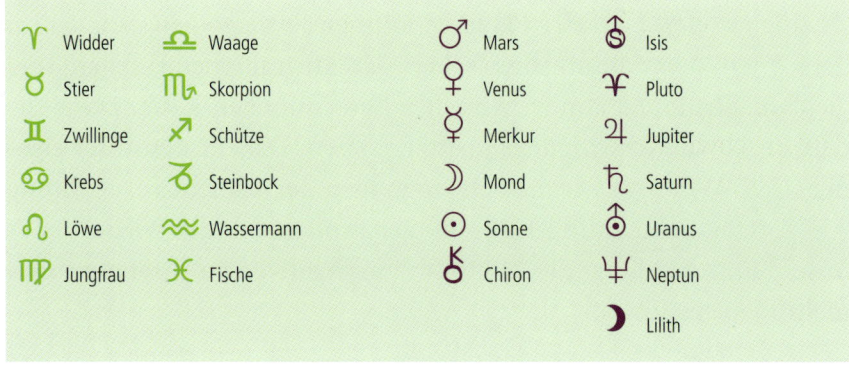

Diese Grafik zeigt eine Horoskopdarstellung als typischen Computerausdruck. Die zwölf Tierkreiszeichen sind die je 30 Grad großen Abschnitte des Kreisrings von 360 Grad. Sonne, Mond und Planeten sind mit ihren Symbolen am Innenring dargestellt. Die roten und blauen Striche markieren die Aspekte, die Winkelverbindungen zwischen den Planeten. Die zwölf Häuser, welche ganz links mit dem 1. Haus beginnen, sind als verschieden große „Tortenstücke" eingezeichnet.

Dieser Horoskopausdruck entstammt dem Astro-Computerprogramm „Galiastro".

Mehr Infos dazu unter *www.astrosoftware.ch*.
Weitere kostenlose Horoskopausdrucke finden Sie unter
www.astro.com

Die Deutung des Horoskops

Im Jahre 2255 tritt Pluto in das Tierkreiszeichen des Steinbocks und verweilt dort bis 2270.

Die nachfolgenden Interpretationen sind also reine Hypothesen von unserem heutigen Standpunkt aus.

Neben Pluto wird sich auch der Planet Saturn in Steinbock aufhalten. Klarheit, Essenz, die Konzentration auf das Wesentliche werden wieder prioritäre Themen sein. Dies bedeutet, dass wiederum eine Transformation des Bewusstseins stattfinden wird. Vielleicht wird die gesamte Menschheit ohne Internet verbunden sein, einfach über Gedankenschwingungen, und es wird ein kosmisches Internet über den Hyperraum geben ...

Vier Planeten und der aufsteigende Mondknoten werden sich im heilerischen, transformatorischen, verantwortungsbewussten, tiefgründigen Zeichen des Skorpions befinden:

> ☙ Jupiter begleitet die Transformationen und lässt den darinliegenden Sinn erkennen.
> ☙ Isis bringt Harmonie in das Geschehen und hüllt es ein in überpersönliche, ganzheitliche All-Liebe.
> ☙ Lilith verbindet mit der Urkraft von Mutter Erde.
> ☙ Der Mond hilft dabei, die tiefen Gefühle auszudrücken und zu leben.
> ☙ Der aufsteigende Mondknoten zeigt an, dass sich die ganze Menschheit auf diese heilerischen, transformatorischen Energien zubewegen wird.

Die Menschen werden liebevoll zusammenleben, es gibt keine Kriege mehr. Eine übergeordnete ganzheitliche Re-ligio, eine Rückverbindung mit der Liebe „Gottes", wird die Menschen beseelen und sie werden in Einklang mit den Rhythmen und Zyklen von Mutter Erde leben.

Uranus hält sich auf im Tierkreiszeichen Fische (Intuition, Spiritualität, Feinstoffliches) und Neptun tritt ein in das Tierkreiszeichen der Jungfrau (Gesundheit, Korrekturen, Heilung). Beides zusammen könnte bedeuten, dass die Menschen feinstofflich sehen, hören, fühlen, spüren können. Intuition, Inspiration, Medialität und spirituelle Gesundheit werden wichtige Themen sein.

Sonne und Merkur spazieren durch das Tierkreiszeichen Waage und könnten eine liebevolle Kommunikation voller Harmonie und Ausgleich möglich machen.

Das große Kreuz mit vier kardinalen, wichtigen Achsen: Die Menschheit muss nun nicht mehr das Kreuz (Christi) als Last auf sich nehmen, sondern lebt dieses Kreuz integriert als Verbindung mit oben, unten, außen und innen ...

Abschluss:
Als Pluto in den Jahren 1515–1531 durch den Steinbock wanderte, erschlossen die Menschen sich die Dimension des Raumes (s. Marduk und die Begegnung mit Leonardo da Vinci). In den Jahren 2008–2024 eröffnen sich neue Dimensionen der Zeit. 2255–2270 werden möglicherweise die verschiedensten Dimensionen entdeckt werden.
Der Mensch wird ein multidimensionales Wesen ...

Wird dies der Beginn des Goldenen Zeitalters sein?

Kosmos, Schwingungen und Quanten

> *„Materie sind Gebilde innerhalb eines Wellenfeldes."*
> *E. Schrödinger, Physiker, 1878–1961*
>
> *„Unsere Welt ist das Ergebnis unserer geistigen Grundhaltung."*
> *H.P. Dürr, Physiker*
>
> *„Es gibt keine Materie. Materie sind Schwingungsfelder und Schwingungsmuster."*
> *Dieter Broers, Biophysiker*

Schwingungen, Energien, Wellen – das neue Wassermannzeitalter

Momentan befinden wir uns im Übergang zum Wassermannzeitalter, dem Zeitalter der Schwingungen, Wellen und Energien. Zu den auffälligsten Merkmalen des Wassermann-Prinzips gehört der Abbau von Hierarchien und Schranken jeder Art. Das Bestreben ist, dass jeder seine Individualität zum Wohle der Gemeinschaft lebt. Die Französische Revolution mit ihrer Parole „Freiheit, Gleichheit, Brüderlichkeit" war eine frühe Vorbotin des Wassermannzeitalters.

Die heutige Qualität des Wassermannzeitalters bringt uns in Kontakt mit weltweiten Kommunikationstechnologien, mit mehr Zeit für geistige Entwicklung und mit ethischen Fragen. Auch die Wissenschaft dringt in neue Dimensionen vor und kann sich mithilfe der Quantenphysik Phänomene erklären, die vorher als Fantasieprodukte galten.

*Rückblick auf die vergangenen Zeitalter
und die Entwicklung der Menschheit*

Woher kommt diese Einteilung in verschiedene Zeitalter?
Weil die Erde nicht eine vollkommene Kugel ist, wird sie durch die Anziehungskräfte von Mond und Sonne minimal aus ihrer Eigendrehung geworfen und bewegt sich demzufolge leicht „torkelnd" durch den Weltraum. So bleibt die Erde auf ihrer jährlichen Reise durch den Tierkreis etwas zurück – diese Verschiebung wird Präzession genannt.

Eine Folge davon ist, dass der sogenannte Frühlingspunkt – der Stand der Erde im Sonnensystem im Bezug zum Tierkreis – innerhalb von 25.800 Jahren einmal „rückwärts" durch alle Tierkreiszeichen wandert. Ungefähr alle 2.150 Jahre beginnt ein neues Zeitalter. Die 12 x 2.150 = 25.800 Jahre werden auch als „Platonisches Jahr" bezeichnet, weil bereits der griechische Philosoph Platon diesen Zyklus um 500 vor Christus festgestellt hat.

Das Zwillingezeitalter, etwa 6000 bis 4000 v. Chr.:
Der Archetyp des Zwillingezeitalters ist der Nomade.
Die ganze Natur lebt und ist beseelt. Die Landschaft ist heilig. In jedem Strauch, jeder Quelle, jedem Windhauch zeigt sich ein Naturgeist oder etwas Göttliches.

Das Stierzeitalter, etwa 4000 bis 2000 v. Chr.:
Der Archetyp des Stierzeitalters ist der Bauer.
Die Menschen werden sesshaft. Sie legen erste Gärten an, pflegen den Ackerbau und domestizieren wilde Tiere. Im alten Ägypten und Babylon bilden sich erste Städte. Die Menschen verehren die Große Mutter, Königin des Himmels und der Erde, und nennen sie Astarte, Hathor, Ischtar, Inanna oder Isis. Stiere stehen im Mittelpunkt kultischer Handlungen. Das Alte Testament berichtet vom Tanz um das Goldene Kalb.

Das Widderzeitalter, etwa von 2000 v. Chr. bis Christi Geburt:
Der Archetyp des Widderzeitalters ist der Krieger.
Es ist ein kriegerisches Zeitalter. Besonders bei den Griechen und Römern werden die Götter vermenschlicht, bleiben aber jung und unsterblich und sind meistens damit beschäftigt, sich gegenseitig zu bekämpfen. Männliche Götter regieren den Himmel. Die Göttinnen werden entmachtet. Lilith, der Mythologie nach die erste Frau Adams, wird dämonisiert und ans Rote Meer verbannt, die Urmutter Eva wird aus dem Paradiesgarten geschickt.

Das Fischezeitalter, etwa von Christi Geburt bis 2000 n. Chr.:
Der Archetyp des Fischezeitalters ist der Mystiker.
Das Christentum mit seinem dreifaltigen Gott setzt sich durch und prägt unseren westlichen Kulturkreis durch die Qualitäten von Nächstenliebe, Idealismus, Entsagung und Opfer. Gott ist im Himmel und die Erde ist ein Jammertal.

Das Wassermannzeitalter, etwa von 2000 bis 4000 n. Chr.:
Der Archetyp des Wassermanns ist der Humanist.
Der Mensch tritt in den Mittelpunkt der Aufmerksamkeit und begreift sich selber mehr und mehr als Teil des Göttlichen. Das sollte nicht als Anmaßung verstanden werden. Aber wenn Gott nicht irgendwo in der Abgeschiedenheit, sondern in allem ist, dann ist er auch in jeder Zelle, in jedem Quant unseres Wesens. Der Mensch sucht das Göttliche in sich und in jedem einzelnen Mitmenschen.

Die Religion des Wassermannzeitalters (Re-ligio = Rückverbindung zu Gott) ist die Religion der Liebe und des Mitgefühls, eine neue Kirche der Liebe entsteht. (Vielleicht ist Papst Franziskus einer der Pioniere für eine neue Art der Kirche?) Das Bewusstsein für die Gruppe, die Gemeinschaft, die gesamte Menschheit weitet sich aus.

Die Wassermann-Qualität beschleunigt unter anderem das Denken und ermöglicht es, sehr komplexe Abläufe zu erfassen. Intuition mischt sich immer mehr unter die Gedanken. Das „Bauchgefühl" wird wieder sehr geschätzt, Gefühl und Verstand, Wissenschaft und Spiritualität werden gleichberechtigt.

Das astrologische Symbol des Wassermanns zeigt zwei Schwingungslinien. Ursprünglich waren damit die Wellen des Wassers gemeint. Heute sind wir auf dem Weg ins Zeitalter der Frequenzen, Energien und Schwingungen. Auch diese sind im Wassermannzeichen zu erkennen. Die kosmischen Strahlungen nehmen zu (Sonnenstürme), die Luft ist voll mit Strahlen von Handys, Internet, Computer, Satelliten usw. Auch wir Menschen werden Schwingungen gegenüber empfindlicher und nehmen sie vermehrt wahr. Nun werden Fähigkeiten wie Hellhören, Hellfühlen und Hellsehen immer mehr der Allgemeinheit zugänglich. Wir lernen im Wassermannzeitalter, uns vermehrt in unsere Mitmenschen einzuschwingen, und so auch feinstofflich miteinander zu kommunizieren und über Distanzen zu heilen.

Im Wassermannzeitalter stößt der Mensch immer weiter in den Weltraum vor und sucht mit Hilfe von neuartigen Flugzeugen, Satelliten und Raumsonden die Grenzen des Universums zu verstehen. Auf der anderen Seite erforschen die Wissenschaftler die allerkleinsten Teilchen der Materie jenseits von Quanten und Quarks.

Die Gehirnforschung dringt im Wassermannzeitalter in neue Dimensionen vor. Und findet dort ungeahnte Entfaltungsmöglichkeiten.

„Wir sind alle miteinander verbunden, es gibt kein Getrenntsein."
Albert Einstein

Was für Hermes Trismegistos der Satz war „Wie oben, so unten", das nennen die Quantenphysiker heute „verschränkte Teilchen". Dies bedeutet auch, dass die Planeten im Universum synchron reagieren mit den allerkleinsten Teilchen der Materie auf der Erde. Je nachdem, in welchem Rahmen dieses Teilchen sich befindet, antwortet es nach den darin vorhandenen individuellen Möglichkeiten.

Letzten Endes besteht auch dieses Teilchen im innersten Kern aus nichts anderem als Schwingung. Jeder Mensch, jede Pflanze, jedes

Tier, jedes Mineral, jeder Planet schwingt ständig und diese Frequenzen verändern sich von Moment zu Moment. Über Schwingungen sind wir alle verbunden. Wenn sich die Schwingungen eines Individuums verändern, verändern sich auch die Schwingungen seines Umfelds. So wird es immer wichtiger, sich der Verantwortung für sein eigenes Leben, Denken und Handeln bewusst zu werden und dementsprechend ein positives, liebevolles Leben im Dienste der Menschheit zu führen.

In der Quantenphysik wie auch in der Astrologie sprechen wir von den vielen verschiedenen Möglichkeiten, wie eine Schwingung sich ausdrückt, wie ein Thema gelebt werden kann.

Nehmen wir ein weiteres Mal das Beispiel von Pluto in Steinbock. In der aktuellen Zeit von 2008 bis 2024 ist diese Grundschwingung für alle Menschen präsent. Das bedeutet, dass sich jeder Mensch auf eine „plutonische", intensive Art und Weise mit den Themen des Steinbocks wie Zeit, Klarheit, Beruf und Berufung, Verantwortung und Naturgesetze beschäftigt und diese zu einer neuen Ebene des Bewusstseins transformiert. Der Weg zu solchen Veränderungen verläuft sehr oft über ein chaotisches Zwischenstadium und führt letzten Endes zu einer neuen Klarheit, welche in unserem Beispiel spätestens 2024 integriert und gelebt werden sollte.

Wie jeder einzelne Mensch auf diese planetarischen Schwingungen reagiert, ist von seiner individuellen Ausstattung abhängig, vom Ort und Zeitpunkt seiner Geburt, der ethnischen Gruppe, in die er hineingeboren wurde, der Glaubensrichtung, der Familie, der Bewusstseinsentwicklung und vielem mehr.

Im Horoskop ist die Veränderung der Schwingungsqualität durch die Veränderung der Planetenpositionen in jedem Moment zu erkennen. Jetzt ist die Zeit reif, wieder diese Schwingungen zu spüren und sich im Einklang damit zu entwickeln. Schwingungsmedizin wird immer wichtiger. Dabei können die Pflanzen mit ihrer liebevollen Ausstrahlung helfen, in eine harmonische Schwingung zu kommen und diese auch zu leben.

„Der stille Punkt" – Pflanzen und Planeten im Einklang

Die Entwicklung und Bewusstwerdung jedes Menschen möchten wir mithilfe des Modells „Der stille Punkt" erklären.

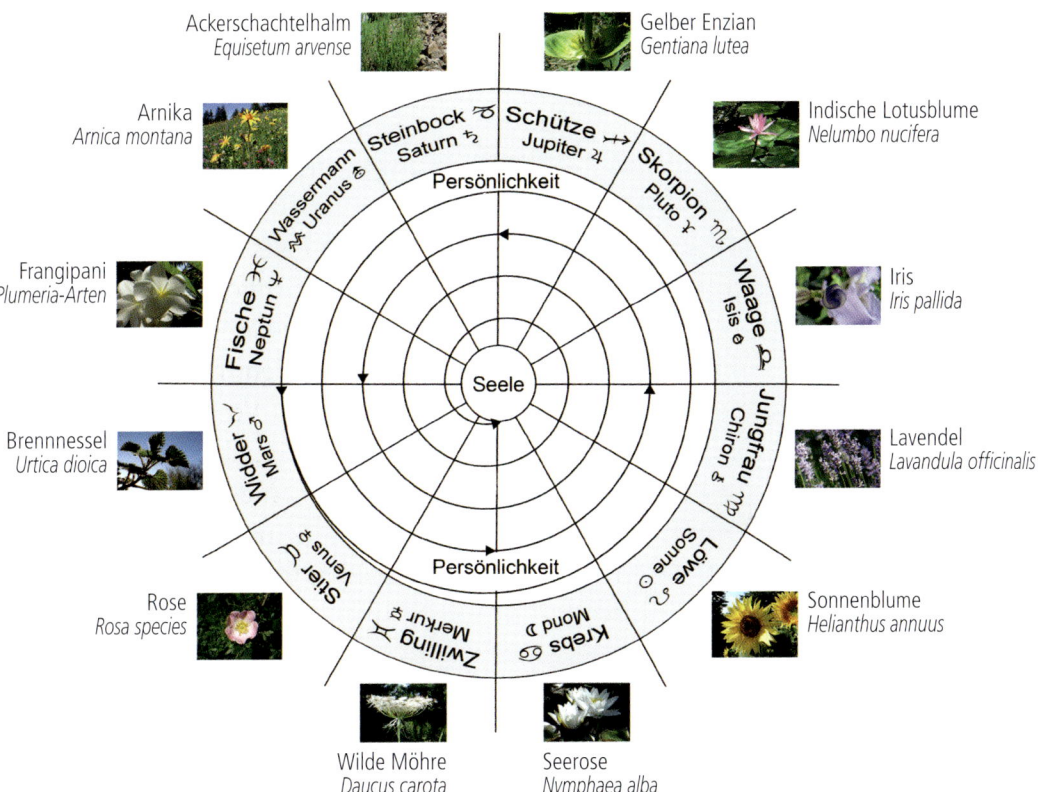

Pflanzen und Planeten helfen auf dem Weg in die Mitte, zu Glück, Liebe, Stille, Seele. Jeder Mensch wird mit anderen Themen und Grundschwingungen, je nach Geburtsdatum/-zeit/-ort geboren. Diese Geburtskonstellation ist sein ganzes Leben lang aktuell und für Hellsichtige in seiner Aura oder über Farben/Klänge erkennbar. Ziel des Lebens ist es nun, diese Themen zu entwickeln, zu entfalten, bewusst zu machen und in Harmonie zu bringen.

Die Entwicklung jedes Menschen verläuft wie bei einer Schallplatte, die sich immerfort dreht. Jeder Mensch startet bei der Geburt mehr oder weniger weit draußen auf der Persönlichkeitsebene und es gilt, immer mehr in die Mitte, zur Seelenebene, zu kommen. Immer wieder erleben wir Neuanfänge im Widder (Frühling) bis zur Stille im Fische (Winter), nur wenn möglich jeweils auf einer höheren, bewussteren Stufe. Sogar nach jedem Einatmen (Frühling und Sommer) und Ausatmen (Herbst und Winter) erleben wir ganz kurz diesen stillen Punkt, bevor wir wieder Atem holen.

Jeder startet natürlich an einem anderen Punkt im Außen, je nach Geburtshoroskop und grundlegender Schwingung.

Je weiter draußen wir uns befinden, desto höher ist die Drehgeschwindigkeit, und wir sind diesen Zyklen hilflos ausgeliefert. Unsere Schwingungen sind noch sehr chaotisch und unkoordiniert.

Je weiter wir uns zur Mitte der „Schallplatte" hinbewegen, desto bewusster werden wir und desto langsamer wird die Bewegung. Die Schwingungen werden immer harmonischer.

Nehmen wir ein Beispiel: Ein Widder-Geborener ist normalerweise sehr aktiv, dynamisch, pionierhaft, kann aber auch ungeduldig, aggressiv, egoistisch und eigenwillig sein. Je weiter er sich nun nach innen entwickelt, desto mehr lebt er die positiven Eigenschaften, und setzt sich aktiv ein für mehr Glück, Liebe und Vertrauen. Dazu hilft ihm die Brennnessel.

Nun lernt er auch von seinem Spiegel, astrologisch gesehen vom gegenüberliegenden Zeichen, und integriert diese Qualitäten, um in die Mitte zu kommen. So lernt ein Widder-Geborener von der Waage, welche eher harmonisch, ausgeglichen und friedfertig ist, und die dazugehörende Pflanze Iris hilft ihm dabei.

Im absoluten Mittelpunkt der Schallplatte ist keine Bewegung mehr spürbar, alles ist ausgewogen, friedlich und ruht in sich. Es gibt dort keine nach außen ziehenden und drängenden Bestrebungen mehr, selbst die stärksten Planetenkräfte verlieren ihre Wirkung. Wir sind in Einklang mit allem. Diesen stillen Punkt in der Mitte nennen wir auch Gott, All-Liebe, Licht, Nirwana, die große Stille, Quelle der Kraft. Manchmal erleben wir dies z. B. in tiefen Meditationserfahrungen, in wunderbaren Momenten in der Natur oder in der sexuellen Ekstase.

Unsere Grundschwingung, unsere grundlegenden Themen und Lernaufgaben sind bei Geburt durch den ersten Atemzug festgelegt, aber wir haben in jedem Moment den freien Willen, ob wir uns zu „gut oder böse", „Himmel oder Hölle", „Angst oder Liebe", zur Mitte der Schallplatte oder nach außen hin entscheiden. Durch unsere Entscheidungen kreieren wir unsere Zukunft. So sind wir alle selber die Meister unseres Schicksals.

Beispiel: Adolf Hitler und Charlie Chaplin hatten ein praktisch identisches Horoskop, sind fast am gleichen Tag auf die Welt gekommen. Sie haben ihre Grundthemen sehr verschieden gelebt, haben sich aber auch gegenseitig beeinflusst, wenn wir z. B. an den Film „Der große Diktator" mit Chaplin denken.

Je weiter wir uns entwickeln und an unserer Persönlichkeit arbeiten, desto weiter innen können unsere Kinder/Nachfolger ihr Leben starten und müssen all die Fehler nicht mehr machen, welche unsere Generation noch durchleiden musste.

Je weiter sich ein Mensch in der Mitte, im „Stillen Punkt" befindet, desto ähnlicher werden die Themen; Licht und Liebe nehmen zu. Die Farben, die Klänge, die Schwingungsfelder werden harmonischer, liebe- und lichtvoller und dehnen sich aus.

Auf welcher Ebene sich ein Mensch in seiner Entwicklung befindet, erkennen wir nur an seiner großen Ausstrahlung, Ruhe, Gelassenheit, innerem Frieden. Die Entwicklungsstufe eines Menschen ist nicht im Horoskop ersichtlich!

Eines Tages brauchen wir das Modell der Astrologie wie auch alle anderen Modelle nicht mehr, wir sind bei uns selber, in unserer Mitte angekommen, die „Harmonica mundi", die Weltenharmonie, wird gelebt.

Wie oben, so unten – wie im Kosmos, so in den Pflanzen

Planeten in Pflanzen entdecken

"Wir beginnen, die Welt, in der wir leben, als einen großen Organismus zu sehen, in dem die Rollen von Planeten und Pflanzen eng miteinander verwoben sind, eine mit der anderen. Kein Stern kann sich bewegen, ohne dass eine Pflanze antwortet."

Lawrence Edwards, Mathematiker in Edinburgh, 1912–2004

Pflanzen sind die ältesten Lebewesen auf dieser Erde. Sie produzieren Sauerstoff, sorgen für unsere Ernährung und machen menschliches Leben erst möglich. In der Entwicklungsgeschichte des Lebens auf unserer Erde kam der Mensch erst einige Milliarden Jahre später. Ohne Pflanzen gäbe es keine Tiere und keine Menschen. Diese gemeinsamen Wurzeln ermöglichen uns das Leben und begleiten uns „seit Menschengedenken".

Über Jahrtausende hinweg haben unsere Vorfahren die Bahnen der Planeten beobachtet und ihre Spiegelbilder auf der Erde, auch in Pflanzen und Menschen, entdeckt. So wie die Pflanzen das Licht der Sonne aufnehmen und es im Prozess der Fotosynthese in Sauerstoff und Zucker/Stärke verwandeln, empfangen sie gleichzeitig die Strahlen der anderen Himmelskörper, der wandernden Planeten und der Sternbilder. Mit ihren „Organen", den Wurzeln, Stängeln, Blättern, Blüten, Früchten und Samen, nehmen sie diese Kräfte auf und verwandeln sie in sichtbare Formen. Jede Pflanze bündelt auf ihre Art einen bestimmten Aspekt des kosmischen Lichts.

Nicht nur in Büchern, die viele Jahrhunderte alt sind, ist etwas zu lesen über die Zusammenhänge zwischen Planeten und Pflanzen. Auch aktuelle Forschungen und Berechnungen bestätigen das.

Die Bahn der Venus als Vorlage für Rosenblüten

Schon lange vor Beginn des Pflanzenlebens auf der Erde haben die Planeten ihre Bahnen durch den Kosmos gezogen. Und vergleichbar mit den Rillen einer Schallplatte haben sie auch auf der Erde ihre Spuren wie „Trampelpfade" eingraviert. In Formen dieser Spuren hinein sind im Laufe von Millionen Jahren die Pflanzen gewachsen. Die Rose schmiegt sich in die Bahn der Venus, die Blätter der Eiche in die Bahn des Mars, die Zapfen der Nadelbäume in die Bahn des Saturns.

In der Blüte einer Heckenrose wird der Zusammenhang zwischen Pflanzen und Planeten ganz offensichtlich. Dafür ist es wichtig, die Bahn der Venus aus der Perspektive der Erde zu beobachten und aufzuzeichnen. Venus zieht in acht Jahren fünf Schleifen um die Erde herum, jede Einzelne in der Form eines Herzens. Diese Bahnen sind gegeneinander leicht versetzt, sodass nach acht Jahren ein schönes Blütenmuster zu erkennen ist. Kein Wunder, dass wir das Herz als Symbol für die Liebe ansehen – wenn es doch der Planet der Liebesgöttin Venus seit Milliarden Jahren in den Himmel zeichnet! Alle acht Jahre wiederholt sich dieses Muster, Jahrtausend für Jahrtausend, und wird dabei immer feiner. Es ist so ausgewogen und harmonisch, dass es zum Vorbild für die Gestaltung vieler Kirchenfenster der gotischen Kathedralen diente (Chartres, Kölner Dom).

Die Venus wird ungefähr alle drei Jahre rückläufig. Auf dieser Abbildung erkennen Sie den Beginn der jeweiligen Rückläufigkeit, wel-

che durchschnittlich etwa 6 Wochen dauert. In diesem zyklischen Weg der Venus ist auch das Pentagramm, der fünfzackige Stern, zu erkennen. Wir entdecken ihn, wenn wir einen Apfel quer durchschneiden und sein Kerngehäuse bewundern. Ein Apfelbaum gehört zu den Rosengewächsen und jede seiner Blüten sieht aus wie die kleine Ausgabe einer Heckenrosenblüte. Das Pentagramm darin begleitet das Wachsen eines Apfels von der Blüte bis zur reifen Frucht und bringt Venusenergien in den Menschen, der ihn verzehrt. Jeder Apfel ist eine Liebesbotschaft! Daran sollten wir denken, wenn wir in ihn hineinbeißen.

Legt man die gezeichnete Bahn der Venus über die Blüte einer Heckenrose mit ihren fünf Blütenblättern, so erkennen wir auch hier die Handschrift des Planeten und der Liebesgöttin. Ist es da noch verwunderlich, dass die Rosen als Blumen der Liebe gelten? Die fünf herzförmigen Blütenblätter einer einfachen Heckenrose fallen meistens nach zwei Tagen ab. Darunter kommen fünf grüne Kelchblätter zum Vorschein, die bis zur Reife der Hagebutte erhalten bleiben. Auch sie bilden einen fünfzackigen Stern, ein Pentagramm, das heilige Zeichen der Venus. Für Pythagoras war der Fünfstern übrigens ein Zeichen für Gesundheit und Erkenntnis.

Die Bewegung der Planeten in Bäumen erkennen

Lawrence Edwards, ein englischer Mathematiker, zeigte in seinem Buch *The Vortex of Life (Der Wirbel des Lebens),* wie sehr die Blattknospen von Bäumen selbst im Winter, in ihrem Ruhezustand, pulsieren – im Einklang mit den Bewegungen von Sonne, Mond und einem jeweils charakteristischen Planeten. So schwellen Eichenknospen bei jeder Mond-Mars-Konjunktion und -Opposition leicht an und wieder ab. Buchenknospen reagieren auf die entsprechenden Mond-Saturn-Konstellationen, die Ulme reagiert auf die Bewegungen von Merkur, die Esche auf die Sonne und die Birke auf die Venus. Die Blattknospen der Kirsche pulsieren messbar mit dem Vollmond (Sonne-Mond-Opposition) und Neumond (Sonne-Mond-Konjunktion). Genauso ordnete übrigens Rudolf Steiner die Bäume den Planeten zu: Die Esche ist für ihn ein Baum der Sonne, die Birke gehört zur Venus, die Ulme ist der Baum Merkurs, die Eiche gehört zum Mars und die Buche ist ein Baum des Saturns.

Beim Zusammenziehen der Knospen nimmt die Pflanze kosmische *Eindrücke* auf, sie atmet sie gleichsam ein. In der Phase der Ausdehnung atmet sie aus, was sie aufgenommen hat, *drückt es wieder aus.*

So bewegt sich die Welt rhythmisch im Einklang mit den Planeten um uns herum. Auch in jedem von uns schwingt dieser Rhythmus – seit Menschengedenken. Ob wir ihn nun wahrnehmen oder nicht – wir sind davon geprägt. Viel stärker nehmen die Pflanzen den Rhythmus auf. Wenn wir diesen kosmischen Rhythmus spüren wollen, können wir das am leichtesten über die Vermittlung der Pflanzen erreichen.

Bucheckernjahre

Die Buche produziert unzählige Früchte, die Bucheckern. Zu zweit oder zu dritt stecken sie in einer stacheligen Schale und prasseln im Herbstwind auf den Waldboden. Besonders in den Jahren mit reicher Ernte, den „Mastjahren", freuten sich die Bauern und jagten ihre Schweine zum üppigen Futtern in den Wald. Wolf-Dieter Storl berichtet darüber (Der Garten als Mikrokosmos), dass solche Mastjahre mit einer bestimmten Konstellation von Mars, Jupiter und Saturn zusammenhängen, die alle 6 bis 8 Jahre anzutreffen ist.

Langlebiger Wacholder

Vor über 30 Jahren haben russische Forscher nachgewiesen, dass es einen Zusammenhang gibt zwischen den Explosionen von Supernovae am Ende eines Sternenlebens und dem Wachstum der Bäume auf der Erde. Sie nahmen ihre Untersuchungen an einem Wacholder vor, der in den Bergen von Serawaschan in einer Höhe von 3500 Metern wächst. Dort ist er besonders intensiv der kosmischen Strahlung ausgesetzt. An seinen Jahresringen war deutlich die Einwirkung dieser Strahlung aus dem All zu erkennen – wiederkehrend über viele Jahrhunderte hinweg. In Zeiten intensiver kosmischer Einflüsse verlangsamte sich das Wachstum des Wacholders bis zu 15 Jahre lang.

Die Harmonie der Sphären

Seit Pythagoras gibt es die Vorstellung der Harmonie der Sphären. Im Laufe der Zeit wurden viele Methoden entwickelt, um die Planeten hörbar zu machen. So wurde herausgefunden, dass unser Erbgut, die DNA, in unmittelbarer Resonanz zum Erdenton schwingt. Wir sind also auf die Erde eingestimmt, ähnlich wie die Musikinstrumente eines Orchesters. Junge Wissenschaftler in München haben folgenden Versuch gemacht: Im Winter hielten sie einmal täglich für wenige Minuten eine genau auf den Sonnenton gestimmte Stimmgabel an einen Blumentopf, und die Pflanzen begannen sehr schnell, wunderschöne Blüten auszubilden. Offensichtlich scheint der Ton der Sonne eine ähnliche Wirkung zu besitzen wie das Sonnenlicht. Licht und Töne sind Schwingungen, und auf beides reagieren wir.

Wassertropfen spiegeln die Energien der Planeten

Der Einfluss der Planeten auf das Wasser unserer Erde konnte mit einer Tropfenmethode nachgewiesen werden. Hier zeigten Wassertropfen 12 Minuten vor, während und 12 Minuten nach einer Jupiter-Neptun-Quadratur jeweils ein anderes Bild. Da Bäume und Pflanzen, Menschen und Tiere zu mehr als zwei Dritteln aus Wasser bestehen, ist es klar, dass all diese Organismen von diesen Vorgängen stetig beeinflusst sind. Fred Hageneder berichtet darüber in seinem Buch *Geist der Bäume,* aus dem auch die folgende Abbildung stammt.

Die Tropfenmethode macht die Planetenschwingungen sichtbar

Oben: Wasser aus einer Gebirgsquelle. Links vor und rechts nach dem Einleiten von Verunreinigungen
Unten Mitte: während einer Jupiter-Neptun-Quadratur
Unten links: 12 Minuten davor
Unten rechts: 12 Minuten danach

Planeten regen das Wachstum einer Pflanze an

*„Die Sterne sind die Modelle, Patronen, Formen,
Matrices aller Kräuter.
Durch attraktivische Kraft zeucht jeder Stern
seinesgleichen Kraut aus der Erde."*

Paracelsus

Das Werden und Vergehen der gesamten Vegetation verläuft im Einklang mit dem Stand der Sonne. Den Einfluss unseres Zentralgestirns auf das Pflanzenwachstum kennen wir alle. Im Winter, wenn die Tage kurz sind, ruhen die Pflanzen und haben ihre Kräfte in Samen, Wurzeln oder Knospen gespeichert. Werden die Tage länger und wärmer, sprießt die Vegetation und kommt in den langen, hellen Tagen des Sommers zur vollen Blüte. Im Herbst mit seinen kürzeren und kälteren Tagen welken die Pflanzen und ziehen sich wieder unter die Erde zurück. Ein neuer Zyklus kann beginnen.

Gerade in unserer heutigen Zeit des Klimawandels wird deutlich, wie sehr auch wir Menschen von der Intensität der Sonneneinstrahlung abhängig sind. Den Einfluss des Mondes auf die Pflanzenwelt können wir jeden Monat erneut verfolgen. So wie der Rhythmus von Sonne und Mond das Leben auf der Erde steuert, kann man bei genauem Hinsehen und Hinfühlen auch Besonderheiten der übrigen Planeten wahrnehmen. Das ist zwar nicht immer so leicht nachzuvollziehen wie bei Sonne und Mond, aber genauso interessant.

Der Werdegang einer Pflanze
unter dem Einfluss der Planeten

Unter dem Einfluss des Mondes keimt eine Pflanze. Ihre Wurzeln wachsen als Erstes in Richtung Erdmittelpunkt. Über der Erde entfalten sich ihre Keimblätter und beginnen, kaum dass sie das Tageslicht erblicken, sofort mit der Fotosynthese. Zeitrafferaufnahmen zeigen immer wieder den faszinierenden Wachstums-Tanz einer Pflanze.

Nehmen wir die Planeten mit ihren Einflüssen hinzu, so wird ein kosmischer Tanz daraus, der sich auf der Erde abspielt. Merkur, der schnelle Götterbote, hat die jungen Keimblätter entdeckt und treibt alle Frühlingstriebe an, so schnell wie möglich zu wachsen. Die vielen, vielen Blätter beflügelt er, aus ihren Knospen herauszubrechen und sich in Windeseile zu entfalten. Venus betreut das vielfältige Grün in seinen unzähligen Schattierungen und öffnet die zarten, aquarellfarbenen Blüten mit ihren verführerischen Düften. Die majestätische Sonne verfestigt das aufrechte Wachstum und sorgt für kräftige Stängel und sorgfältig ausgeformte, gelbe Blüten. Mars verleiht seinen Pflanzen die rote Farbe, macht sie wehrhaft, versorgt sie mit Brennhaaren, Stacheln und Dornen. In der Blüte betreut er die Staubgefäße mit all ihren Pollenkörnern.

Wenn Mars und Venus unter Mitarbeit von Merkur und seinem Wind, Bienen oder Schmetterlingen die Blüten befruchtet haben, dann kommt allmählich die Zeit des Jupiters. Der Götterkönig stattet mit großer Sorgfalt die reifenden Früchte mit runden Formen, satten Farben und saftigen Aromen aus. Er betreut das Reifen der Nüsse und übernimmt die Umfärbung des Laubes von grün über rot zu gelb.

Der letzte der sichtbaren Planeten, der Saturn, befreit die Pflanze wiederum von allem Überflüssigen. Er lässt sie welken und wieder zu Erde werden. Ihre Kraft allerdings und ihr ganzes Pflanzenwissen konzentriert er in unzähligen kleinen Samen, die gut gerüstet durch den Winter gehen. Bereit für einen neuen Kreislauf im Pflanzenleben.

Wie oben, so unten – Der Kosmos in den Pflanzen

Die Entwicklung einer Pflanze von Mond bis Saturn

In der Anthroposophie Rudolf Steiners finden sich noch weitere interessante Aspekte zum Einfluss der Planeten auf Pflanzen.

Alle jene Pflanzen, die innerhalb eines Jahres keimen, wachsen, blühen, fruchten und vergehen, tun dies im Einklang mit dem Rhythmus der Sonne. Ein Jahr bedeutet ein Sonnenzyklus. Unter dem Einfluss des Mars wachsen die zweijährigen Pflanzen, denn Mars braucht zwei Jahre für eine Reise um die Erde. Dazu gehört zum Beispiel die Familie der Kreuzblütler mit all ihren Kohlarten. Die Laubbäume schwingen mit Jupiter und seinem zwölfjährigen Zyklus. Und die Nadelbäume, zu denen die ältesten Bäume der Welt gehören, wachsen unter dem Einfluss von Saturn, der gemächlich in etwa 29 Jahren einmal um die Erde kreist.

Pflanzen als intelligente Lebewesen

> *„Der intuitive Geist ist ein heiliges Geschenk
> und der rationale Geist ein treuer Diener.
> Wir haben eine Gesellschaft erschaffen, die den Diener ehrt
> und das Geschenk vergessen hat."*
>
> Albert Einstein

Es tut sich viel in der Welt der Pflanzen. Seit wenigen Jahren entdecken auch die Naturwissenschaften die Pflanzen wieder. Zwischendrin ist es ganz interessant, aktuelle Forschungsergebnisse von Biologen und Pflanzenphysiologen zu betrachten.

Intelligente Pflanzen

Pflanzenneurobiologie heißt diese aktuelle Forschungsrichtung. Sie wagt sich heran an das weite Terrain der Phänomene, die bisher unwägbar, unmessbar oder unfassbar erschienen. Es zeigt sich, dass die Pflanzen Fähigkeiten haben, die an menschliche Sinne erinnern. Pflanzen können sehen, hören, riechen, schmecken und tasten. Jede einzelne Zelle, jeder Einzeller, jedes pflanzliche Wesen fühlt. Es fühlt sich, seine Umgebung und passt sich im Folgenden den äußeren Verhältnissen an. Die Erfahrungen eines Pflanzenlebens werden in den Genen abgelegt und weitervererbt. Wenn zum Beispiel junge Triebe einer Pflanze in ihrer Jugend erhöhter Salzkonzentration ausgesetzt sind, haben sie in späteren Jahren größere Chancen, solche Konzentrationen zu überleben, die normalerweise tödlich wären. Über ihre Samen vererben sie diese Fähigkeiten an kommende Generationen.

Was wir eigentlich schon längst wussten, belegen neueste Forschungsergebnisse: 50 % dieser Fähigkeiten stecken in den Genen und 50 % sind ausgelöst durch die Umwelt, mit der sie über alle Sinne vernetzt sind.

Biologen sagen, Pflanzen sind intelligente Wesen. Allerdings bezieht sich diese Intelligenz nicht auf das Erlernen von Schreiben, Rechnen oder Lesen. Die Intelligenz der Pflanzen wird definiert als ein „autonomes Verhalten, das der Umgebung angepasst und darauf angelegt ist, aus einer Situation das Beste herauszuholen". Pflanzen nutzen ihre Intelligenz ständig in Bezug auf Wachstum und Fortpflanzung. Sie wägen ab: Lohnt es sich, neue Blätter sprießen zu lassen? Wo liegen die meisten Nährstoffe? Wie wird es morgen um meine Versorgung stehen? Wie stelle ich es am besten an, die Samen reifen zu lassen? Das zeigt, dass sie auch eine Vorstellung von der Zukunft haben.

Pflanzen verfügen über ein Signalsystem zwischen Wurzeln und Blüten. So ähnlich wie in menschlichen Nervenzellen leiten sie Informationen über elektrische Potentiale weiter. Botenstoffe überbringen Signale innerhalb des Pflanzenkörpers. Dabei reisen sie durch Kanäle, die auch Nährstoffe transportieren – allerdings sind sie dabei etwa 1000-mal langsamer als im Menschen.

Und Pflanzen haben ein Immunsystem. Sie unterscheiden ihren eigenen Pollen von dem anderer Pflanzen, grenzen ganz klar ihr eigenes Selbst von Fremdem ab. Ein Baum merkt, ob er in der dunklen Erde seinen eigenen Wurzeln begegnet oder ob es ein Nachbar ist, der auch nach Wasser und Mineralien sucht. Mit diesen Fähigkeiten ausgestattet, überleben sie seit vielen Millionen Jahren.

Pflanzen und ihre Sinne

Pflanzen fühlen – und reagieren auf Berührung. Bei Berührung ändern sie die Richtung ihres Wachstums, weichen Hindernissen aus oder suchen gezielt Rankhilfen. Es sind Touch-Gene in der Pflanze, die auf die Berührungen ansprechen. Laufen diese immer wieder ab, zum Beispiel auch durch starken Wind, bilden die Pflanzen kräftigere Stängel und festere Blätter aus. Das können Sie gut bei den Pflanzen beobachten, die auf dem Mittelstreifen der Autobahn wachsen. Sie stehen permanent im Fahrtwind, der ununterbrochen und unregelmäßig aus zwei entgegengesetzten Richtungen weht. Das macht ihre Stängel so stark, dass sie niemals von allein umfallen.

Pflanzen sehen – und unterscheiden direktes Sonnenlicht von reflektiertem. Sie merken, dass es andere Rot- und Blau-Anteile hat.

Pflanzen schmecken – Landpflanzen lassen ihre Wurzeln zielgerichtet zu nahe gelegenen Mineralien wachsen.

Pflanzen riechen und kommunizieren über Duft. Die Maispflanze produziert genau in dem Moment ein Insektengift, in dem Käferlarven an ihren Blättern knabbern. Eine Duftwolke mit diesem Gift entlädt sich in die Umgebung. Menschliche Nasen können diesen Duft nicht wahrnehmen, benachbarte Maispflanzen allerdings schon. Und sie beginnen sofort mit der Produktion von Abwehrstoffen gegen diesen Schädling. Viele Pflanzen kennen solche Duftbotschaften, die verschiedenartige Signale in die Umgebung aussenden können.

Pflanzen produzieren Frostschutzmittel. Wenn es eisig kalt wird, produziert Efeu (S. 250) in den Zellen seiner immergrünen Blätter ein Frostschutzmittel, damit sie selbst tiefste Temperaturen unbeschadet überstehen. Die Blüten des Hamamelis-Busches (S. 229) können das auch und erfreuen uns deswegen oft schon im Januar mit ihrem leuchtenden Gelb. Das Schneeglöckchen heizt sogar seine Blüten und schmilzt damit den kalten Schnee in seiner unmittelbaren Umgebung.

Pflanzen schützen sich gegen Sonnenbrand. Wie so viele Pflanzen produziert auch das Edelweiß einen UV-Schutz, um in

Edelweiß

der intensiven Sommersonne keinen Sonnenbrand zu bekommen. Wer seine Pflanzen im Frühjahr zu schnell aus dem Winterquartier in die Sonne stellt, merkt, dass die Blätter verbrennen und abfallen. Wenn die Pflanze langsam an die Sonne gewöhnt wird, bildet sie einen Sonnenschutz in ihren Zellen und behält grüne Blätter.

Tabak

Pflanzen sind richtige Giftmischer (Koffein, Nikotin, Atropin, Pyrolizidinalkaloide ...). Sie mischen das Gift in dem Moment, in dem sie es brauchen, und stimmen es auf den Angreifer ab. Gut untersucht sind die Tabakpflanzen. Sie produzieren Nikotin, sobald die Raupen des Tabakwicklers ihre Blätter anknabbern. Merkt die Raupe, dass das Blatt nach diesem giftigen Stoff schmeckt, sucht sie das Weite. Sicherheitshalber beginnen die Tabakpflanzen nur wenig später mit der Produktion eines Duftcocktails, der Schlupfwespen herbeiruft. Für die sind nämlich kleine Tabakwickler reine Leckerbissen. Pflanzen rufen also über spezifische „Duftcocktails" ihre Beschützer herbei.

Pflanzen lernen aus Erfahrungen und vererben diese Erfahrungen an ihre Nachkommen. Wenn Thymian (S. 223) in der Ebene wächst, in der ihn Schnecken fressen könnten, produziert er viel Thymol als Abwehrstoff. Das mögen die Schnecken ganz und gar nicht und verschonen ihn. In den Bergen, oberhalb von 1000 m, gibt es keine Schnecken mehr. Hier produziert der Thymian weitaus weniger Thymol. Sie geben diese Erfahrungen auch über ihren Samen an ihre Nachkommen weiter. Für diese Samen haben sie ausgetüftelte Verbreitungssysteme, die das Herz von Merkur (S. 177) höher schlagen lassen. Beim Löwenzahn (S. 140) sind das die Miniatur-Fallschirmchen, beim Springkraut die Samenschleudern.

Schließlich orientieren sich Pflanzen – wie die Vögel – an Magnetfeldern. So richtet zum Beispiel die Kompassdistel (*Lactuca serriola*) ihre Blätter nahezu exakt in Nord-Süd-Richtung aus.

Leben im Einklang mit den Zyklen von Sonne, Mond und Planeten

Die Zyklen der Sterne geben die Rhythmen auf der Erde vor

> *Wie jede Blüte welkt und jede Jugend*
> *dem Alter weicht, blüht jede Lebensstufe,*
> *blüht jede Weisheit auch und jede Tugend*
> *zu ihrer Zeit und darf nicht ewig dauern.*
>
> Hermann Hesse:
> Stufen aus „Das Glasperlenspiel"

Alles in unserem Leben verläuft in Rhythmen und Zyklen: Der kürzeste Zyklus ist unser Atemrhythmus, das Einatmen (Anfang, Alpha) und das Ausatmen (Ende, Omega). Zwischen Ende und Anfang befindet sich der sogenannte „Stille Punkt". Hier wird der Same gelegt für den nächsten Zyklus. Im ersten Atemzug ist schon eine Grundprägung für unser ganzes Leben enthalten. Diese Grundprägung ist auch im Horoskop ersichtlich. Den Zyklus von Anfang, Höhepunkt, Transformation, Loslassen und Stille finden wir überall in der Natur und auch in unserem persönlichen und geistigen Leben.

Unser längster Zyklus auf der Erde ist der Verlauf des Lebens von der Geburt bis zum Tod.

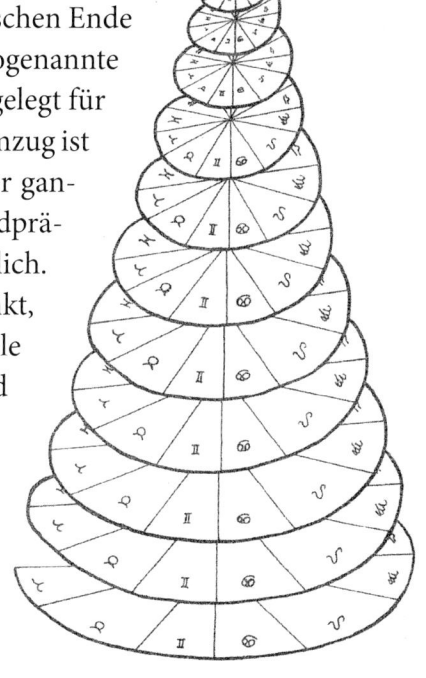

Die Zyklen von Sonne, Mond und Planeten

Alle Planeten drehen ihre Runden in zyklischen, regelmäßigen Bahnen, ihre Themen kehren in bestimmten Abständen wieder, nur treffen sie jedes Mal auf andere Lebensbedingungen, denn in der Zwischenzeit hat sich die Spirale weitergedreht. So können wir in unserem Leben bestimmten Mustern auf die Spur kommen, die sich immer wiederholen. Wenn Sie in Ihrer Partnerschaft oder mit Ihrem Chef immer an dem gleichen Punkt Schwierigkeiten haben, können Sie überlegen, wie Sie die Schwingungen der Planeten nutzen können, um anders zu handeln. Jedes Mal können Sie sich neu entscheiden, ob Sie liebevoll oder ängstlich handeln wollen. Sie haben es in der Hand, vom „Erleiden" einer Aufgabe zur aktiven, zielorientierten Gestaltung unter Nutzung der aktuellen Planetenschwingungen zu gelangen. (Wie Pflanzen dabei helfen, lesen Sie ab S. 283.)

In der Natur beobachten wir vor allem den 29 Tage dauernden Mondzyklus und den jährlich wiederkehrenden Sonnenzyklus. Der Lauf der Sonne wiederholt sich Jahr für Jahr – für den Gärtner in seinem Garten ist jedes Jahr eine neue Erfahrung, voll von neuen Möglichkeiten und Unwägbarkeiten.

Neben den Zyklen von Sonne und Mond beschreiben wir in diesem Kapitel auch die 1 bis 2 Jahre dauernden Entwicklungszyklen von Jupiter, Saturn und Pluto. Diese zeigen unsere wichtigsten Themen, Erfahrungen und Lernschritte in der nächsten Zeit an. So können wir unseren Fokus auf Ziele richten, welche unseren zukünftigen Schwingungen entsprechen. Um diese Ziele zu manifestieren, erwähnen wir auch immer wieder die zu dieser Zeitqualität passenden Pflanzen.

Nutzen Sie die Kraft, Schönheit und Liebe der Pflanzen, um Ihre Ziele im Einklang mit der Natur und dem Kosmos zu realisieren!

Spaziergang durch einen Monat – der Mond und seine Pflanzen

Der Wechsel von Tag und Nacht, Sommer und Winter, die Zyklen von Sonne, Mond und Planeten bestimmten den Jahreslauf. Wer im Einklang mit diesen Zyklen lebt, kommt leicht in seine Kraft und lebt mit sich und der Umwelt in Harmonie.

Der Mond verändert jeden Tag sein Gesicht und bleibt doch immer derselbe. Wer den Blick zum sternenklaren Nachthimmel hebt, wird ihn meist irgendwo entdecken. Manchmal ist er auch tagsüber am blauen Himmel als weiße Silhouette zu erkennen. Seit Menschengedenken beeinflusst er mit seinem Rhythmus das Leben auf dem Planeten Erde. Alles Wasser und alles Leben richtet sich nach dem von ihm vorgegebenen Takt, die großen Meere mit Ebbe und Flut und die „kleinen Meere" im Körper des Menschen (bis hin zum Menstruationszyklus). Auch die Gefühle, das eigene Befinden und Stimmungsschwankungen sind vom Mond beeinflusst.

Der Mondzyklus

Die Einteilung der Zeit in vier Wochen zu je sieben Tagen folgt dem Mondrhythmus. Ein Mond-Monat beginnt und endet mit dem Neumond und dauert 29,5 Tage. Noch heute ist ein Neumond ein guter Zeitpunkt, um etwas Neues zu beginnen. Dieses Neue kann in den folgenden knapp zwei Wochen, in denen der Mond zunimmt, ebenfalls wachsen und Form annehmen.

In dieser Zeit bauen sich Energien auf und die Projekte können sich weiterentwickeln. 14 Tage nach Neumond erscheint der Vollmond. Was an Neumond begann, darf jetzt Früchte zeigen. Vollmond war (und ist) immer auch eine Gelegenheit, Feste zu feiern. In der folgenden Zeit des abnehmenden Mondes nehmen auch die Energien wieder ab und werden klarer. Die Projekte vervollständigen sich,

Erfahrungen werden verwertet. Bei dem kommenden Neumond kann wieder etwas Neues seinen Anfang nehmen.

Der Mond verweilt durchschnittlich zweieinhalb Tage in einem Tierkreiszeichen und zeigt so relativ genau an, worauf auf der Erde gerade der Fokus gelegt wird. Wandert der Mond zum Beispiel gerade durch das Tierkreiszeichen des Steinbocks, so ist es leicht, den Fokus auf Beruf, Berufung, Karriere oder die Essenz des Lebens zu richten. Wandert er durch die Waage, sollten Sie sich Zeit für Partnerschaft und Freunde nehmen. Wenn wir uns auf den Zyklus des Mondes einstimmen, bringen wir unsere innere Uhr wieder in Einklang mit den Rhythmen der Natur im Außen.

In diesem Kapitel finden Sie Anregungen, wie Sie die Energie des Mondes in den verschiedenen Tierkreiszeichen mit Hilfe von Pflanzen in Ihrem Alltag nutzen können. Ein normaler Mondkalender, wie Sie ihn im Buchhandel erstehen können, hilft ihnen dabei, den Stand des Mondes zu verfolgen. Oder auch ein Blick ins Internet unter „Mondkalender".

Die Mondphasen – Schlüssel zur Urkraft des Universums

Mond in Widder / 1. Haus

Diese Tage sind günstig, um sich Ziele zu setzen und etwas Neues zu beginnen. Seien Sie aktiv und erfreuen Sie sich an Ihrem Körper, sei es beim Sport, beim Tanz oder beim Sex.

Die Brunnenkresse – *Nasturtium officinale* – bringt dazu den nötigen Schwung in den Körper und in die Gefühle. Die weiße Blüte macht sie zu einer Mondpflanze, der scharfe Geschmack ist der Beitrag des Mars. Mithilfe der Brunnenkresse werden Sie sich neu belebt fühlen und „wie mit allen Wassern gewaschen".

Brunnenkresse
Nasturtium officinale

Mond in Stier / 2. Haus

Wenn der Mond durch das Tierkreiszeichen des Stieres läuft, ist es leicht, das Leben zu genießen. Öffnen Sie die Sinne, sehen, hören, riechen, schmecken und spüren Sie mit allen Fasern Ihres Seins. Leben Sie die Sinnlichkeit und kosten Sie diese Erlebnisse aus. Verbringen Sie so viel Zeit wie möglich in der Natur, gehen Sie spazieren, walken oder arbeiten Sie im Garten. Sie können auch Ihre Wohnung verschönern und ganz bestimmt etwas Leckeres essen. Der Beifuß – *Artemisia vulgaris* – ist ein Geschenk der Göttin Artemis an die Menschen. Für die Römer war diese Pflanze eine Gabe der Venus. Beifuß ermuntert Sie, Ihren eigenen Rhythmus zu leben (Mond) und bringt gleichzeitig Kraft und Wärme in den Körper. Sie macht Lust auf die Liebe, die Liebe zur Erde, zur Liebe und zum Leben (Venus).

Beifuß
Artemisia vulgaris

Die Zyklen von Sonne, Mond und Planeten

Mond in Zwillinge / 3. Haus

Wenn der Mond durch das Tierkreiszeichen der Zwillinge wandert, ist die Zeit der Kommunikation gekommen. Egal, ob mit sich selbst (nachdenken, schreiben, lernen, malen, meditieren) oder mit anderen (Austausch von Gefühlen, Gedanken, Erzählungen).

Baldrian – *Valeriana officinalis* – sorgt dabei für die nötige Ruhe (Mond). Er hilft, sich auf das zu konzentrieren, was gerade wichtig ist, und gleichzeitig locker und aufgeschlossen (Merkur) zu bleiben.

Baldrian
Valeriana officinalis

Mond in Krebs / 4. Haus

Wenn der Mond durch sein eigenes Krebshaus läuft, ist die Zeit für Gefühle und Träume gekommen. Es tut besonders gut, seine Zeit mit der eigenen oder der Seelenfamilie zu verbringen und seinen Mitmenschen zu helfen.

Die Seerose – *Nymphaea alba* – leuchtet fast so schön wie der Mond. Sie hilft Ihnen dabei, alles Verhärtete loszulassen, den Kampf aufzugeben und sich der inneren Weisheit zu öffnen. Seerosen unterstützen die Fähigkeit, das Schöne im Leben zu sehen – jeden Tag wieder, bei sich und bei anderen.

Seerose
Nymphaea alba

Der Mond und seine Pflanzen

Mond in Löwe / 5. Haus

Wenn der Mond durch das Sonnenzeichen des Löwen läuft, vermischen sich Wasser und Feuer. In dieser Polarität prickelt die Lebensfreude, auch die Sexualität. Es sind besonders kreative Tage, in denen es Freude macht, gefühlvoll zu tanzen, zu spielen, zu singen, seine Mitmenschen zu berühren und großzügig zu sein.

Die Pflanze, die sowohl Sonnen- als auch Krebs-Qualitäten in sich birgt, ist die Zweijährige Nachtkerze – *Oenothera biennis* (S. 83). Ihr Duft am Abend eines heißen Tages erfüllt das Herz (Sonne) mit Leichtigkeit und löst den Stress auf. Die Königin der Dämmerung (Mond) bringt mit ihren Blüten Licht in das Dunkel der Gefühle. Die Nachtkerze hilft dabei, locker zu bleiben. Entspannung heißt ihr Zauberwort.

Nachtkerze
Oenothera biennis

Mond in Jungfrau / 6. Haus

Wenn der Mond durch das Tierkreiszeichen der Jungfrau wandert, lässt sich gut aufräumen. Das kann der Keller sein, der Schreibtisch – oder auch ein inneres Durcheinander. Wenn nötig, fallen Korrekturen leicht. An diesen Tagen ist es besonders effektiv, etwas für die Gesundheit zu tun und Heilungsprozesse zu unterstützen.

Die weiße Fetthenne – *Sedum album* – bringt aus kargem Boden dicke, fleischige Blätter hervor und zaubert obendrein schöne weiße, kleine Blüten. Sie hilft dabei, die großen Zusammenhänge im Leben zu erkennen und zu akzeptieren, was ist. Mit ihrer Hilfe gehen Sie liebevoll mit sich selbst um, nutzen alle Ihre Möglichkeiten und gestalten Ihre Zeit sinnvoll. Die Weiße Fetthenne stellt die innere Ordnung wieder her und bringt inneren Frieden.

Weiße Fetthenne
Sedum album

Mond in der Waage / 7. Haus

Wandert der Mond durch das Zeichen der Waage, fällt es leicht, Beziehungen zu pflegen, etwas miteinander zu unternehmen und sich auszutauschen. Kunst und Kultur berühren besonders in diesen Tagen – und es fällt leicht, die Schönheit in seinem Leben zu erkennen.

Der Bauern-Jasmin – *Philadelphus coronarius* – mit seinem Duft unterstützt diese Vorhaben. Er nimmt die Ängste, betört die Sinne und weckt die Liebe zum Leben. Die Grenzen scheinen sich aufzulösen und bedingungsloser Hingabe zu weichen. Dieser Duft zaubert eine Fülle herbei, die endlos erscheint. (Auch andere Jasmindüfte wirken ähnlich.)

Bauern-Jasmin
Philadelphus coronarius

Mond in Skorpion / 8. Haus

Wenn der Mond durch das Tierkreiszeichen des Skorpions wandert, ist es eine günstige Zeit, um Altes loszulassen und sich von Ballast zu befreien. Es ist die Zeit für Veränderungen.

Wolfsmilch-Arten – *Euphorbium-Arten* – enthalten in allen Pflanzenteilen weißen Milchsaft (Mond), der leicht giftig ist (Skorpion). Sie helfen dabei, Ängste loszulassen, den eigenen Schatten zu begegnen und sich von unterdrückten Gefühlen zu befreien. Die Kraft der frei werdenden Gefühle lässt sich gut für Veränderungen nutzen. Neue Wege, neue Erkenntnisse, neue Perspektiven tun sich auf.

Der Saft der Garten-Wolfsmilch *(E. peplus)* wurde schon in alten Zeiten auf Warzen, Keratosen und andere Veränderungen der Haut getupft.

Kreuzblättrige-Wolfsmilch
Euphorbia lathyris

Der Mond und seine Pflanzen

Mond in Schütze / 9. Haus

Die Tage, an denen der Mond durch das Sternbild des Schützen läuft, sind wunderbar geeignet für philosophische Gedanken und Gespräche. Alles was den Horizont erweitert, fällt in diesen Tagen leicht.

Das Schöllkraut – *Chelidonum majus* – zeigt das Zusammenspiel von Mond und Jupiter. Der gelbe (Jupiter) Milchsaft (Mond) unterstützt das Jupiterorgan Leber bei seiner Entgiftungsarbeit, er eliminiert auch emotionale Gifte wie Verdruss und Frustration und bringt Entspannung (Mond) in das angespannte Nervenkostüm. Die Pflanze hilft, nicht nur die Leber, sondern auch den Geist zu klären, und macht sichtbar, was wahrer Reichtum ist.

Schöllkraut
Chelidonum majus

Mond in Steinbock / 10. Haus

Wenn der Mond durch das Tierkreiszeichen Steinbock wandert, macht er sich dessen strenge Regeln zu eigen und setzt klare Strukturen, sowohl in der täglichen Arbeit als auch bei langfristigen Unternehmungen. Es ist eine gute Zeit, um das Licht im eigenen Inneren zu suchen.

Dabei hilft der Erdrauch – *Fumaria officinalis* – eine Pflanze mit grau überlaufenen Blättern (Steinbock) aus der Familie der Mohngewächse (Mond). Erdrauch bringt Reinigung und Klarheit in die Gefühle (Mond), die Voraussetzungen sind für neue Erkenntnisse. Er hilft, Grenzen zu setzen, nein zu sagen und den eigenen Raum zu wahren (Steinbock). Das entspannt auf allen Ebenen. Schließlich verhilft der Erdrauch zur Freude an jenen Ordnungen und Gesetzen, die der Natur innewohnen.

Erdrauch
Fumaria officinalis

Mond in Wassermann / 11. Haus

Wenn der Mond das Sternbild des Wassermanns durchläuft, ist die Zeit für außergewöhnliche Einfälle und Ideen gekommen. Die Zeit ist günstig, um Visionen von einer besseren Welt zu entwickeln und zu verwirklichen.

Dabei hilft der Lerchensporn – *Corydalis cava* – ein Mohngewächs (Mond). Er blüht als einer der Ersten im zeitlichen Frühjahr, ist oft seiner Zeit voraus (Wassermann). Er hat sich seinen Raum gesucht, meist unter Buchen, die noch kein Laub tragen, um Neues auszuprobieren. Mit Leichtigkeit und Fantasie bringt er ein Stück Himmel auf die Erde. Lerchensporn kann ein Ansporn sein, die eigenen unkonventionellen Ideen zu verwirklichen. Die Pflanze ist leicht giftig.

Lerchensporn
Corydalis cava

Mond in Fische / 12. Haus

Wenn der Mond durch das Tierkreiszeichen der Fische läuft, fällt es leicht, sich mit der ganzen Welt verbunden zu fühlen. Meditation, künstlerische Tätigkeiten, Traumdeutung sind Schritte auf diesem Weg. Wer seinen Mitmenschen helfen will, kann das in diesen Tagen leicht umsetzen.

Der Schlafmohn – *Papaver somniferum* – verbindet das gefühlvolle Potential des Mondes mit den Träumen und Sehnsüchten der Fische. Die Sehnsucht nach Einheit scheint im Rausch erfüllt zu sein. In alten Zeiten wurde der Schlafmohn zusammen mit anderen Pflanzen für einen schmerzlindernden Heilschlaf verwendet. Heute unterliegt der Schlafmohn in seinen Zubereitungsarten dem Betäubungsmittelgesetz. Homöopathisch darf er erst ab D7 verwendet werden. Der Anbau ist verboten.

Schlafmohn
Papaver somniferum

Begleitung durch ein ganzes Jahr – die Sonne und ihre Pflanzen

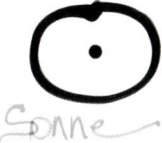

Der Jahreskreislauf

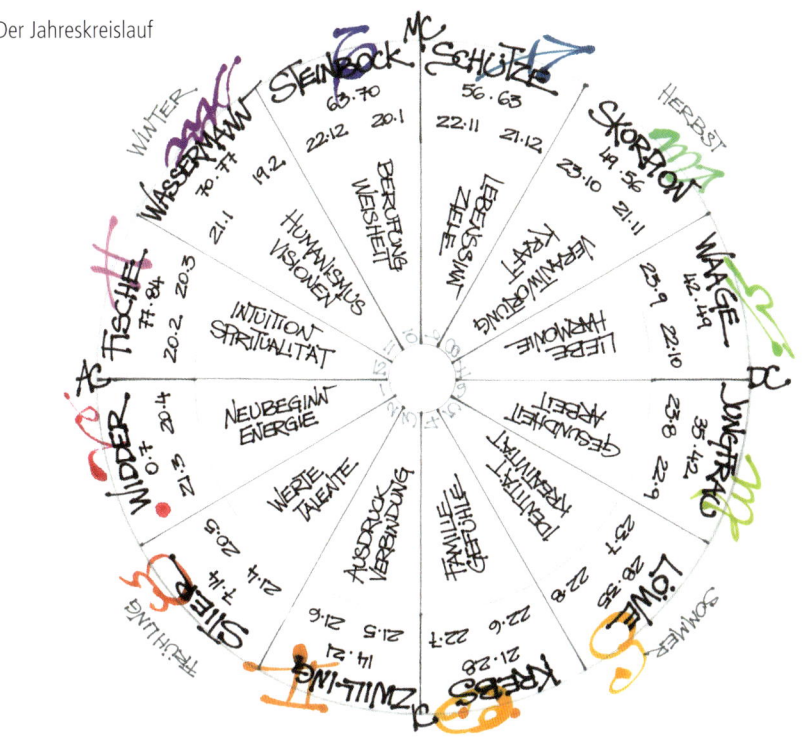

Der Zyklus der Sonne

Es ist so selbstverständlich für uns, dass es Sommer ist, wenn bei uns auf der Nordhalbkugel die Sonne zur Mittagszeit hoch oben am Himmel scheint. Genauso selbstverständlich ist, dass Weihnachten naht, wenn die Sonne nur ganz tief im Süden über den Horizont schaut.

Die Sonne bestimmt die Veränderungen in der Natur und in den Menschen im Laufe eines Jahres. In diesem Kapitel finden Sie Vorschläge, wie Sie in jedem Monat des Jahres die Kraft der Pflanzen nutzen können, um sich in die Energie der Jahreszeit einzuschwingen und daraus Kraft zu schöpfen.

Die Zyklen von Sonne, Mond und Planeten

Frühling: Widder, Stier und Zwillinge

Sonne in Widder – 21. März bis 20. April
(Die Daten verändern sich jedes Jahr ein wenig.)

Wenn im Frühling die Sonne sich durch das Tierkreiszeichen des Widders bewegt, erwachen bei Pflanzen und Menschen neue Kräfte.

Menschen mit Sonne im Tierkreiszeichen Widder sind Pioniere voller Schwung, Initiative, Tatkraft und Lust am Neubeginn. Sie haben ein gesundes Selbstbewusstsein und leben durch und durch sich selber. So lieben sie es, sich immer wieder neuen Herausforderungen zu stellen, und wenn Sie unbedingt etwas erreichen wollen, gibt es nichts, was sie aufhalten könnte.

Widder-Natur

Die Pflanze, die sowohl Sonnen- als auch Widder-Qualitäten in sich vereint, ist die Eselsdistel – *Onopordon acanthium*. Wenn Sie die Sonne-in-Widder-Energie in sich und Ihrem Leben unterstützen wollen, hilft Ihnen diese Pflanze. Wie alle Disteln ist sie zweijährig. In ihrem zweiten Jahr kann sie bis zu 2,50 Meter hoch werden (Sonne). Ihre Blüten geben dem Herzen (Sonne) Kraft und Ausdauer und einen gleichmäßig schlagenden Rhythmus. Die riesige Pflanze ist wollig grau behaart. Esel fressen die jungen Blätter, lassen sich aber von den kräftigen Stacheln (Mars) der älteren Blätter abhalten. Die Eselsdistel enthält auch Bitterstoffe und reinigt das Blut (Mars).

Haben Sie zu viel Sonne-in-Widder-Power, überrollen Sie damit vielleicht Ihre Mitmenschen, sind zu aggressiv oder einfach kompromisslos, dann lesen Sie nach auf S. 215 und suchen Sie sich eine Pflanze, die die Qualitäten des Tierkreiszeichens Waage und des Planeten Isis verbindet.

Eselsdistel
Onopordon acanthium

Die Sonne und ihre Pflanzen

Sonne in Stier – 21. April bis 20. Mai

Wandert die Sonne durch das Tierkreiszeichen Stier, wachsen in jedem von uns wonnigliche Mai-Gefühle. Wir öffnen in dieser Zeit unsere Herzen und Sinne für die Schönheiten der Natur, des Lebens und der Liebe.

Menschen mit Sonne im Tierkreiszeichen Stier sind Genussmenschen. Im Laufe ihres Lebens erkennen sie, dass der wirkliche Reichtum in ihnen selbst steckt. Die Natur und ihre Geschenke sind eine wahre Kraftquelle für Stier-Geborene. In der Natur finden sie immer wieder ihre Wurzeln. Zu Hause umgeben sich gern mit schönen Dingen, zu denen sie eine sehr persönliche Beziehung pflegen.

Stier-Natur

Die Pflanze, die sowohl Sonnen- als auch Stier-Qualitäten in sich vereint, ist das Gänseblümchen – *Bellis perennis*. Sie bringt das Liebevolle der Venus mitten in den Rasen. Die zarte Rosafärbung der Unterseite der Blütenblätter und ihr ebenso zarter Duft verraten die Handschrift der Liebesgöttin. Jede Blüte ist eine kleine Sonne, aus deren gelber Mitte sie mit weißen Strahlen das Licht in die Welt schickt. Tausendfach hat die Sonne die Gänseblümchen aus der Wiese hervorgelockt. Unser Herz (Sonne) erfreut sich daran wie in vergangenen Kindertagen. Mit seinem Herzen hört das Gänseblümchen die Stimme der Erde (Stier) und richtet sich immer wieder zur Sonne aus. Das Sonnenauge – so nannten es die Alchemisten – öffnet den Blick für das Schöne im Leben.

Haben Sie zu viel Sonne-in-Venus-Energien und fühlen sich verloren in den Dingen des Lebens, dann lesen Sie nach auf S. 225 und suchen Sie sich eine Pflanze, die zum Tierkreiszeichen Skorpion und zum Planeten Pluto gehört.

Gänseblümchen
Bellis perennis

Die Zyklen von Sonne, Mond und Planeten

Sonne in Zwillinge – 21. Mai bis 21. Juni

Die Sonnenscheindauer strebt in dieser Zeit ihrem Höhepunkt zur Sommersonnenwende zu.

Menschen, die im Tierkreiszeichen Zwillinge geboren sind, sprudeln nur so vor Ideen. Sie sind ausgesprochen vielseitige und aufgeschlossene Gesprächspartner. Begierig wollen sie immer Neues lernen und geben ihre Erfahrungen und Gedanken gerne weiter.

Die Pflanze, die sowohl Sonnen- als auch Zwillinge-Qualitäten in sich vereint, ist der Alant – *Inula helenium*. Wenn Sie zu wenig von dieser Sonne-in-Zwillinge-Qualität haben, beschäftigen Sie sich mit dem Alant. Keine andere Pflanze schiebt im Frühjahr so schnell (Merkur) wie der Alant die langen und schmalen Blätter in die Luft. Ebenso schnell befreit er auch Menschen aus einem lethargischen, lustlosen Zustand. Als *Brustwurz* löst er Krämpfe, lockert den zähen Schleim in der Lunge (Merkur) und hilft beim Abhusten. Auch in festgefahrene Muster in Gedanken und Gefühlen bringt er den Wind (Merkur) der Veränderung.

Erst später im Jahr wächst der bis zu 2 Meter hohe Stängel Richtung Sonne und schmückt sich mit zerzausten gelben Blüten. Sonnenwurz und Edelherzwurz wurde der Alant früher auch genannt. Diese Pflanze bringt Lebensfreude in das Sonnenorgan Herz, besonders wenn der Selbstwert zu wünschen übrig lässt.

Haben Sie zu viel von dieser Sonne-in-Zwillinge-Kraft, können überhaupt nicht mehr abschalten und aus dem Gedankenkarussell aussteigen, dann lesen Sie nach auf S. 235 und suchen Sie sich eine Pflanze, die zum Tierkreiszeichen Schütze und zum Planeten Jupiter gehört.

Zwillinge-Natur

Alant
Inula helenium

Die Sonne und ihre Pflanzen

Sommer: Krebs, Löwe und Jungfrau

Sonne in Krebs – 22. Juni bis 22. Juli

Menschen, die vom Tierkreiszeichen Krebs geprägt sind, sind reich an Gefühlen, sehr feinfühlig und voller Fantasie. Sie lieben es, andere zu umsorgen, und fühlen sich wohl in der Geborgenheit einer Familie und von Freunden.

Die Pflanze, die sowohl Sonnen- als auch Krebs-Qualitäten in sich birgt, ist die Zweijährige Nachtkerze – *Oenothera biennis*.

Erst nach Sonnenuntergang ist die Stunde der Nachtkerze gekommen. In der Dämmerung öffnet sie neue Blüten nur für diesen einen Abend. Dabei verschenkt sie einen verführerischen süßen Duft an ihre Umgebung. Dieser Duft erfüllt das Herz (Sonne) mit Leichtigkeit und lässt den Stress des Tages abfallen. Die Königin der Dämmerung (Mond) bringt mit ihren Blüten, die im Licht des Mondes fast fluoreszieren, Licht in das Dunkel der Gefühle. Wie eine kleine Taschenlampe beleuchtet sie die eigenen Schattenseiten und nimmt ihnen das Bedrohliche. Entspannung heißt das Zauberwort, die harte Schale des Krebses darf im Mondlicht weich werden. Auch die Haut, Schleimhaut und Drüsen (Mond) können aufatmen und sich erholen. Träumen ist erwünscht in der Schönheit einer solchen Sommernacht.

Wenn Sie bei all den Gefühlen und Sehnsüchten des Krebses den Halt verlieren oder der Boden unter den Füßen schwankt, dann lesen Sie nach auf S. 245 und suchen Sie sich eine Pflanze, die zum Tierkreiszeichen Steinbock und zum Planeten Saturn gehört.

Krebs-Natur

Nachtkerze
Oenothera biennis

Die Zyklen von Sonne, Mond und Planeten

Sonne in Löwe – 23. Juli bis 22. August

Löwe-Natur

Es sind die heißesten Tage im Jahr, wenn die Sonne im Tierkreiszeichen Löwe steht. Menschen, Tiere und Pflanzen tanken die Kraft der Sonne. Die ersten Früchte und Getreide sind reif und werden geerntet, Heilpflanzen gesammelt.

Menschen mit Sonne im Löwen genießen das Sonnenlicht, genießen es, im Mittelpunkt zu stehen und die Mitmenschen mit ihrem Strahlen, ihren Qualitäten zu beschenken. Dazu gehören Herzenswärme, eine natürliche Autorität, ein gesundes Selbstbewusstsein, viele kreative Ideen und die Lust am Spielerischen.

Die Sonne-in-Löwe-Pflanze ist die aufrecht gewachsene und strahlende Sonnenblume – *Helianthus tuberosus*. Sie ist ein kleines Abbild der großen Sonne und bringt mit ihrem satten Gelb Wärme und Sonnenschein überall in ihre Umgebung. Den ganzen Tag über verfolgt sie mit ihrem Blütenkopf den Weg der Sonne, schaut morgens nach Osten, mittags nach Süden und abends nach Westen. Und am nächsten Morgen wartet sie wieder auf das Erscheinen der Sonne am östlichen Horizont. Eine *Sonnenbraut* wurde sie deswegen auch genannt. Priesterinnen der Azteken trugen Kronen aus Sonnenblumen auf dem Kopf und glaubten, damit Fruchtbarkeit, Gesundheit und Weisheit zu erlangen. Sonnenblumen verstärken die persönliche Kraft und Ausstrahlung und bringen ganz selbstverständlich Selbstvertrauen und Selbstbewusstsein zum Vorschein.

Wenn Sie die Sonne-in-Löwe-Energie zu stark leben und Sie sich leicht selbst überschätzen, suchen Sie sich auf S. 254 eine Pflanze des Tierkreiszeichens Wassermann und des Planeten Uranus.

Einjährige Sonnenblume
Helianthus annuus

Die Sonne und ihre Pflanzen

Sonne in Jungfrau – 23. August bis 22. September

Allmählich nimmt die Sonnenkraft ab. Sie bringt die letzte Süße in die Früchte. Es ist Erntezeit – eine arbeitsreiche Zeit.

Menschen mit Sonne im Tierkreiszeichen Jungfrau sind sehr fleißig, sorgfältig und genau. Sie sind oft Spezialisten bei Gesundheitsthemen und Ernährungsfragen und stellen dieses Wissen gerne in den Dienst der Allgemeinheit.

Die Pflanze für die Sonne-in-Jungfrau-Energie ist die Kamille – *Matricaria chamomilla*. In ihrem Namen steckt *mater*, die *Mutter*. Mit mütterlicher Fürsorge ist sie da, wo sie gebraucht wird – und bringt Heilung mit. Sie hat die Sonne eingefangen, in Heilkraft verwandelt und verschenkt sie mit jeder Tasse Tee. Sie schützt und beruhigt das Herz (Sonne). Mit jungfräulichem Durchhaltevermögen verschafft sie Geduld angesichts von Schwierigkeiten. Besonders gut hilft sie dort, wo wir das Leben nicht so recht verdauen (Chiron) können. Sie baut die psychischen Selbstheilungskräfte von innen heraus wieder auf und macht immun gegen Ansteckung – auch von Gedanken und Gefühlen, die an uns heranfliegen.

Wenn Ihre Sonne-in-Jungfrau-Energie zu stark ausgeprägt ist und Sie dazu neigen, sich zu verzetteln oder in Einzelheiten zu verlieren, dann suchen Sie sich auf S. 263 eine Pflanze des Tierkreiszeichens Fische und des Planeten Neptun.

Jungfrau-Natur

Kamille
Matricaria chamomilla

Die Zyklen von Sonne, Mond und Planeten

Herbst: Waage, Skorpion und Schütze

*Sonne in Waage –
23. September bis 22. Oktober*

Waage-Natur

Mit der Herbst-Tagundnachtgleiche beginnt die Zeit des Tierkreiszeichens Waage. Innere und äußere Kräfte gleichen sich aus und finden in Harmonie zueinander.

Menschen mit Sonne im Tierkreiszeichen Waage lieben Harmonie, Frieden und die schönen Künste. Sie haben ein feines ästhetisches Empfinden und sind charmante, gesellige Wesen. Dies alles leben sie am liebsten in einer harmonischen, lebendigen Partnerschaft.

Eine Pflanze, die die Sonne-in-Waage-Energie unterstützt, ist die Kanadische Goldrute – *Solidago canadensis*. Im Herbst verwandelt sie Äcker, Wiesen und Wegränder in leuchtend gelbe Blütenmeere. Wenn das Herz (Sonne) Unterstützung braucht, wenn Ängste oder Partnerschaftsprobleme „an die Nieren gehen" (Waage), dann löst die Goldrute gestockte Energien.

Sie bringt das goldene Licht der Sonne in verletzte Gefühle und verbindet uns wieder mit der inneren Quelle der Liebe und Zuversicht. Sie ist ein richtiger Sorgenbrecher. Sie hilft uns, uns selbst treu zu bleiben und gleichzeitig mit dem Leben zu fließen. Sie hilft, all das loszulassen, was nicht zu uns gehört, und fügt zusammen, was füreinander bestimmt ist.

Wenn zu viel Sonne-in-Waage-Energie in Unentschlossenheit mündet, suchen Sie sich auf S. 157 eine Pflanze des gegenüberliegenden Tierkreiszeichens Widder und des Planeten Mars.

Kanadische Goldrute
Solidago canadensis

Die Sonne und ihre Pflanzen

Sonne in Skorpion – 23. Oktober bis 21. November

Die Nächte werden immer dunkler, die Tage ungemütlicher, das Leben wendet sich immer mehr nach innen. Die letzten Sonnentage lassen die bunten Blätter der Bäume noch einmal leuchten und zeigen die Schönheit des Vergehens. Die Pflanzen ziehen sich unter die Erde zurück. Es ist die Zeit der Beschäftigung mit Werden und Vergehen.

Menschen, die im Tierkreiszeichen Skorpion geboren sind, graben gerne sehr tief und geben sich nicht mit Oberflächlichkeiten zufrieden. Sie stecken voller Einsatzbereitschaft und Zähigkeit und können sehr leidenschaftlich sein. Sie wollen ganz genau wissen, was die Welt im Innersten zusammenhält.

Skorpion-Natur

Die Zaubernuss – *Hamamelis virginiana* – unterstützt sie dabei. Die Kälte, die außen herrscht, beeindruckt diese Pflanze überhaupt nicht. Sie holt ihr Feuer (Sonne) aus der Tiefe der Erde und bringt es genau dann zum Ausdruck, wenn alles um sie herum bei frostigen Temperaturen erstarrt. Hamamelis lässt dieses innere Feuer brennen – und nimmt den Schrecken der Dunkelheit (Skorpion). Sie besitzt zusammenziehende, straffende Kräfte und verliert nie ihr Ziel aus den Augen.

Wenn Sie zu viel von der Skorpion-Energie in sich tragen und sehr dazu neigen, sich selbst zu zerstören, suchen Sie auf S. 166 eine Pflanze des gegenüberliegenden Tierkreiszeichens Stier und des Planeten Venus.

Zaubernuss
Hamamelis virginiana

Die Zyklen von Sonne, Mond und Planeten

Sonne in Schütze – 22. November bis 21. Dezember

Nacht und Dämmerung zusammengenommen, sind jetzt fast doppelt so lang wie der Tag. Das pflanzliche Leben ruht in der Erde. Herbststürme wehen die letzten Blätter von den Bäumen, Nebel und Raureif setzen neue Akzente in der kahlen Natur. Das Licht der Kerzen erhellt in der Adventszeit die dunklen Abende und hilft uns Menschen, unser eigenes Licht im Inneren zu finden.

Schütze-Geborene stecken voller Idealismus, Güte und Begeisterungsfähigkeit. Ihr Interesse an Themen aus Philosophie, Religion, Wahrheit und Glaubensdingen ist unbegrenzt. Auf inneren und äußeren Reisen sind sie beständig auf der Suche nach dem Sinn des Lebens und nach sich selbst.

Schütze-Natur

Die majestätischen Königskerzen – *Verbascum-Arten* – beschenken ihre Umgebung mit ihrem kraftvollen und üppigen Wachstum (Jupiter). Mit ihren gelben Blüten bringen sie das Licht in die Dunkelheit (über Bilder auch im Winter) und hellen die Stimmung auf. Die Wurzeln dieser Pflanze, als Amulett am Körper getragen, sorgen für das innere Gleichgewicht (Schütze) und stärken das Herz (Sonne). Königskerzen vermitteln die Fähigkeit, sich selbst nichts vorzumachen, und zeigen den Weg zur eigenen Wahrheit. Wenn das Leben immer neue Fragen aufwirft, helfen die Königskerzen die – durchaus philosophischen – Antworten zu finden und zu leben. Und sie zeigen, dass alles Geschehen miteinander verbunden ist.

Wenn Sie zu viel von der Schütze-Energie in sich spüren, Ihre Ideale zu fixen Ideen werden oder Sie Turnschuhe brauchen, um Ihre Termine einzuhalten, dann suchen Sie sich auf S. 177 eine Pflanze des gegenüberliegenden Tierkreiszeichens Zwillinge und des Planeten Merkur.

Großblütige Königskerze
Verbascum densiflorum

Die Sonne und ihre Pflanzen

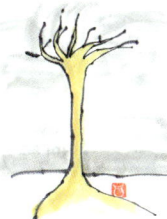

Winter: Steinbock, Wassermann und Fische

Sonne in Steinbock –
22. Dezember bis 20. Januar

Die Steinbock-Zeit beginnt mit der Wintersonnenwende und dem folgenden Weihnachtsfest. Ab jetzt werden die Tage wieder länger, auch wenn die kälteste Zeit des Jahres noch vor uns liegt. Die Räucherungen in den 12 Raunächten helfen dabei, das eigene Licht im Inneren zu finden und wachsen zu lassen – so wie die Sonne es vormacht.

Menschen, deren Sonne im Tierkreiszeichen Steinbock steht, zeichnen sich aus durch einen untrüglichen Sinn für die Realität. Durchhaltevermögen und Zuverlässigkeit zählen zu ihren Qualitäten. Voller Konzentration auf das Wesentliche sind sie auf der Suche nach der Essenz und der Weisheit des Lebens.

Steinbock-Natur

In dieser Jahreszeit sind immergrüne Pflanzen wie Tanne, Mistel und Efeu Ausdruck für die Lebenskraft, die niemals stirbt. Auch der Rosmarin – *Rosmarinus officinalis* – hat im Sommer so viel Sonne in kräftiges ätherisches Öl verwandelt und in seinen Nadeln gespeichert, dass ihm Schnee und Kälte nur wenig anhaben können. Damit stärkt er jetzt Herz (Sonne) und Kreislauf und erwärmt die Knochen (Steinbock) bis ins Mark hinein.

Wenn Sie zu viel von der Steinbock-Energie leben und starr geworden sind in Gelenken und Gedanken, dann suchen Sie sich auf S. 186 eine Pflanze aus dem gegenüberliegenden Tierkreiszeichen Krebs und dem Planeten Mond.

Rosmarin
Rosmarinus officinalis

Die Zyklen von Sonne, Mond und Planeten

Sonne in Wassermann – 21. Januar bis 20. Februar

Die Tage und Nächte in dieser Jahreszeit sind klar und kalt. Oft bedecken Schnee und Eis das Land und der Boden ist tief gefroren. Die Tage werden spürbar länger und die ersten Frühlingszeichen regen sich unter der Erde und in den Menschen.

Menschen mit Sonne in Wassermann sind allem Neuen gegenüber aufgeschlossen. Meist kommen sie selbst auf zukunftsweisende, visionäre Ideen. Mit ihrer schöpferischen Vorstellungskraft setzen sie alles daran, ihre Einfälle und Talente zu verwirklichen. Am liebsten sind sie mit der ganzen Welt vernetzt. Sie sind unkonventionelle Idealisten und ihre Freiheit bedeutet ihnen alles.

Wassermann-Natur

Die Mistel – *Viscum album* – ist ebenfalls ganz unkonventionell. Sie wächst nicht wie andere Pflanzen auf der Erde, sondern oben auf den Bäumen. Weder die Anziehungskraft der Erde noch die Ausrichtung zum Himmel haben für sie Vorrang – die Mistel nutzt alle Richtungen des Raumes und wächst zu einer vollkommenen Kugel heran. Misteln setzen ihre Kräfte überall ein, wo sie gebraucht werden. Sie gelten als pflanzliches Allheilmittel und als Allzweckzaubermittel. Sie beruhigen das Nervenkostüm (Wassermann) und nehmen den überhöhten Druck aus den Blutgefäßen (Sonne, Wassermann). Misteln unterstützen die Arbeit an der Vision zur Verwirklichung einer besseren Welt.

Wenn Sie zu viel von dieser Wassermann-Energie besitzen und Sie sich überhaupt nicht ein- oder unterordnen können, suchen Sie auf S. 196 eine Pflanze des gegenüberliegenden Tierkreiszeichens Löwe und der Sonne.

Mistel
Viscum album

Sonne in Fische – 21. Februar bis 20. März

Mit dem Tierkreiszeichen der Fische nähert sich das astrologische Jahr seinem Ende. Der Schnee schmilzt und das Leben unter der Erde beginnt sich zu regen. Die neue Saat kann ausgesät werden.

Menschen, deren Sonne in den Fischen steht, wirken oft aus dem Hintergrund. Oft sind sie künstlerisch begabt und stellen ihre Talente liebend gerne in den Dienst der Menschheit. Sie haben ein reiches Innenleben, hohe Ideale und ein großes Einfühlungsvermögen.

Fische-Natur

Die Trollblume – *Trollius europaeus* – wächst hoch oben im Gebirge, oft in nassen, auch nebligen Regionen, und blüht unermüdlich in der noch kalten Jahreszeit. Mit jeder Blüte zeigt sie die Verbindung zwischen Himmel und Erde. Sie lädt ein, den großen Traum zu träumen, dass alles mit allem verbunden ist. Sie hilft dabei, die eigenen Gefühle aufrichtig wahrzunehmen und sich selbst nichts vorzumachen. Sie schenkt Kraft zum Weitermachen, bis das Traumziel erreicht ist. Die Trollblume ist leicht giftig und steht unter Naturschutz.

Wenn Sie zu viel von der Fische-Qualität leben und sich selbst möglicherweise verloren gehen, blättern Sie auf S. 205 und beschäftigen Sie sich mit einer Pflanze aus dem gegenüberliegenden Tierkreiszeichen Jungfrau und dem Planeten Chiron.

Trollblume
Trollius europaeus

Ziele setzen mit Planeten und Pflanzen

„Dein Glaube erschafft dein Leben – innen und außen."
Bruce Lipton, Biologe

Der Astrologie liegt die Astronomie, das Messen und Berechnen der Sterne und ihrer Bahnen am Himmel, zugrunde. So können wir ermitteln, wo sich die Planeten in den nächsten Jahrhunderten und Jahrtausenden befinden werden, und daraus Schlüsse ziehen. Das astrologische Modell, welches auf Erfahrungen und Beobachtungen aus der Vergangenheit beruht, hilft uns dabei, in die Zukunft zu schauen. Wir sehen aber keine konkreten Ereignisse voraus, sondern erkennen die Zeitqualität und die darin enthaltenen Möglichkeiten, die Lernaufgaben und das Potential – die Quantenphysik erklärt dies mit dem „Feld aller Möglichkeiten".

Weiter zeigen neueste Forschungen auf, dass im jetzigen Moment alles enthalten ist, Vergangenheit, Gegenwart und Zukunft – also blicken wir „über den Tellerrand" in die Zukunft!

Mithilfe der Planeten Jupiter, Saturn und Pluto können wir erkennen, welche Schwingungsqualitäten in den nächsten 1–2 ½ Jahren aktuell sein werden.

Die Konzentration auf bestimmte Lebensthemen und Lernaufgaben hilft uns dabei, unsere Energien zu bündeln. Je konkreter wir mithilfe der Planetenenergien positive Ziele formulieren, umso besser können wir den Fokus auf deren Verwirklichung legen. So kreieren wir jeden Moment unsere Zukunft selber und sind die Meister unseres eigenen Schicksals. Je nachdem, in welchem Haus sich Jupiter und Saturn gerade im Bezug auf das persönliche Horoskop eines Fragestellers befinden, kann man ganz konkrete Themenschwerpunkte erkennen.

Und je nachdem, mit welchen anderen Planeten der Pluto einen Aspekt bildet, tauchen auch hier ganz spezielle Themen fast archetypisch immer wieder auf.

Das Horoskop von Paracelsus

Theophrastus Bombastus von Hohenheim (geboren 1493 in Einsiedeln, gestorben 1541 in Salzburg) nannte sich selbst Paracelsus. Er war ein bedeutender Arzt, der die Medizin seiner und der folgenden Zeit sehr geprägt hat. Als begnadeter Naturforscher verband er das medizinische Wissen seiner Zeit mit eigener Erfahrung, antike Medizinphilosophie mit volksmedizinischen Bräuchen und hermetischer Weisheit. Für ihn waren die vier Säulen der Heilkunst Philosophie, Astrologie, Alchemie und Tugend. Er war ein großer Kenner der Heilpflanzenwelt.

Das Horoskop von Theophrastus Bombastus von Hohenheim, genannt Paracelsus, geboren am 10.11.1493 um 10.40 Uhr in Einsiedeln – Schweiz: Als Paracelsus am 10. November auf die Welt kam, stand die Sonne im Tierkreiszeichen Skorpion. Dies deutet darauf hin, dass er ein tiefgründiger, kraftvoller, verantwortungsbewusster, ausdauernder Mensch war. Und es erklärt auch, dass er sich gerne und intensiv mit dem Hintergründigen, Verborgenen beschäftigte. So erforschte er die heilenden Kräfte der Natur und wendete diese auch praktisch zum Wohle seiner Mitmenschen an. Da sich einige Planeten (Sonne, Merkur und Pluto) am obersten Punkt im Horoskop befanden, wollte er auch mit

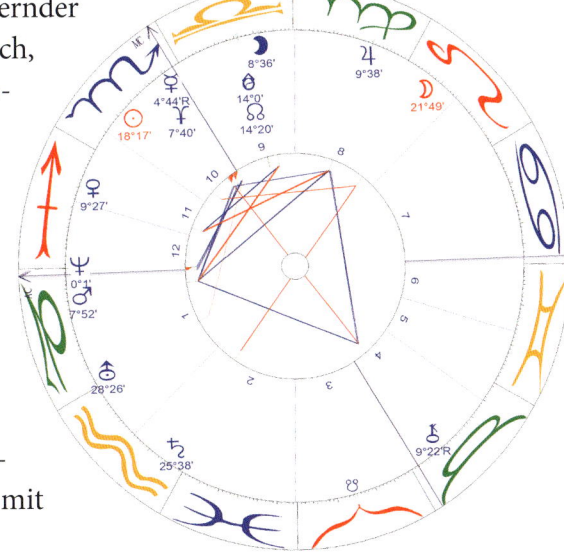

viel Ausdauer seine Erfahrungen und sein erarbeitetes Wissen in der Öffentlichkeit zeigen und weitergeben.

Auffällig ist der blaue Drachen in seinem Horoskop. An der Spitze des Drachens steht Chiron, der Planet der Heilung. Chiron befindet sich im Tierkreiszeichen Stier, das von Heilung mit den Mitteln der Natur und der Liebe spricht. Der Drachen verbindet viele Fähigkeiten des großen Arztes: Er lehrte Gesundheit (Jupiter in Jungfrau), drückte sich auf kraftvolle Weise in der Öffentlichkeit aus (Merkur und Pluto in Skorpion) und folgte aktiv und temperamentvoll seiner Berufung (Mars in Steinbock).

Der absteigende Mondknoten in Widder spricht über seine Begabung, neue Dinge auf aktive und pionierhafte Art und Weise immer wieder anzupacken. Dieses Rüstzeug half ihm dabei, das Erfahrungswissen der Kräuterkundigen mit der Schulmedizin zu verbinden und an der Universität ganzheitlich zu lehren (aufsteigender Mondknoten in Konjunktion mit Isis im 9. Haus).

Mit dem Mond im Tierkreiszeichen Löwe konnte er seine Mitmenschen immer wieder auf kreative, dynamische Art berühren. Der Aszendent in Steinbock half ihm, seine Ideen auf die Erde zu bringen und sie hier mit viel Konzentration und Ausdauer zu manifestieren.

Transite im Horoskop von Paracelsus am 04.11.1516

Im inneren Kreis sehen Sie das Grundhoroskop von Paracelsus (seine Grundthemen im Leben) und außen herum die aktuellen Themen vom 4.11.1516. Zu diesem Zeitpunkt bewegte sich Pluto aus dem Tierkreiszeichen Schütze hinein in das Tierkreiszeichen Steinbock.

Pluto in den Zeichen am Beispiel von Paracelsus

1493 Geburt Paracelsus – 1502 Pluto in Skorpion: Naturzeit
Die ersten 9 Lebensjahre befindet sich Pluto in Skorpion. In diesen Jahren lebt Paracelsus (damals noch Theophrastus Bombastus von Hohenheim) als Sohn eines Arztes in Egg bei Einsiedeln in der Schweiz, mitten in der Stille und Abgelegenheit der Natur.

1502 – 1516 Pluto in Schütze: Ausbildungszeit
1502 siedelt die Familie nach Villach in Kärnten um. Paracelsus erhält zuerst eine humanistische Ausbildung in der Stadt- und Klosterschule, dann studiert er an verschiedenen Universitäten Medizin und Philosophie, erhält in Wien den Bakkalaureus der Medizin und promoviert 1516 an der italienischen Universität Ferrara zum Doktor der Medizin und Chirurgie.

1516 – 1532 Pluto in Steinbock: Manifestation/Veröffentlichung seiner Ideen
Paracelsus eröffnet eine ärztliche Praxis, hält Vorträge, doziert an verschiedenen Universitäten, reist viel und legt das Fundament seiner philosophischen Weltanschauung, die vier Säulen der Heilkunst, dar.

1532 – 1541 Pluto in Wassermann: Niederschrift seiner pionierhaften Ideen
Nach ausgedehnten Wanderungen durch Tirol, die Schweiz und das Allgäu verfasst er die „Große Wundartzney", sein größtes Werk. In der „Astronomia Magna" verbindet er oben mit unten, Natur mit Kosmos. In Salzburg verfasst Paracelsus seine letzten theologischen und ethischen Schriften und stirbt dort 1541.

Durch die Bewegung der Transit-Planeten können wir im Horoskop von Paracelsus die Aufgaben erkennen, die er im Laufe seines Lebens zu bewältigen hatte. Am 04.11.1516 bewegte sich der Planet Pluto in das Tierkreiszeichen des Steinbocks. In diesem Jahr schloss Paracelsus sein Medizinstudium in Ferrara ab und es begann für ihn ein neuer Lebensabschnitt. Jetzt konnte er mehr und mehr seine Identität leben und sich auch so der Welt zeigen. Gleichzeitig bewegte sich im Horoskop von Paracelsus Pluto über den Aszendenten und weiter in das 1. Haus. Da das nur alle 248 (!) Jahre einmal geschieht, bedeutet es für jeden Menschen einen ganz wichtigen Neuanfang in seinem Leben. Das 1. Haus entspricht neben dem Tierkreiszeichen auch der Mars-Widderenergie. Vielleicht wäre Brennnessel die Pflanze gewesen, die Paracelsus geholfen hätte, seine Kraft zu leben. (Siehe Seite 160)

Pluto berührte zwischen 1516 und 1521 viele Planeten im Paracelsus-Horoskop und transformierte deren Energien. Die folgenden Pflanzen hätten ihm bei der Transformation geholfen:
- *Pluto-Konjunktion Neptun, 1516 – Eisenhut, S. 124*
- *Pluto auf dem Aszendenten in Steinbock, 1517 – Eibe, S. 112*
- *Pluto Sextil Merkur, 1518 – Schierling, S. 120*
- *Pluto Sextil Pluto, 1519 – Bilsenkraut, S. 125*
- *Pluto Trigon Chiron, 1520 – Myrrhe, S. 123*
- *Pluto Trigon Jupiter, 1521 – Zypresse, S. 232*

Gefleckter Schierling, Conium maculatum.

Diese sehr giftigen Pflanzen gehörten auch in alten Zeiten in die Hände von weisen Menschen, die oft damit auch schamanische Reisen in die Welt der Götter unternehmen konnten. Sie mussten sich allerdings sehr gut auskennen, um lebend zurückzukehren. Paracelsus lernte diese Kunst in seinen Wanderjahren von kundigen Kräuterfrauen und Wurzelmännern. Und vielleicht entwickelte er dabei auch seine Idee von der „Quinta essentia", der wesentlichen Essenz aller Dinge.

So finden Sie die aktuellen Transite der Planeten Jupiter, Saturn und Pluto in Ihrem Horoskop heraus:
Drucken Sie sich Ihr Horoskop z. B. mit dem Gratis-Astroprogramm *www.astro.com* aus.

Die aktuellen Positionen der Planeten finden Sie in Astrokalendern, die Sie im Buchhandel erwerben können (z. B. Astrokalender von Petra Niehaus). Zeichnen Sie die aktuellen Planeten in die entsprechenden Tierkreiszeichen außen um Ihr Horoskop herum.

In den nachfolgenden Kapiteln haben wir immer die grundlegenden Themen und Lernaufgaben im zeitlichen Rahmen aufgezeigt und auch jeweils eine Pflanze dazu erwähnt.

Wie können Sie nun diese Informationen nutzen?
Zuerst finden Sie heraus, in welchem Ihrer astrologischen Häuser die aktuellen Planeten Jupiter (Lebenssinn, Expansion, Optimismus, Glaube) und Saturn (Essenz, Klarheit, Ausdauer, Weisheit, Reife) stehen. Vielleicht interessiert es Sie auch noch weiter, auf wie viel Grad sich der Planet Pluto (Transformation, Verantwortung, Loslassen und Neubeginn) befindet und welches Prinzip, welcher Planet in Ihrem eigenen Horoskop aktuell gerade auf eine Verwandlung und Bewusstwerdung wartet.

Nun lesen Sie den entsprechenden Text im Buch nach.
Um diese Themen auf naturnahe Art und Weise zu integrieren und zu leben, beschäftigen Sie sich mit der jeweiligen Pflanze. Sie könnten z. B. ein Bild davon hinstellen, die Pflanze in der Natur suchen, falls erlaubt (wenn sie nicht unter Naturschutz steht), sie pflücken, weitere Fachliteratur dazu lesen, sie malen etc. – Ihrer Fantasie sind keine Grenzen gesetzt!

Die Zyklen von Sonne, Mond und Planeten

Jupiter, Saturn und Pluto in den zwölf Häusern

Jupiter – Glaube, Sinnsuche, Weisheit

Der Planet Jupiter braucht durchschnittlich zwölf Jahre, um einmal durch den ganzen Tierkreis zu wandern. Er verweilt damit etwa ein Jahr lang in jedem der zwölf Häuser. Wenn Jupiter durch ein Haus wandert, regt er dort Wachstum und Expansion auf allen Ebenen an, sorgt für mehr Bewusstsein, Weisheit, Gerechtigkeit und hilft, den Sinn des Lebens zu erkennen. Im Anschluss finden Sie Pflanzen, die Ihnen helfen, die Jupiter-Energien zu erfahren und zu leben.

Jupiter im 1. Haus: Sinnvoller Neubeginn

Wenn Jupiter durch das 1. Haus wandert, beginnt ein neuer, größerer Wachstumszyklus in Ihrem Leben. Jetzt sollten Sie sich selbst und Ihre eigenen Fähigkeiten erforschen und erproben. Es ist eine günstige Zeit, um etwas Neues zu lernen und Erfahrungen zu sammeln. Persönliche Angelegenheiten und Begegnungen werden Sie in diesem Jahr glücklich machen.

Eiche – *Quercus*-Arten

Jupiter, Zeus und auch Thor oder Donar wurden in den Eichen verehrt. Diese Götterkönige schickten Gewitterblitze, die den Feldern die Fruchtbarkeit brachten. Im Inneren der Menschen sorgten sie für Geistesblitze, für Inspiration, Gerechtigkeitssinn und Tatkraft. Eichen verteilen schöpferische Urkraft. Nehmen Sie sich eine Auszeit unter der Eiche und spüren Sie die Lebenskraft, die von ihr ausgeht. Hier kommen Sie mit Ihrer inneren Quelle der Stärke und Ihrer wahren Identität in Berührung.

Eiche
Quercus

Jupiter im 2. Haus: Vermehrung von inneren & äußeren Werten

Während dieses Transits geht Ihnen die Beschäftigung mit äußeren Werten wie Finanzen, Besitz und Wohnraum leicht von der Hand. Auch die inneren Werte, Talente und Fähigkeiten erfahren eine Bereicherung. Verstärken Sie in diesem Jahr die Aktivitäten, die Ihnen in Ihrem Leben etwas bedeuten, pflegen Sie geistige Werte oder setzen Sie sich für mehr Gerechtigkeit ein.

Odermennig – *Agrimonia eupatoria*
Die goldgelben Blüten weisen den Odermennig als eine Pflanze Jupiters aus. Paracelsus setzte sie bei Leberleiden, besonders bei Gelbsucht, ein. Nicolas Culpeper ordnet den Odermennig dem Jupiter zu: „Allen Körperteilen, die unter diesem Planeten und Zeichen stehen, nimmt Agrimony ... ihre Leiden und vertreibt auch jene Krankheiten, die von Saturn, Mars und Merkur herrühren."

Als Rosengewächs ist der Odermennig der Venus unterstellt. Sie zeigt sich in Fröhlichkeit und Lebensfreude, die diese Pflanze vermittelt. Jupiter und Venus gemeinsam schenken Urteilsfähigkeit und ein klares Gedächtnis.

Odermennig
Agrimonia eupatoria

Jupiter im 3. Haus: Verschiedene Kontakte

Wenn Jupiter durch das 3. Haus in Ihrem Horoskop wandert, verstärken sich möglicherweise die Kontakte innerhalb Ihrer unmittelbaren Umgebung, in der Nachbarschaft und mit Freunden. Vielleicht sehen Sie Ihre Verwandtschaft mit neuen Augen. Kommunikation geht leichter als sonst, Sie können besser ausdrücken, was Sie im Sinn haben. Sie verspüren einen unstillbaren Wissensdurst und verschlingen Bücher und Informationen. Vielleicht fangen Sie an zu schreiben. Ihr Denken geht neue Wege, ist weniger gehemmt durch alte Denkweisen. Ihre Einstellung zur Umwelt wird großzügiger.

Die Zyklen von Sonne, Mond und Planeten

Haselnuss
Corylus avellana

Haselnuss – *Corylus avellana*

Germanische Richter trugen Haselzweige bei der Rechtsprechung. Sie umsteckten den Thingplatz mit Haselruten, um die Verbindung zu ihrem Donnergott Thor (römisch Jupiter) herzustellen. Das schottische Wort für „weise" leitet sich ab von dem Wort für Haselnuss, der alte Name für Schottland bedeutet „Haselhügel". Wenn Sie beim Haselnussknacken Ihren Gedanken freien Lauf lassen, finden Sie vielleicht Ihren eigenen inneren Kern.

Jupiter im 4. Haus: Geborgenheit und Familie

Wenn Jupiter durch das 4. Haus in Ihrem Horoskop wandert, suchen Sie inneren Frieden und emotionale Sicherheit. Das vierte Haus steht für alle Aspekte des inneren Lebens, für das eigene Heim, das persönliche Leben, die Familie, die Vergangenheit, Mutterthemen und das innerste Selbstwertgefühl. Oftmals stehen Dinge im Mittelpunkt, die die Eltern oder die Kinder betreffen. Jetzt ist es günstig, die Kräfte auf das persönliche Leben zu konzentrieren, die eigenen Wurzeln und die eigene Identität zu finden und Geborgenheit zu erfahren.

Schöllkraut
Chelidonum majus

Schöllkraut – *Chelidonum majus*

Das Mohngewächs (Mond) galt als Sinnbild für ein friedvolles, ausgeglichenes Leben. Sein gelber Milchsaft macht es zu einer Heilpflanze für die Leber (Jupiter), die ja die gelbe Gallenflüssigkeit produziert. Als Leberpflanze vertreibt sie die Laus, die über dieses Organ gelaufen ist, eliminiert emotionales Gift, Verdruss und Frustration. Aufbrausende Menschen finden mit Schöllkraut ihr inneres Gleichgewicht. Schöllkraut vertreibt auch alte Traurigkeit und Melancholie und macht irgendwann unabhängig, sowohl von Applaus als auch von Ablehnung. Liebe ist seine Antwort.

Jupiter und seine Pflanzen

Jupiter im 5. Haus: Lebensfreude

Ihr gesamtes kreatives Potential wird aktiviert, wenn Jupiter durch das 5. Haus der Sonne und des Löwen läuft. Sie stecken voller Energie und Lebensfreude und verspüren den Mut, sich unverstellt zu geben. Selbstausdruck und Selbstbewusstsein wachsen, gleichzeitig werden Sie innerlich reifen. Auch eine neue oder erneuerte Liebe könnte Ihr Erleben bereichern. Kinder können nun zu einem wichtigen Thema werden. Generell besteht ein mächtiger Drang, etwas zu schaffen, entweder tatsächlich Kinder zu zeugen oder eine kreative Idee in die Welt zu setzen.

Königskerze – *Verbascum-Arten*
Ihre prächtige Erscheinung und die sonnig gelben Blüten machen sie zu einer Jupiterpflanze. Der Name verrät es: Die Königskerze war ein Symbol für die Königswürde. Mit ihrem Leuchten zeigte sie einst einem englischen König den Weg aus den stockdunklen Katakomben in Rom zurück an Tageslicht. Und die „Königin" Maria, die Gottesmutter, brachte mit dem „Himmelsbrand" Segen über das ganze Land. Für Sebastian Kneipp stärkte die Königskerze auch ein schwaches Herz (Sonne). Noch heute hilft die Königskerze, zu sich selbst zu stehen und sich und seiner Wahrheit treu zu bleiben.

Großblütige Königskerze
Verbascum densiflorum

Jupiter im 6. Haus: Sinnvolle Arbeit

Wenn Jupiter durch das 6. Haus läuft, steht das Alltagsleben im Mittelpunkt. Es gilt, den Alltag so lange zu verändern, bis Sie sich wohlfühlen. Dazu gehört, dass Sie sich in Ihrer Arbeit selbst verwirklichen können und nützlich fühlen. Um das zu erleben, kann auch manchmal ein Wechsel des Arbeitsplatzes anstehen. Mit Jupiter im 6. Haus fällt es Ihnen leicht, auf Ihre Gesundheit zu achten und sie zu pflegen.

Steinklee
Melilotus officinalis

Steinklee – *Melilotus officinalis*
Der Steinklee ist eine stattliche Erscheinung, wird manchmal bis zu 2 m hoch und ist doch mit kargen Böden zufrieden. Diese Pflanze entnimmt dem steinigen Boden alles, was sie braucht, um wunderschöne duftende Blüten und Blätter hervorzubringen, die überdies noch so fein gezeichnet sind, dass sie den Beinamen *Jungfrauenschühlein* bekamen. Steinklee regt den Abfluss der Lymphe an und löst alte Blockaden wie Trauer oder chronische Ermüdung. Er bringt Schwung in ermattete Gefühle, stärkt die inneren Abwehrkräfte und leitet die Selbstheilung ein.

Jupiter im 7. Haus: Glückliche Begegnungen
Der Transit von Jupiter durch das 7. Haus bringt die Begegnung mit dem DU. Es sind harmonische Zeiten für Zweierbeziehungen, Freundschaften oder Ehen. Sie begegnen Menschen, die Ihnen dabei helfen, sich selbst kennenzulernen. Das Bedürfnis, Anerkennung zu finden, wird Sie möglicherweise ins Rampenlicht bringen. Auch eine Partnerschaft mit einem Ausländer oder im Ausland ist möglich.

Birke – *Betula-Arten*
Die Birke ist der Weltenbaum der sibirischen Schamanen. Sie ehren sie als „Gottheit der Tür", weil sie ihnen hilft, in die Welt der Götter zu reisen – und auch wieder zurückzukehren. Die Maske der Schamanen war aus Birkenrinde geschnitzt. Bei den Germanen war die Birke dem Donnergott Thor (römisch Jupiter) zugeordnet, weil sie vor Blitzschlag schützen konnte. Die Birke ist der Baum der Vegetationsgöttin und wird mitten ins Dorf gestellt, um Segen zu schenken. Alles an ihr können sie verwerten, sie vereint Sanftes und Zähes, Weiches und Hartes und verbindet so auch Männliches und Weibliches.

Birke
Betula

Jupiter im 8. Haus: Entwicklung durch Transformation

Wenn Jupiter durch das 8. Haus wandert, sind viele stark und positiv wirkende Veränderungen wahrscheinlich. Möglicherweise erkennen Sie eine neue Bestimmung für sich und sind fähig, hart und ausdauernd auf Ihre Ziele hinzuarbeiten. Der Transit könnte auch eine Zeit religiöser oder spiritueller Transformation und Neubelebung anzeigen. Auch Sexualität spielt eine große Rolle, alte Wunden können heilen.

Olive – *Olea europaea*

Ein Olivenbaum kann bis zu 2000 Jahre alt werden. Der knorrige Stamm spricht von den Auseinandersetzungen mit den Naturgewalten über Jahrhunderte hinweg. Die alten Bäume sind mit „schlafenden Augen" gespickt, die immer wieder neu austreiben können, wenn es nötig ist. So erneuert sich der Baum immer wieder (Pluto), wird vielerorts als Lebensbaum verehrt und bringt die Menschen mit der Weisheit der Götter und des Götterkönigs in Verbindung. Seine Zweige sind ein Friedenszeichen und verbreiten als UNO-Emblem die friedliche Absicht.

Olive
Olea europaea

Jupiter im 9. Haus: Sinnfindung

Im 9. Haus ist Jupiter zu Hause und wirkt hier besonders positiv. Es wird Ihnen gelingen, die Gesamtperspektive Ihres Lebens außerordentlich zu erweitern. Für ausgedehnte Reisen und Kontakte mit Ausländern mögen sich Gelegenheiten bieten. Ihr Lernbedürfnis ist sehr groß, Sie lesen viel und gerne, diskutieren über religiöse, philosophische und bewusstseinserweiternde Themen und erlangen eine umfassende Sicht auf die Welt und das Leben. Schriftsteller erleben gute Zeiten, denn das 9. Haus gilt als das Haus der Verlage und Medien. Der Transit führt in positivster Weise zur Reife.

Walnussbaum
Juglans regia

Walnussbaum – *Juglans regia*

Der Walnussbaum bringt philosophische Impulse. Er unterstützt den Prozess der Selbsterkenntnis und der Selbstverwirklichung und hilft, zu den eigenen Gefühlen und Gedanken vorzudringen. Er stärkt das Vertrauen in die eigene Intuition und Kraft und fördert konsequente Entscheidungen.

Wenn Sie durch falsches Pflichtgefühl zu viel Verantwortung übernehmen, gibt der Walnussbaum so viel Selbstvertrauen, dass Sie diese Verantwortung ablehnen und zurückgeben können.

Jupiter im 10. Haus: Öffentliche Anerkennung

Solange Jupiter durch das 10. Haus läuft, sind Sie mit Beruf, Karriere, sozialem Status und Ihrem Image beschäftigt. Sie überdenken Ihre Ziele und machen Pläne, wie Sie diese erreichen können. Vielleicht finden Sie nun Ihre wahre Berufung und geben Ihr Wissen und Ihre Lebensweisheit weiter. Ihre Leistungen werden geschätzt, vielleicht werden Sie befördert oder bekommen ganz öffentlich Lob und Anerkennung. Ihr Selbstvertrauen wächst und wird stärker. Vielleicht pflegen Sie sehr viele internationale Kontakte und reisen geschäftlich häufig durch die Welt.

Beinwell – *Symphytum officinale*

Sein Name verrät seine Wirkung: *Bein* ist ein altes Wort für Knochen (Saturn) und *wallen* heißt *zusammenheilen*. *Consolida* nannte Paracelsus diese Pflanze und heilte mit ihr Knochenbrüche, Wunden und Geschwüre. Das Blauviolett der Blüten ist Lieblingsfarben von Jupiter und Saturn.

Beinwell
Symphytum officinale

Jupiter im 11. Haus: Neue Visionen

Wenn Jupiter durch das 11. Haus läuft, spielen Hoffnungen, Ideale und Wünsche eine wichtige Rolle. Sie beteiligen sich besonders intensiv an Gemeinschaftsarbeiten, da Sie die Wichtigkeit von Gemeinschaftszielen und -werten für sich selbst als Individuum klar erkennen. Sie entwickeln Ihre Talente zugunsten einer Gruppe. Vielleicht streben Sie danach, nachhaltige Reformen zu bewirken. Durch Zusammensein und Zusammenarbeiten mit vielen Menschen erfahren Sie auch viel Neues über sich selber. Freunde spielen jetzt eine wichtige Rolle.

Natternkopf – *Echium vulgare*

Der Natternkopf passt sich der Klimaveränderung an und wächst jetzt vermehrt auch in unseren Breitengraden. Der zweispaltige Griffel sieht aus wie die gespaltene Zunge einer Natter und ragt weit aus der Blüte heraus. Deswegen stand der Natternkopf früher in dem Ruf, vor Schlangenbissen zu schützen. Und auch bei Gewitter half er, denn die Donnergötter aller Kulturen – auch Jupiter – vergaßen bei dem Anblick ihrer Lieblingsfarbe ihren polternden Zorn.

Natternkopf
Echium vulgare

Jupiter im 12. Haus: Spirituelle Verbindung

Wenn Jupiter durch das 12. Haus wandert, können Sie eine Menge über die geistigen und religiösen Dimensionen des Lebens lernen und gleichermaßen über sich selbst. Nehmen Sie sich viel Zeit für sich und ziehen Sie sich auch mal zurück. Durch Musik, Poesie, Tanz, in Träumen oder in der Meditation erhalten Sie wichtige Einsichten über die eigene Persönlichkeit und ihre Verbindung zur geistigen Welt. Sie spüren einen natürlichen Drang zu helfen. Gerne teilen Sie die geistigen Wahrheiten und Weisheiten mit anderen.

Engelwurz
Angelica archangelica

Engelwurz – *Angelica archangelica*

Das ist ein Schutzengel in Pflanzengestalt. Eine Engelwurz kann Wunder wirken, wenn sie zum richtigen Zeitpunkt (von Jupiter begünstigt, S. 132) geerntet wird. Tabernaemontanus, Arztbotaniker aus dem 16. Jahrhundert, schrieb 1588 in sein Kräuterbuch: „umb seiner fürtrefflichen Krafft und Tugend willen als wenn der heilige Geist selber oder die lieben Engel dem menschlichen Geschlechte dies Gewächs und heylsame Wurtzel geoffenbart hätten."

Aufenthaltsorte des Jupiters

Jupiter in Zwillinge	Juni 2012 – Juni 2013
Jupiter in Krebs	Juni 2013 – Juli 2014
Jupiter in Löwe	Juli 2014 – Aug. 2015
Jupiter in Jungfrau	Aug. 2015 – Sept. 2016
Jupiter in Waage	Sept. 2016 – Okt. 2017
Jupiter in Skorpion	Okt. 2017 – Nov. 2018
Jupiter in Schütze	Nov. 2018 – Dez. 2019
Jupiter in Steinbock	Dez. 2019 – Dez. 2020
Jupiter in Wassermann	Dez. 2020 – Dez. 2021
Jupiter in Fische	Dez. 2021 – Dez. 2022
Jupiter in Widder	Dez. 2022 – Mai 2023
Jupiter in Stier	Mai 2023 – Mai 2024

Saturn – Konzentration, Klarheit, Berufung, Essenz

Der Planet Saturn braucht gut 28 Jahre, um einmal durch den gesamten Tierkreis zu wandern. Er bleibt also durchschnittlich zweieinhalb Jahre in jedem der zwölf Häuser. Alle 28 Jahre kehrt Saturn wieder auf seinen Ausgangsort im Horoskop zurück. Dieser Zeitpunkt ist immer sehr wichtig und bedeutet normalerweise den Abschluss einer Entwicklungsrunde und den Beginn auf einer höheren Bewusstseinsstufe. Saturn engt uns ein, wie in einem Tunnel; er hilft, sich auf die Essenz, auf das Wesentliche zu konzentrieren und mit einem neuen Bewusstsein und neuer Klarheit wieder aus dem Tunnel aufzutauchen. Saturn ist der Lehrer, der hilft, sich selbst besser kennenzulernen und sich mehr zu seinem wahren Selbst hin zu entwickeln.

Das Haus, durch das der Saturn gerade läuft, benötigt besondere Aufmerksamkeit. Es zeigt den Lebensbereich eines Menschen an, der einem Schicksalstest ausgesetzt wird, welcher letzten Endes zu neuer Klarheit, Struktur und dem Herausfinden der Essenz führt.

Saturn im 1. Haus: Grundsteinlegung

Dies ist immer eine sehr wichtige, aktive Lebensphase. Die Zeit ist nun reif für einen Neuanfang, im Innen wie im Außen. Zunächst geht es jetzt darum, in sich hineinzuhorchen und zu lernen, wer man wirklich ist, um neu anzufangen und mit der eigenen Identität an die Öffentlichkeit zu gehen. Dies ist eine gute Zeit für alle Formen der Bewusstseinserweiterung. Was brauchen Sie, was wollen Sie wirklich? Sie arbeiten jetzt viel für einen Neuanfang, bringen aber auch eine Menge fertig.

Stechpalme
Ilex aquifolium

Stechpalme – *Ilex aquifolium*

Die Stechpalme ist Heimat für die guten, kleinen Naturgeister und schützt sie mit seinen Stacheln vor Übergriffen durch raue, gröbere Gesellen. Genauso schützt sie uns Menschen vor fremden Ideen, Gedanken oder Einflüssen.

Die Stechpalme hilft bei der Beantwortung der Frage: Was will ich eigentlich wirklich? Wie kann ich zu mir stehen? Sie hilft, liebevoll die Verantwortung für sich selbst zu übernehmen, führt zu klaren Gedanken und weisen Entscheidungen, die für einen Neuanfang wichtig sind.

Saturn im 2. Haus: Innere und äußere Werte

Dieser Transit steht für die Lernaufgabe zu erkennen, was sowohl auf materieller als auch auf psychischer, geistiger und moralischer Ebene für Sie selbst wirklich wichtig ist. Es gilt jetzt, sich der inneren, wirklichen Werte bewusst zu werden und diese im Innen und im Außen zu leben. Was Sie auf der Ebene der Gefühle schätzen, erfordert genauso viel Aufmerksamkeit wie der materielle Besitz (Finanzen, Wohnraum).

Kornblume – *Centaurea cyanus*

So wie die Kornblume hilft, in dieses wunderhübsche Himmelblau der Blüte einzutauchen, so hilft sie auch, sich mit inneren Bildern und Seelenwelten zu verbinden. Das sorgt nicht nur für Wohlbefinden, es unterstützt auch den Prozess der Selbsterkenntnis. Kornblumen öffnen den Raum für Neues, geben ihm Zeit und Aufmerksamkeit. Die Zeit scheint sich zu dehnen, damit die neuen Eindrücke verarbeitet werden können. Saturn als Herr der Zeit ist dabei Pate.

Kornblume
Centaurea cyanus

Saturn im 3. Haus: Kommunikation – Lernen und Lehren

Jetzt geht es darum, sich mit seinen Kommunikationsfähigkeiten, dem Lernen, Lehren und Zuhören zu befassen. Was möchten Sie noch lernen, was ist Ihnen wirklich wichtig? Ganz allgemein ist dies eine gute Zeit, um Neues in Richtung Religion, Philosophie, Wahrheit und Gerechtigkeit zu lernen und auch weiterzugeben. Die Klarheit des Denkens und des Ausdrucks steht im Vordergrund. Vielleicht kommen Sie auch vermehrt in Kontakt mit der geistigen Welt?

Farne, verschiedene Arten
Die jungen Blätter der Farne entrollen sich in einer Spirale. Die Spirale ist eines der ältesten Symbole der Menschheit. Kreisend bewegt sie sich immer höher hinauf – das ist ein Symbol für den geistigen Entwicklungsweg des Menschen, der auch Saturn am Herzen liegt. Merkur sorgt für die feine Zeichnung der Blattwedel, die sich auch gut dafür eignen, Fliegen und anderes Ungeziefer zu vertreiben. Farnsamen unter die Zunge gelegt, erleichtern übrigens das Sprechen – die Domäne Merkurs.

Farn

Saturn im 4. Haus: Verwurzelung

Wenn Saturn durch das 4. Haus wandert, konzentrieren Sie sich auf Ihr innerstes persönliches Leben und auf Ihre Häuslichkeit, denn diese Bereiche erfordern jetzt vermehrte Aufmerksamkeit. Die Zeit ist reif, um sich zu verwurzeln und ein sicheres Zuhause zu schaffen. Was brauchen Sie, um sich wohlzufühlen? Mutterthemen können in dieser Zeit wichtig werden. Man erwacht aus einer Art Dornröschenschlaf und fängt an, sich aufwärts und vorwärts zu bewegen. Das 4. Haus stellt die Grundlage des Horoskops dar, sie sollte fest und sicher sein.

Die Zyklen von Sonne, Mond und Planeten

Erdrauch
Fumaria officinalis

Erdrauch – *Fumaria officinalis*

Das Grün der Blätter ist mit einem grauen Schimmer (Saturn) überzogen. Beim Verbrennen entwickelt der Erdrauch viel Rauch, mit dem die Ahnen gerufen wurden. Gleichzeitig schützt er vor irrationalen Beeinflussungen.

Erdrauch gehört zu den Mohngewächsen und enthält einen hellen Milchsaft (Mond), der die Haut reinigt. Im übertragenen Sinne sind Reinigung und Klarheit die Voraussetzung für Erkenntnisse. Er hilft dabei, die eigenen Wurzeln zu finden, und bringt Freude an den Rhythmen, die der Natur innewohnen.

Saturn im 5. Haus: Kreative Tätigkeiten

Während dieser Zeit erfahren Sie besonders viel über sich selbst und wie Sie sich und Ihrem Wesen am besten einen kreativen Ausdruck verleihen können. Kinder zum Beispiel und Liebesbeziehungen erfordern den ganzen Menschen. Vaterthemen können in dieser Zeit wichtig werden. Kreative Tätigkeiten verfolgen Sie mit sehr viel Disziplin, Ausdauer und Freude. Es ist eine gute Zeit, um zu lehren und seine Weisheiten kreativ weiterzugeben.

Rosmarin – *Rosmarinus officinalis*

Dem Rosmarin kann es in der Sonne gar nicht zu warm werden, mit Hitze kann er gut umgehen. Dieser gespeicherte Sonnenschein bringt nicht nur Begeisterung und Tatkraft in uns Menschen, sondern hilft der Pflanze auch, die Winter mit ihren immergrünen Nadeln gut zu überstehen. Damit und mit dem belebenden Duft symbolisiert Rosmarin die Unsterblichkeit der Liebe, des Lebens und der Seele.

Rosmarin
Rosmarinus officinalis

Saturn im 6. Haus: Arbeitsverhältnisse

Wenn sich Saturn durch das 6. Haus bewegt, bereitet sich möglicherweise ein Neuanfang betreffend Arbeit vor. Alles muss in Ordnung gebracht werden, der Alltag wird durchstrukturiert. Pflichtbewusst erledigen Sie alle Arbeiten, die in Ihr Aufgabengebiet fallen. Auf lange Sicht wird sich – bei entsprechender Ausdauer – die Mühe bezahlt machen. Sie lernen jetzt, effektiv zu arbeiten. Wichtig ist es auch, in dieser Phase seinen Körper gut zu pflegen und zu erkennen, dass Sie selbst für Ihre Gesundheit verantwortlich sind.

Hirtentäschelkraut – *Capsella bursa pastoris*
Das Hirtentäschelkraut hilft Ihnen, sich klar diesen Herausforderungen zu stellen. Es wächst, blüht und trägt Früchte das ganze Jahr hindurch. Alles ist gleichzeitig. Und gleichzeitig passt es auch noch auf Sie auf, dass Sie bei all der Arbeit nicht ausbluten, weder körperlich noch energetisch. Es bringt Struktur, stabilisiert Ihre Pläne, festigt Ihre Vorhaben und macht selbstsicher.

Hirtentäschelkraut
Capsella bursa pastoris

Saturn im 7. Haus: Stabile Beziehungen

Der Transit des Saturns durch das 7. Haus ist die Kulmination des Prozesses, der vor vierzehn Jahren begann, als Saturn ins 1. Haus eintrat. Damals ging es darum, sich mit eigenen Augen sehen zu lernen. Die Aufgabe des 7. Hauses besteht darin, Begegnungen, Partnerschaften und enge Verbindungen zu pflegen und darin sich selbst zu erkennen. Wichtige Beziehungen werden vertieft, unwichtige losgelassen. Ihre Aufmerksamkeit richtet sich jetzt nach außen auf das Du und die soziale Welt. Eventuell bekommen Sie nun Anerkennung für die Bemühungen und Aufbauarbeiten der letzten Jahre.

Die Zyklen von Sonne, Mond und Planeten

Edelweiß
Leontopodium alpinum

Edelweiß – *Leontopodium alpinum*

Aus alten Filmen kennen wir diese Szenen: Der mutige Bergsteiger will seiner Geliebten (Isis) ein Edelweiß pflücken, das leider immer an besonders gefährlichen Stellen in der rauen Bergwelt (Saturn) wächst. Oft genug stürzt er bei diesem Unterfangen in die Tiefe und der Liebesbeweis erreicht niemals seine Empfängerin. Es muss nicht immer so tragisch enden – denn schließlich dreht es sich darum, dass wahre Liebe keinen Beweis braucht, sie lebt sich selbst.

Saturn im 8. Haus: Abschied und Neuanfang

Dieser Transit steht für größere Veränderungen, die das Leben bereithält. Lassen Sie Unwichtiges los und konzentrieren Sie sich auf die Essenz des Daseins. Neuanfang und Abschied, Geburt und Tod werden wichtige Themen. Man übernimmt die Verantwortung für die seelischen und materiellen Verbindlichkeiten. Finanzen und Besitz können sich transformieren.

Eibe
Taxus baccata

Eibe – *Taxus baccata*

Alles an ihr ist giftig, außer dem roten Samenmantel der kleinen schwarzen Früchte. Unser Wort toxisch für giftig leitet sich von diesem Baum ab. Eibenholz ist sehr langlebig, Eiben können bis zu 2000 Jahre alt werden. Die Eibe zeigt die Unendlichkeit von Zeit und Raum, sie erscheint zeitlos. Den Germanen war sie heilig. Sie widmeten ihr eine Rune, ihwaz, – beiden wurde große Heilkraft zugesprochen.

Es heißt, Eibenholz könne Dämonen vertreiben: „Vor Eiben kann kein Zauber bleiben." In Schottland fanden unter der Eibe Einweihungen in die großen Mysterien der Transformation, des Todes und der Wiedergeburt statt.

Saturn und seine Pflanzen

Saturn im 9. Haus: Der Sinn des Lebens

Wenn Saturn durch das 9. Haus läuft, nähert sich Ihr Leben einem Höhepunkt. Viele Mühen und Bestrebungen beginnen jetzt, Früchte zu tragen. Ihre Ansichten über das Leben stabilisieren sich. Stehen Sie zu Ihren inneren Überzeugungen, Glaubensgrundsätzen und vielleicht sogar Weisheiten. Ihr Wissen um Ihr eigenes Wesen und Ihre eigene Lebensweise löst ein gutes Gefühl in Ihnen aus. Eventuell machen Sie auch längere Reisen zu Bildungszwecken. Alles was mit Philosophie, Religion, Metaphysik oder auch Recht zu tun hat, übt eine besondere Anziehungskraft auf Sie aus.

Ginkgo – *Ginkgo biloba*

Der älteste Baum unserer Erde spricht von Ehrfurcht, Beständigkeit, Besinnung und Bescheidenheit. Er erzählt von seiner Liebe zur Erde, die ihn immer wieder wachsen, heilen und heil werden lässt, vom Erbauenden am Geheimen und vom Klang der Dinge, der in ihnen verborgen ist. Er steckt voller Regenerationskraft und zeigt jedes Jahr wieder seine enorme Lebensfreude und Vitalität. Er weiß, dass die Einheit in allem ist, dass auch Leben und Tod eine Einheit sind und dass Polaritäten auch nur die zwei Seiten einer Medaille sind.

Ginkgo
Ginkgo biloba

Saturn im 10. Haus: Leben der Berufung

In vielerlei Beziehung stellt Saturns Transit durchs 10. Haus eine Ernte dar. Jetzt können Sie die Früchte der langjährigen beruflichen Anstrengungen und Leistungen ernten und Ihre Berufung leben, denn was Sie vorbereitet haben, trägt Früchte. Im Berufsleben übernehmen Sie mehr Verantwortung und dies wird auch materiell und geistig belohnt. Denken Sie trotz der vielen öffentlichen Arbeiten auch an die Familie, die Gefühle und die Seele.

Die Zyklen von Sonne, Mond und Planeten

Ackerschachtelhalm – *Equisetum arvense*

Noch älter als der Ginkgo-Baum ist der Schachtelhalm. Mit Gelassenheit und Durchhaltevermögen geht er seit 400 Millionen Jahren seinen Weg. Dabei wechselt er zwischen einem Frühjahrs- und einem Sommerkleid, das ihm auf bewährte Weise seit so langer Zeit das Überleben sichert. Er verändert die Form und wird dabei immer unverkennbarer er selber. Er weiß um das Bleibende in der Veränderung. Oft genug hat er gespürt, dass er alles in sich hat, was er braucht, um die Herausforderungen des Lebens zu bestehen. Sein Motto lautet: Alles ist gut, so wie es ist.

Ackerschachtelhalm
Equisetum arvense

Saturn im 11. Haus: Ziele und Visionen

Solange Saturn durch das 11. Haus wandert, besteht Ihre Hauptaufgabe darin, sich selbst, so wie Sie sind, in eine Gruppe einzubringen. Gemeinsam mit Ihren Mitmenschen wirken Sie an einem größeren Ganzen, was ein Einzelner niemals zustande bringen könnte. Das 11. Haus ist auch das Haus der Hoffnungen und Wünsche, der Lebensideale und -ziele. Während dieses Transits werden Sie erkennen, was sich von Ihren Idealen leben lässt.

Immergrün – *Vinca minor*

Die „Kleine Siegerin" gehört zu den allerersten Frühjahrsblühern im Jahr. Schnee und Kälte schrecken sie nicht. Sie konzentriert sich auf das Wesentliche – auf das Blühen. Und das macht sie mit vielen anderen zusammen, sodass eine himmelblaue Pracht aus grünen Ranken leuchtet. Das Immergrün hilft, falsche Vorstellungen abzulegen, bringt eine neue Art zu denken, zu lernen und sorgt für Geistesblitze. Und es zeigt Ihnen, wie es sich anfühlt, ruhig zu bleiben, auch wenn alles um Sie herum hektisch wird.

Immergrün
Vinca minor

Saturn im 12. Haus: Spirituelle Dimensionen

Wenn Saturn durch das 12. Haus wandert, neigt jeder dazu, sich zurückzuziehen. Es gilt zu ergründen, was wirklich vor sich geht. Wichtige Elemente des Lebens verschwinden allmählich, bisher gut funktionierende Aktivitäten greifen nicht mehr. Man ist sehr offen für die Botschaften aus der geistigen Welt. In diesem Haus endet ein Zyklus, der neue hat noch nicht begonnen. Es herrscht Umbruchspannung zwischen Altem und Neuem. Nicht der Vergangenheit nachtrauern, sondern die Zukunft gestalten, so lautet die Devise. In dieser Phase spüren Sie ein großes Mitgefühl in sich und möchten Ihren Mitmenschen so viel wie möglich helfen.

Hexenkraut – *Circea lutetiana*

Unscheinbar und zäh wächst es im Schatten am Waldesrand und bringt irgendwann in diesem lichtarmen Gebiet kleine, weiße Kunstwerke an filigranen, allerzartesten Blüten hervor. Es zaubert sie fast aus dem Nichts – vielleicht bekam sie deswegen den Namen Hexenkraut. Es hilft dabei, Trennung zu überwinden und über jegliche Art von Wertung hinauszuwachsen. „Einfach sein kann ganz einfach sein" scheint sie auszustrahlen und wirkt dabei fast charismatisch.

Hexenkraut
Circea lutetiana

Aufenthaltsorte des Saturns im Tierkreis

Saturn in Skorpion	Okt. 2012 – Sept. 2015
Saturn in Schütze	Sept. 2015 – Dez. 2017
Saturn in Steinbock	Dez. 2017 – Dez. 2020
Saturn in Wassermann	Dez. 2020 – März 2023
Saturn in Fische	März 2023 – Feb. 2026

Die Zyklen von Sonne, Mond und Planeten

Pluto: Transformation, Loslassen und Neuanfang, Verantwortung

Pluto hat die Aufgabe, unterbewusste, verdrängte und nicht mehr zeitgemäße Themen ins Bewusstsein zu bringen und aufzulösen. So transformiert er alte materielle Formen des Lebens, Denkmuster und psychische Strukturen. Hüllen, die nicht mehr passen, werden abgestreift und zurückgelassen. Auf diese Weise können wir uns von unseren Schatten befreien, die den Lebensfluss beeinträchtigen und blockieren, weil sie nicht selten der Grund für unbewusste Schuldgefühle und Ängste sind.

Diese Planetenübergänge bringen daher nachhaltige, tief greifende Veränderungen des Bewusstseins mit sich. Es braucht eine Transformation alter Strukturen, damit an ihrer Stelle neue, bessere, auf einer höheren Ebene befindliche entstehen können: „Werde, was du bist." Das Symbol für eine plutonische Transformation ist der Schmetterling: Die Raupe hüllt sich in einen Kokon ein und wird dann zu einem wunderschönen Schmetterling!

Pluto braucht rund 248 Jahre für einen Umlauf im Tierkreis; damit bleibt er ungefähr 20 Jahre in einem Zeichen. Seit 2008 bis 2024 befindet er sich im Tierkreiszeichen Steinbock. Themen wie wirtschaftliche und ethische Gesetze, religiöse Strukturen, Verantwortung, Essenz sowie Licht und Klarheit spielen in diesen Jahren eine wichtige Rolle und werden auf eine neue Ebene hin transformiert.

In der nachfolgenden Übersicht betrachten wir nicht Pluto in den einzelnen Häusern, weil dieser Planet, wie erwähnt, etwa 20 Jahre in einem Haus verweilt, sondern die Kontakte oder Winkelverbindungen, die der laufende Pluto mit Planeten im Geburtshoroskop eingeht. In dieser Zeitspanne werden Themen, welche im Geburtshoroskop oder auch in der Aura ersichtlich sind, in Schwingung versetzt, und so ist dies die optimale Zeitspanne, um sich fokussiert auf verschiedene Arten und Weisen mit den jeweiligen Themen zu beschäftigen und diese zum Positiven zu transformieren.

Pluto-Transite dauern ungefähr 1–2 Jahre. So werden bei der Geburt noch missklingende Klänge in harmonische transformiert. Ziel ist die sogenannte „Harmonica mundi", welche schon Kepler erwähnt hat ...

Bei der Transformation der jeweiligen Pluto-Themen können uns auch wieder die Pflanzen behilflich sein:

Plutopflanzen sind häufig sehr giftig und werden – wenn überhaupt – nur in homöopathischer Form verwendet. Es kommt auch nicht darauf an, sie einzunehmen, sondern es dreht sich hier lediglich darum, den Gesamteindruck dieser Pflanzen wahrzunehmen, ihre Ausstrahlung zu beobachten. Das allein zeigt häufig, dass diese Pflanzen über einen Weg durch die Dunkelheit fast immer zum Licht führen. Und genau das will uns ja das Plutonische zeigen: Was die Welt im Innersten zusammenhält.

Diese Pflanzen waren unseren Vorfahren heilig und begleiteten sie seit Jahrtausenden als Lehrer. Mit ihrer Hilfe konnten sie schamanische Reisen unternehmen und die Götter befragen.

Nachfolgend werden immer die Lernaufgaben in diesen Phasen erwähnt.

Pluto – Sonne: Transformation der Persönlichkeit

Die Persönlichkeit ist jetzt reif für eine Kernspaltung, die Hüllen werden fallen gelassen und das innere, wahre Wesen kommt ans Licht. Dieser Transit bringt meist erhebliche Veränderungen im Leben und damit Gelegenheiten, die eigene, wahre Identität zu erforschen, sie sich bewusst zu machen und zu leben. Alle Themen, die mit „Vater" zu tun haben, könnten jetzt aktuell werden. Während dieses Transits kommt es darauf an, sich und seine Identität und Kreativität kraftvoll, herzlich und großzügig zu leben. Häufig verändert sich Ihr Leben zum Positiven, Sie wissen immer mehr, wer Sie sind, und strahlen das auch aus.

Tollkirsche – *Atropa belladonna*

Diese Pflanze ist benannt nach *Atropos, der Unabwendbaren*, diejenige der drei griechischen Schicksalsgöttinnen, die den Faden des Lebens endgültig durchschneidet. Alle Pflanzenteile der Tollkirsche sind tödlich giftig. Auch wenn die Beeren verführerisch wie Kirschen aussehen, machen sie toll, führen zu Wahnvorstellungen und Halluzinationen und schließlich zu einem grausamen Tod. *Bella donna* bedeutet *schöne Frau*, wohl weil das Gift die Pupillen weitstellt.

Tollkirsche
Atropa belladonna

Pluto – Mond: Wandel der Gefühle

In dieser Zeit tief gehender Erlebnisse, die sich äußerst positiv und kreativ auf die allgemeine Entwicklung des Betroffenen auswirken können, ist dieser bestrebt, seinem Leben mehr Inhalt zu geben und es emotionaler zu gestalten. Ein oberflächliches Leben genügt nicht mehr, er horcht bei Dingen, die er bisher nur mit seinem Verstand begriffen hat, auf die Stimme des Herzens. Größere Intuition wird spürbar. Die Fähigkeit zu starken

Gefühlen kommt auch den zwischenmenschlichen Beziehungen zugute und könnte zu einer bedeutsamen neuen Partnerschaft führen. Mutterthemen oder Themen aus der Kindheit könnten wichtig werden. Im persönlichen Umfeld und im Familienleben finden positive Umstellungen statt, es könnte ein Umzug oder eine Veränderung in der Wohnsituation anstehen.

Wolfsmilch-Arten – *Euphorbia-Arten*
Die einheimischen Wolfsmilchpflanzen führen einen klebrigen Milchsaft (Mond), der giftig ist (Pluto) und die Haut reizt. Gelegentlich wird er gegen Warzen verwendet. Die Garten-Wolfsmilch *(E. peplus)* wird aktuell erforscht im Zusammenhang mit präkanzerösen Hautveränderungen. Wolfsmilcharten befreien von unterdrückten Gefühlen und verwandeln sie zu neuen Lebenskräften. Sie verändern die Form, die Art des Auftretens und machen Mut, Tabus zu brechen und einfach anders zu sein.

Wolfsmilch-Arten
Euphorbia

Pluto – Merkur: Tiefe Gedanken

Wenn Pluto und Merkur zueinander in Beziehung treten, lernen Sie, mit der Macht der Gedanken umzugehen. Ihr Denken vertieft sich erheblich und versetzt Sie in die Lage, sich mit Ideen auseinanderzusetzen, die Sie bislang als viel zu schwierig empfunden haben.

Jetzt gelingen Ihnen intellektuelle Einblicke in jedes gewünschte Studiengebiet. Sie verstehen Zusammenhänge, die Ihnen vorher verschlossen blieben. Diese Zeit begünstigt das Studium eines neuen Fachgebiets, ist gut zum Lernen und auch zum Lehren. Jede Kommunikation besitzt jetzt einen größeren Tiefgang, oberflächliches Geplänkel wird abgelehnt. Vielleicht öffnen Sie sich auch vermehrt für Botschaften aus der geistigen Welt.

Die Zyklen von Sonne, Mond und Planeten

Schierling
Conium maculatum

Schierling – *Conium maculatum*

Der Schierling ist so giftig, dass er in (zum Glück) längst vergangenen Zeiten dazu benutzt wurde, um Menschen hinzurichten. Auch der Philosoph und Denker Sokrates musste den Schierlingsbecher trinken, weil seine Gedanken der Obrigkeit ganz und gar nicht gefielen. Heute begnügen wir uns damit, diese Pflanze lediglich respektvoll zu betrachten und ihre feinstoffliche Wirkung zu spüren. Da scheint sie uns hinzuführen zu unseren eigenen Gedankengängen und zu ermuntern, sie leicht und selbstverständlich mit anderen zu teilen.

Pluto – Venus: Die Schönheit der Liebe

Wenn Pluto und Venus miteinander in Beziehung treten, lernen Sie vieles über zwischenmenschliche Verbindungen und über die Liebe. Dieser Transit betont die kreativen und romantischen Aspekte des Lebens. Er könnte eine neue, bedeutsame Liebesbeziehung bringen oder eine alte vertiefen. Wer natürliche künstlerische oder kreative Neigungen hat, erlebt in dieser Zeit eine Vertiefung seiner künstlerischen Fähigkeiten.

Einbeere – *Paris quadrifolium*

Aphrodite – oder Venus – war die schönste der Göttinnen, der Paris den berühmten Apfel überreichte. Die blauschwarze Frucht der Einbeere, die wie eine dunkle Perle leuchtet, wurde nach diesem Apfel benannt – allerdings schmeckt sie schlecht und ist auch noch schwach giftig, möglicherweise sogar halluzinogen. Dennoch wurde in alten Zeiten aus dem oberirdischen Teil der Pflanze ein Liebestrank bereitet. Im Mittelalter diente die Einbeere dazu, Menschen zu „entzaubern", die durch Zauberei oder Hexerei um den Verstand gebracht worden waren.

Einbeere
Paris quadrifolium

Pluto – Mars: Aktive Transformation

In dieser Lebensphase verspüren Sie sehr viel Lebensenergie und vollbringen große Taten.

Sie arbeiten ausdauernd, fleißig und gleichmäßig, um Ihre Ziele zu erreichen, und besitzen ein gesundes Selbstbewusstsein.

Sie haben auch viel Energie, Zuversicht und Glauben, um Transformationen zum Wohle Ihrer Mitmenschen und der Allgemeinheit zu vollbringen. Häufig sind die Projekte von Erfolg gekrönt.

Chili – *Capsicum annuum*

Der Biss in eine Chilischote aktiviert die Schmerzrezeptoren der Schleimhäute, die Nase läuft, die Augen tränen, Schweißperlen bilden sich auf der Stirn – alles wird stärker durchblutet – und gleichzeitig werden körpereigene Endorphine freigesetzt. Die zaubern – bei aller Schärfe – auch noch ein Lächeln in das Gesicht – alles zusammen: das volle Leben.

Auch eine erotisierende Wirkung sagt man dem Chili nach.

Chili
Capsicum annuum

Pluto – Jupiter: Der wahre Lebenssinn

Wenn Pluto und Jupiter sich gegenseitig schwingungsmäßig beeinflussen, möchten Sie Verbesserungen und Veränderungen in Ihrer Umgebung bewirken. Ihre Handlungen sind bestimmt durch Ihre höchsten Visionen, wie die Welt aussehen sollte. Sie interessieren sich zunehmend für Religion, Philosophie, Recht, Quantenphysik etc.

Es ist eine äußerst günstige Zeit für Rechtsgeschäfte, eine großzügige, optimistische, expansive Lebensphase. Vielleicht finden Sie in dieser Zeit Ihre wahre Erfüllung.

Zypresse
Cupressus sempervirens

Zypresse – *Cupressus sempervirens*

Gönnen Sie sich in diesen Pluto-Jupiter-Zeiten den Luxus und räuchern Sie mit Zypressenholz. Am besten auch noch direkt unter einer Zypresse. Dieser Baum wirkt zwar in seiner strengen Gestalt sehr dunkel, steckt aber voller Licht. Traurigkeit, Melancholie oder Verzweiflung lösen sich auf, eine kreative Kraft schafft Raum, möchte sich verwirklichen und bringt Klarheit und Konzentration. Liebe breitet sich aus in jeder Zelle. Zypressenrauch öffnet eine neue Tür zum Licht der Erkenntnis.

Pluto – Saturn: Wandlung der Strukturen

Wenn Pluto mit Saturn in Wechselwirkung tritt, unternehmen Sie langsame, aber doch tief reichende Umstellungen in Ihrem Leben und erschaffen sich neue Strukturen, die lange Zeit von Bestand sein werden. Sie arbeiten an dieser Aufgabe mit großer Geduld, Ausdauer, Klarheit und viel Aufmerksamkeit fürs Detail, denn Sie investieren ja nicht nur für einen Tag, sondern für die Zukunft. Unwichtiges wird losgelassen. Neue, höhere Strukturen und kosmische Gesetze, welche dem wahren Ausdruck des eigenen Wesens entsprechen, werden wichtiger. Der Betroffene übernimmt nun die Verantwortung für sein Schicksal. (Eibe, Efeu)

Eibe
Taxus baccata

Eibe – *Taxus baccata*

Eiben können bis zu 2000 Jahre alt werden. Die Eibe zeigt die Unendlichkeit von Zeit und Raum, sie erscheint zeitlos. Die Germanen widmeten ihr eine Rune, *ihwaz*, – beiden wurde große Heilkraft zugesprochen. Es heißt, Eibenholz könne Dämonen vertreiben: „Vor Eiben kann kein Zauber bleiben." In Schottland fanden unter der Eibe Einweihungen in die großen Mysterien der Transformation, des Todes und der Wiedergeburt statt.

Pluto – Chiron: Heilung alter Wunden

In dieser Lebensphase gehen Sie durch alte Wunden und Schmerzen hindurch, um heil und ganz zu werden. Sie erkennen den wahren Grund der tiefsten Verletzungen und dies eröffnet ein großes Heilungspotential. Die wunden Punkte werden zu Stärken gemacht, mit denen Sie Ihren Mitmenschen heilend beistehen können.

Myrrhe – *Commiphora myrrha*

Myrrhe war in der Antike das Harz, mit dem alle Wunden behandelt wurden. Ein mit Myrrhe geharzter Wein lindert die Schmerzen. Räucherungen mit Myrrhe beruhigen den ständig aktiven, manchmal orientierungslosen Geist. Sie verbinden mit der Kraft der Erde und stellen eine liebvolle Beziehung zum eigenen Körper wieder her. Ihr Duft ist der Duft der Sinnlichkeit der Erde und erfreut Herz, Körper und Sinne.

Myrrhe
Commiphora myrrha

Pluto – Uranus: Spontane Veränderungen

Dies ist eine Lebensphase kreativer und radikaler Umstellungen im Leben. Wenn sich jetzt die Gelegenheit bietet, werden Sie Außergewöhnliches vollbringen. Völlig neue Ideen oder neue Freunde können auftreten.

Umstände, die das Leben begrenzt haben, Gesichtspunkte, die den Gesichtskreis eingeengt, und Beziehungen, die die Bewegungsfreiheit unnötig beschnitten haben, all das mag urplötzlich aus dem Leben verschwinden, wobei aber keine Verlustgefühle auftauchen, sondern Sie sich eher wie neu geboren vorkommen.

Jetzt können Sie endlich all das unternehmen, was bisher nicht möglich war, und sind bereit für Neues. Die Manifestation von Freiheit, Gleichberechtigung und Freundschaft ist für Sie ein wichtiges Ziel.

Zaubernuss-Arten
Hamamelis

Zaubernuss – *Hamamelis-Arten*

Hexenhasel, witch hazel, heißt sie in den USA. Das Hexische an ihr ist, dass die Blüten ein inneres Frostschutzmittel enthalten und damit gegen jede Kälte gefeit sind.

Auch bei Schnee und eisigen Temperaturen an den letzten Wintertagen leuchten sie gelb und strahlend am Wegesrand. Als wollten sie sagen: „Denk doch an dein inneres Licht, das ist immer für dich da. Lass dich nicht schrecken von dem, was geschieht. Sei dir und diesem Licht treu."

Pluto – Neptun: Umfassende Liebe

Wenn Pluto und Neptun Kontakt aufnehmen, finden Sie in dieser Lebensphase zu einer tiefen Spiritualität, zu einer liebevollen, herzzentrierten Lebensausrichtung. Sehnsüchte nach Erlösung führen zu wahrem Mitgefühl, zur Orientierung am Göttlichen. Sie sind offen für die Botschaften aus Träumen und Meditationen und brauchen auch viel Zeit für sich, um auf diese Botschaften zu hören.

Eisenhut – *Aconitum napellus*

Der Eisenhut ist die giftigste Pflanze Europas. Sie ist aus dem Speichel des Höllenhundes (Pluto) Kerberos erwachsen, der vor Wut schäumte, weil Herakles ihn besiegt und ans Tageslicht gezerrt hatte.

Wird dieses Gift homöopathisch aufbereitet, nimmt es den Kummer, der sich hinter akuten Entzündungen oder Erkältungen verbirgt. Es stärkt das Vertrauen in die innere Stimme und hilft dabei, das Licht hinter der Dunkelheit zu entdecken (Neptun).

Eisenhut
Aconitum napellus

Pluto – Pluto: Inneres Wachstum

Wenn Pluto im Transit auf sich selbst im Geburtshoroskop trifft, ist für Sie eine Zeit der Regeneration angesagt. Sie lassen alles los, was für Sie in der Vergangenheit unwichtig, belastend oder destruktiv war. Das bringt große Möglichkeiten für Umwandlungen und Neuanfänge, für inneres Wachstum. Sie stabilisieren Ihre eigenen Ansichten zum Lauf der Welt und sind frei, Ihrer inneren Bestimmung zu folgen.

Bilsenkraut – *Hyoscyamus niger*
Auch das Bilsenkraut ist tödlich giftig. Die lila Äderung der gelben Blüte führt in die Tiefe des dunklen lila Schlundes – in die Welt der Schatten. Dort unten hocken auch die dunklen Energien.

Das Bilsenkraut zeigt sie – in homöopathischer Dosierung – auf und hilft, sie angstfrei zu betrachten. Irgendwo ist auch in Ihnen das Licht verborgen. Bilsenkraut öffnet Sie energetisch für ein neues, erweitertes Bewusstsein. „Mensch, erkenne dich selbst" – dabei helfen die feinstofflichen Kräfte des Bilsenkrauts.

Bilsenkraut
Hyoscyamus niger

Pluto – Isis: Spirituelle Transformation

Solange Pluto mit Isis Verbindung aufnimmt, empfinden Sie eine spirituelle Verbundenheit mit dem großen Ganzen. Vielleicht geben Sie Ihre persönlichen Interessen für ganzheitliche, übergeordnete Themen auf und leben nun als Weltendiener.

Ihre männlichen und weiblichen Anteile werden ins Gleichgewicht gebracht und Sie leben in Frieden und Harmonie. Vielleicht treffen sich Seelenpartner in dieser Lebensphase.

Die Zyklen von Sonne, Mond und Planeten

Herbstzeitlose – *Colchicum autumnale*

Die alten Griechen nannten die Herbstzeitlose „Ephemeron", das bedeutet etwa „ein Kraut, das an einem Tag den Tod herbeiführt".

Alle Teile der Herbstzeitlosen sind sehr giftig. Sie wird heute nur noch homöopathisch bei Gicht und Gelenkrheuma verwendet. Sie blüht im Herbst, wenn die Tage kürzer werden. Sie fügt sich nicht ein in den von außen vorgegebenen Jahres-Rhythmus, ist zeit-los und zeigt dabei ihre Schönheit, ihre Eigen-Art und ihre Kraft, so wie es ihr gefällt.

Die Menschen betrachten sie mit Vorsicht vor ihrem Gift und wissen, dass sie diese Kraft und Schönheit lediglich bewundern können.

Herbstzeitlose
Colchicum autumnale

Pluto – Lilith: Lebendige Urkraft

In dieser Lebensphase legen Sie die männliche/weibliche Urkraft frei und leben sie. Sie bewegen sich im Einklang mit Ihren eigenen Zyklen und den großen Zyklen in der Natur und im Kosmos. Die Kraft der großen Göttin wird körperlich, seelisch und geistig gelebt.

Schwarze Akelei – *Aquilegia-Arten*

Die Akelei wird auf alten Bildern oft zusammen mit Maria dargestellt und soll dann Bescheidenheit symbolisieren.

Die schwarze Akelei bringen wir heute mit der Lilith in Verbindung, denn sie war in mittelalterlichen Liebesträngen enthalten und galt als Pflanze, die die Kraft der Liebe und den Umgang mit der Sexualität von allen Konventionen befreite. Für die Kelten öffnete die Akelei das Tor zur Anderswelt.

Schwarze Akelei
Aquilegia atrata

Pluto – Mondknoten: Karmische Themen

In dieser Lebensphase findet eine intensive Transformation zur wahren Identität und zum Lebensziel statt. Alte karmische Themen kommen ins Bewusstsein und werden verarbeitet und gelöst. Der Betroffene erlebt starke innere Kräfte, welche ihn zum eigentlichen Lebensschwerpunkt hinziehen. (Nachzulesen im Zeichen, in dem sich der aufsteigende Mondknoten befindet.)

Aufenthaltsorte Pluto in Steinbock von 2013 – 2024, jeweils am 1. Januar:

2013: 9°10`	*2017:* 16°56`	*2021:* 24°11`
2014: 11°15`	*2018:* 18°47`	*2022:* 25°56`
2015: 13°1`	*2019:* 20°35`	*2023:* 27°39`
2016: 15°03`	*2020:* 22°23`	*2024:* 29°21`, *ab 21. Januar Pluto in Wassermann!*

Die zyklischen Bewegungen der Planeten können wir auch dazu verwenden, bestimmten Mustern in unserem Leben auf die Spur zu kommen. Wenn jetzt zum Beispiel Jupiter in Ihrem Horoskop im 7. Haus von Partnerschaft, Austausch, Spiegel steht, können Sie einen oder mehrere Jupiterzyklen zurückblicken und sich überlegen, was wohl vor 12/24/36 Jahren betreffend Partnerschaft bei Ihnen geschehen ist.

Und wenn z. B. Saturn in Ihrem Horoskop momentan im 9. Haus steht, beim Thema Sinnsuche, Wahrheit, Religion, Gerechtigkeit, Reisen, so können Sie auch zurückblicken und sich überlegen, was wohl vor etwa 28 Jahren betreffend dieser Themen geschehen ist – und wie Sie heute damit umgehen könnten.

Die Zyklen von Sonne, Mond und Planeten

So wiederholen sich die ähnlichen Themen immer wieder, nur auf einer immer neuen, höheren, bewussteren Stufe.

Zum Abschluss noch eine Übersicht zu Planetenzyklen, die sich im Leben bemerkbar machen können:

Jedes Jahr wiederkehrende Themen:	Sonne, Merkur, Venus (zum Beispiel immer zum Geburtstag oder genau drei, sechs oder neun Monate danach)
Alle zwei Jahre wiederkehrende Themen:	Marszyklus
Alle gut sieben Jahre wiederkehrende Themen:	Saturn- und Uranuszyklus
Alle 12 und 24 Jahre wiederkehrende Themen:	Jupiterzyklus

Ernten und Sammeln im Rhythmus der Wochentage

Eine alte Regel besagt, dass die Kraft einer Pflanze noch verstärkt wird, wenn sie an dem Wochentag gesammelt wird, der ihrem Planeten zugeordnet ist. Unsere Wochentage sind benannt nach den sieben Planeten des mittelalterlichen Weltbildes. Wenn wir uns an jedem Wochentag die planetarischen Prinzipien wieder bewusst machen und sie bei der Lösung unserer Alltagsprobleme zu Hilfe nehmen, ist das ein ganz legales „Alltags-Doping".

MOND

Montag – Tag des Mondes

Der Mond ist das sichtbare Zeichen der Wandlung am Himmel. So wie er sich von Tag zu Tag verändert und unverkennbar „Mond" bleibt, folgt er einem ewigen Rhythmus und ist das Vorbild aller Zeiteinteilung.

Wie der Mond den Start in die Woche erleichtert:

Der Mond ist für das Wachstum zuständig und für das Unbewusste. Nutzen Sie die Energie des Mondtages für inspirierende Impulse. Eigene Ideen, die am Mondtag geboren werden, sind eher intuitiver, instinktiver Natur. So wie in der Pflanzenwelt die Samen im Erdboden unter dem Einfluss des Mondes zu keimen beginnen – so finden auch Ihre neuen Ideen am Mondtag fruchtbaren Nährboden. Bei zunehmendem Mond kann der Montag besonders kreativ werden. Vergleichen Sie das Wachsen Ihrer Pläne mit dem Wachsen einer kleinen Pflanze: Die Wurzeln finden immer mehr Halt im Erdboden und der oberirdische Teil wächst dem Himmel entgegen. Ein Montag bei Vollmond liefert besonders viele Träume und auch

Mondpflanze: Baldrian
Valeriana officinalis

Die Zyklen von Sonne, Mond und Planeten

viel Tatendrang. Bei abnehmendem Mond werden Kräfte frei, die Menschen und Pflanzen auf der Erde aufnehmen können. So ein Montag trägt zur Klärung bei und unterstützt Projekte, bei denen „aufgeräumt" oder eine neue Ordnung etabliert werden soll. Ein Montag bei Neumond wird wohl eher ein blauer Mondtag werden. Hier ist eine Ruhepause angesagt, um dem Kommenden gewachsen zu sein. Ernten Sie am Mond-Tag die Mondpflanzen (S. 73, S. 186) und lassen Sie Ihre Gefühle sprechen.

Dienstag – Tag des Mars

Im Französischen klingt der Name des roten Planeten deutlich mit: *mardi* bedeutet Dienstag. Auch in unserem deutschen Wort „Dienstag" ist der Mars gut versteckt. Es hat nichts zu tun mit dem „Dienst", der abgeleistet werden sollte, sondern leitet sich ab von „Tiw" – dem Namen für den nordischen Gott Odin, mit dem Mars später oft kombiniert wurde.

Wie Marskraft Sie am Dienstag kräftigt:

Marspflanzen (S. 157), die Sie am Dienstag ernten, bringen Hitze und Bewegung in das Leben, sodass Hindernisse, die sich Ihnen in den Weg stellen, einfach weggeblasen werden. Antriebskraft, Begeisterung, Temperament und Durchsetzungsvermögen zeichnen den roten Planeten und seine Pflanzen aus. Sie stärken die männliche Seite in jedem Menschen, die auch Frauen ihre Ideale und Vorstellungen in die Tat umsetzen lässt. Was montags seinen Anfang nahm, bekommt am Dienstag kraftvolle Mars-Impulse. Das gibt Rückenstärkung und Selbstbehauptung. Allerdings macht Mars nicht gerade kompromissfreudig. Seine dynamische Lebenskraft beschleunigt und verstärkt Ihre Vorhaben.

Marspflanze: Brennnessel
Urtica-Arten

Ernten und Sammeln im Rhythmus der Woche

Mittwoch – Tag des Merkur

MERKUR

Wieder hören wir im Französischen den Merkur im „mercredi" für Mittwoch mitklingen. Mit geflügelten Sandalen und geflügeltem Hut ist der Götterbote der Gott der Veränderungen, des schnellen Wachstums und des Verkehrs. Diebe und Gaukler begeben sich unter seine Schutzherrschaft, ebenso wie Ärzte, Heiler, Händler und Börsenfans. Kommunikation und Vermittlung sind sein Metier.

Wie Merkur den Mittwoch beflügelt:

Merkurpflanzen (S. 177), die Sie am Mittwoch ernten, verstärken den gedanklichen Austausch und die Geschwindigkeit des Denkens und Handelns. Merkur hilft dabei, das Wichtige vom Unwichtigen zu trennen.

„Zuerst das Wichtige, dann das Drängelnde" ist ein Mittwochs-Motto. Das Ziel, am Montag emotional geboren, am Dienstag mit Durchsetzungskraft angereichert, erfährt am Mittwoch seine mentale Überprüfung.

Merkur und seine Pflanzen helfen, Situationen gedanklich abzuwägen und eigenständige, verstandesmäßige Entscheidungen zu treffen. Möglicherweise verspüren Sie die nimmermüde merkurianische Neugier und wollen noch viel mehr wissen und ausprobieren.

Merkurpflanze: Haselnuss
Corylus avellana

Die Zyklen von Sonne, Mond und Planeten

Donnerstag – Tag des Thor/Jupiter

Im Donnerstag hören wir noch den Donner rollen. Jedes Mal, wenn es donnerte und ein Gewitterregen die Felder und Pflanzen zum Wachsen anregte, warf Thor, der Donnergott, seinen Hammer durch den Himmel – so jedenfalls glaubten es die Menschen in jenen alten Zeiten. Daraus erwuchsen Reichtum und Überfluss.

Für die Römer war es der Götterkönig Jupiter, der den reifen Früchten Süße, verschwenderische Farben und köstliches Aroma verlieh.

Wie Sie durch Thor/Jupiter den Donnerstag genießen können: Ernten Sie Jupiterpflanzen (S. 98, S. 235) am Donnerstag und genießen Sie das Leben. Mit der Energie des Donnerstages erkennen Sie größere Zusammenhänge – vielleicht auch in den Ereignissen der letzten Tage.

Jupiter schenkt Ihnen für diese Betrachtung Respekt, Achtung und Toleranz. Mit solchen Qualitäten entwickeln Sie Verständnis für sich und Ihre Umwelt. Sie finden den roten Faden in Veränderungen und Entwicklungen und dürfen stolz auf sich sein. Weisheit und Erkenntnis bereichern das Leben.

Jupiterpflanze: Walnuss
Juglans regia

Freitag – Tag der Venus

Venus ist die Göttin der Liebe und der Schönheit. Der Freitag ist ihr gewidmet. Freya, ihre germanische Vorgängerin, ist unsere Namensgeberin für diesen Tag. Venus zeigt sich in der liebevollen Zuneigung, im Sinn für Natur und Harmonie.

Venus lässt Ihre innere weibliche Seite anklingen. Sie beschützt die Liebe und die Liebenden und zeigt das Verbindende zwischen den Menschen. Wer freitags die Welt mit den venusischen Augen der Liebe ansieht, wird sie verzaubert finden und sich fragen, ob nicht doch das Paradies genau hier ist.

Freitags mit einem Rosenstrauß in den Armen der Freya/Venus: Stimmen Sie sich auf die liebevolle Energie des Freitags ein, indem Sie auf Ihr Herz hören. Streuen Sie auf das Badewasser duftende Rosenblüten (oder andere Venuspflanzen, S. 166) und versinken Sie in diesem Duft. Wie neu geboren träumen Sie von einem Liebesmahl, kreieren einen Liebestrank und tauchen ein in das Reich der Venus.

Venuspflanze: Rose
Rosa

Die Zyklen von Sonne, Mond und Planeten

Samstag – Tag des Saturn

Die ursprüngliche Verbindung des Samstags mit seinem Namensgeber Saturn ist im Englischen zu hören: Saturday ist der Tag des Saturn. Unser Wort „Samstag" leitet sich her vom „Sabbath" – dem wöchentlichen Ruhetag der Juden. Saturn gilt als Vater der Zeit und als Vater des Schicksals, ist ein strenger Lehrer und starker Freund.

Wenn Sie am Samstag die vergangene Woche überdenken, ist Saturn Ihr „Coach", der Ihnen hilft, aus den letzten Ereignissen das Fazit zu ziehen, um die Zukunft und die nächste Woche bewusster zu gestalten. Auch wenn es manchmal etwas schmerzhaft ist, erkennen Sie, dass Sie immer nur das „ernten, was Sie gesät" haben. Saturn hilft, die Vorstellungen von sich selbst den eigenen Möglichkeiten anzupassen.

Am Samstag mit Ackerschachtelhalm Saturn als Freund gewinnen:
Ernten Sie zum Beispiel den Ackerschachtelhalm (oder andere Saturnpflanzen, S. 245) am Samstag und bereiten sich daraus einen Tee. Er hilft Ihnen, Struktur in Gedanken und Leben zu bringen, und sorgt dafür, dass Sie immer den Boden unter den Füßen behalten. Gleichzeitig füllt er Ihre Mineralstoffspeicher auf, kräftigt Haut, Haare und Nägel und sorgt für ein waches Gedächtnis.

Saturnpflanze:
Ackerschachtelhalm
Equisetum arvense

Sonntag – Tag der Sonne

Die Sonne ist der Mittelpunkt des Kosmos und erhält alles Leben durch ihr Licht und ihre Wärme. Sie gibt dem Leben Helligkeit, Ordnung und Rhythmus. Die Sonne hilft Ihnen, zu Ihrer persönlichen Identität zu finden und Selbstbewusstsein zu entwickeln. Am Sonnen-Tag sind Ausschlafen, Abschalten und Verwöhnen angesagt. Sonnen Sie sich auch in Ihrer eigenen inneren Sonne.

Am Sonntag – einfach „sein" mit Sonnenpflanzen:
Könnten Sie in einem Zeitraffer das Zusammenspiel von Sonne und Pflanzen beobachten, würde es einem Tanz gleichen. Am Sonntag ist Zeit und Raum für Bewegung und für Ihren Tanz. Tanzen Sie (in Gedanken) auch einmal mit einer Sonnenblume. Vielleicht entdecken Sie so tanzend etwas von dem alchemistischen „Wie oben, so unten; wie innen, so außen" auch in Ihrem Leben. Sehen Sie, wie die Planeten um Sie herum ihre Bahnen ziehen und Sie deren Kräfte erkennen. Verabreden Sie sich für den Gang durch eine neue Woche.

Schalten Sie beim Sammeln und Ernten möglichst viele Außenreize aus und stellen Sie sich auf die Pflanze ein. Begegnen Sie der Pflanze mit Achtung und Respekt. Erzählen Sie Ihre Gedanken, warum Sie sie ernten und wobei sie Ihnen helfen soll. Achten Sie immer darauf, dass der Pflanzenbestand erhalten bleibt, und nehmen Sie nur so viel, wie Sie brauchen. Für unsere energetische Arbeit genügen meist wenige Blätter und Blüten, ein einzelner Zweig oder wenige Samen. Mit so viel Aufmerksamkeit bedacht, werden die Pflanzen besonders wirksam sein. Lassen Sie ein kleines Geschenk als Dankeschön zurück und bedanken Sie sich bei Mutter Erde für ihre Gaben.

Sonnenpflanze:
Ringelblume
Calendula officinalis

3. ZUSAMMENHÄNGE – PFLANZEN, PLANETEN UND TIERKREISZEICHEN

Die Signaturenlehre – Zeichensprache der Natur

Wie haben eigentlich vor Urzeiten die Menschen die Qualitäten und Besonderheiten der einzelnen Pflanzen herausgefunden? Sie haben die Rhythmen und Zyklen der Planeten am Himmel beobachtet und in Beziehung gesetzt zu dem, was gleichzeitig auf der Erde, in der Natur und bei den Menschen geschah. Sie konnten diese Gemeinsamkeiten „lesen". Umgekehrt zogen sie von der äußeren Form und Zeichnung zum Beispiel einer Pflanze Schlüsse auf ihre Verwandtschaft mit den Himmelskörpern am Firmament und leiteten daraus ihre Anwendungen und Wirkungen ab.

Die kosmischen Zeichen in den Pflanzen lesen

Der große Arzt Paracelsus (S. 93) war der Erste, der diese Signaturenlehre vor etwa 500 Jahren in seinen Büchern niedergeschrieben hat. Immer wieder erläutert er an Beispielen, wie ein Beobachter vom Äußeren der Pflanze, von Farbe, Form und Standort, von Geschmack, Geruch und Konsistenz auf ihr Inneres, ihr Wesen und ihre Wirkung schließen kann.

Er schreibt: *„Gott hat im Anfang alle Dinge fleißig unterschieden und keinem wie dem anderen eine Gestalt und Form gegeben, sondern einem jeden ein Schellen angehängt, wie man sagt, man erkennt den Narren an den Schellen. Also sollt ihr auch die Kräuter und Wurzeln erkennen an ihren Schellen und Zeichen."*

Für ihn war die Natur die größte Künstlerin, die mit ihrer unendlichen Vielfalt all unsere Sinne aktiviert. Wenn Teile der Pflanze den menschlichen Organen oder Körperteilen ähnlich sahen, so könne der Mensch das getrost als „himmlische Gebrauchsanweisung" betrachten. So wie die grünen Blätter der Melisse die Form eines Herzens zeigen, wirken sie auch auf das Herz. *„Melissa ist von allen Dingen, die die Erde hervorbringt, das beste Kräuterlein für das Herz",* schrieb Paracelsus.

Wer Blatt oder Stängel vom Schöllkraut (S. 100) pflückt, sieht an der Bruchstelle gelben Milchsaft hervorquellen. Das war für unsere Vorfahren das Zeichen, dass diese Pflanze auch auf den gelben Saft in unserem Körper, die gelbe Gallenflüssigkeit, wirkte. Die modernen Naturwissenschaften bestätigen diese Wirkung des Schöllkrauts auf Leber und Galle.

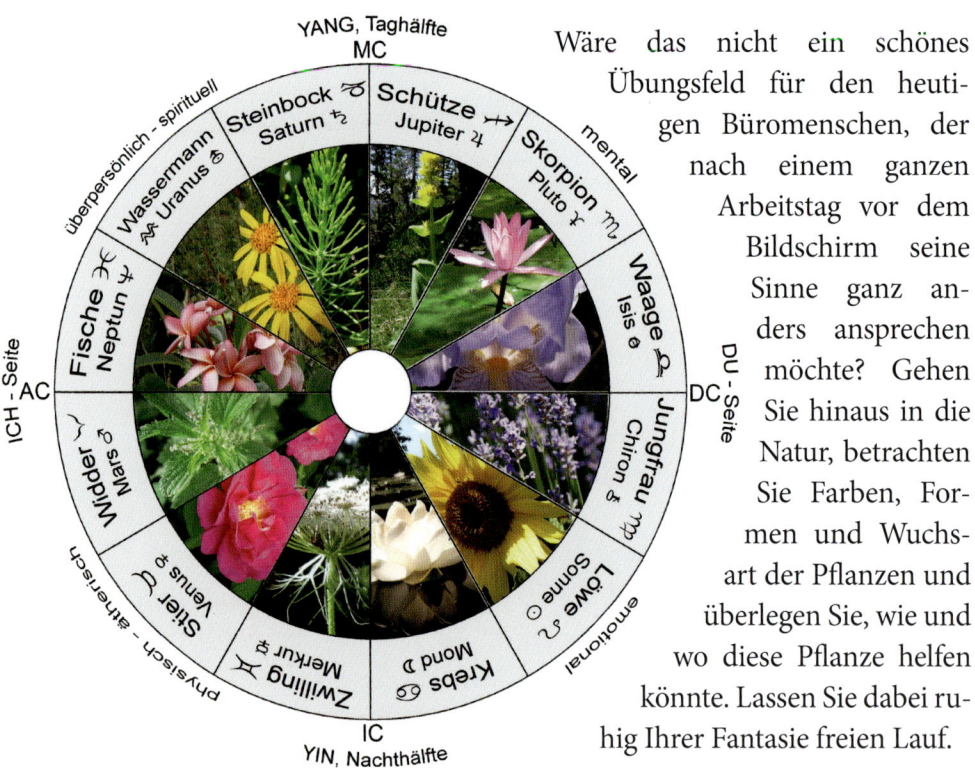

Wäre das nicht ein schönes Übungsfeld für den heutigen Büromenschen, der nach einem ganzen Arbeitstag vor dem Bildschirm seine Sinne ganz anders ansprechen möchte? Gehen Sie hinaus in die Natur, betrachten Sie Farben, Formen und Wuchsart der Pflanzen und überlegen Sie, wie und wo diese Pflanze helfen könnte. Lassen Sie dabei ruhig Ihrer Fantasie freien Lauf.

Prototypen

Manche Pflanzen sind Prototypen, in denen sich ein Planet besonders klar und charakteristisch zeigt. So repräsentiert der Ackerschachtelhalm sehr deutlich den Saturn. Das sanftmütige Wesen der Rose, die herzförmigen Blätter und ihr Duft erinnern an die Liebesgöttin Venus. Die scharfe, wehrhafte Zeichnung einer Brennnessel ist die irdische Form von Mars – so jedenfalls formulierte es Paracelsus.

Ackerschachtelhalm und Saturn

Bei dem Ackerschachtelhalm (S. 248) sind die einzelnen Stängelglieder so ineinander „geschachtelt" und miteinander verbunden, wie in unserem Körper die einzelnen Wirbel der Wirbelsäule. Aus der Schachtelung schloss man, dass die Pflanze auf unser gesamtes Knochengerüst wirken müsste. Die Naturwissenschaften fanden viel Kieselsäure in dieser Pflanze und bestätigten die Knochen stärkende Wirkung. Darüber hinaus zeigt der Ackerschachtelhalm mit seiner kargen Struktur auch noch die Signatur des Planeten Saturn. Saturn lässt nur das Wesentliche, nur die Essenz gelten, schmückendes Beiwerk ist überflüssig. Der Ackerschachtelhalm ist der Prototyp einer Saturnpflanze, denn er hat nicht einmal mehr richtige Blätter. Für ihn reichen grüne Blattadern, um Fotosynthese zu betreiben.

Brennnessel und Mars

Die rot gefärbte Unterseite der jungen Brennnessel (S. 160) und die oft roten Stängel lassen auf eine Beziehung zum roten Blut in unserem Körper schließen. Rot ist auch die Farbe des Planeten Mars am Abendhimmel. Also schlossen unsere Vorfahren daraus, dass die Brennnessel die Kraft des Planeten Mars in das menschliche Blut bringe und so seine Lebenskraft stärke. Auch Paracelsus wusste schon, dass die Brennnessel voller Eisen steckt, so wie auch die rote Farbe des Mars durch Eisen bedingt ist. Phytotherapeuten schätzen noch heute, dass die Brennnessel die Eisen- und Hämoglobinwerte im Blut wieder in Ordnung bringt. Außerdem hält diese Pflanze mit ihrem Brennen jeden auf Abstand, eine Fähigkeit des kämpferischen Mars.

Planeten in Pflanzen entdecken

Wenn wir davon sprechen, dass eine Pflanze dem Mars untersteht, dann heißt das lediglich, dass sich die Marskraft darin besonders intensiv zeigt. Die Kräfte der anderen Planeten sind auch darin enthalten – nur eben nicht so auffällig.

Die Eigenschaften der Planeten lassen sich im Charakter der Materie wiederfinden, eine unvermischte Kraft aber gibt es nirgendwo. Alle Formen der Existenz sind durch eine Durchmischung der Planetenenergien entstanden.

Es gibt Menschen, die wir mit wenigen Worten als eine „typische Jungfrau" oder einen „typischen Widder" umschreiben und uns damit weitere Erklärungen ersparen. Das wird diesen Menschen natürlich nicht gerecht. Möglicherweise sind Chiron (Jungfrau) oder Mars (Widder) besonders ausgeprägt in diesen Menschen. Es sind aber immer alle anderen Planeten auch vertreten, lediglich mehr oder weniger stark. Niemals ist es nur ein Planet, der sich zeigt. Immer ist es eine einmalige Mischung, die den Menschen unverwechselbar macht.

Genauso lassen auch die Pflanzen in ihrer Signatur bunte Mischungen der Planetenkräfte erkennen. Eine Betrachtung des Löwenzahns macht deutlich, dass hier alle sieben sichtbaren Planeten fast paritätisch vertreten sind.

Löwenzahn – Taraxacum officinale

Die Liebesgöttin *Venus* zeigt sich im lebendigen Grün der frischen Löwenzahnblätter im Frühling. Mithilfe des Löwenzahns verleiht sie dem Körper Klarheit und Schönheit, reinigt unter anderem auch die Genitalorgane, sodass einem verlockenden Liebesspiel nichts mehr im Wege steht.

Die Signaturenlehre

Mars als ihr Liebhaber bringt mit seinem Temperament oft die Galle zum Überlaufen. Er zeigt sich im jungen Löwenzahn-Stängel, der im Frühjahr oft von einem rötlichen Schimmer überzogen ist. Damit erzählt er von der Hilfe des Löwenzahns bei Gallenproblemen. Auch die gezahnten Blätter sprechen von der Wehrhaftigkeit des Mars.

In der weißen Milch, die in Stängeln, Blättern und Wurzeln fließt, zeigt sich der *Mond*. Mit dieser Milch können Warzen betupft werden, damit sie verschwinden. Ein alter Brauch besagt, dass die Wurzel dann besonders gut die Warzen vertreibt, wenn sie am dritten Tag nach Vollmond gegraben wird. Deswegen heißt der Löwenzahn in manchen Gegenden auch „Warzenkraut".

Die *Sonne* zeigt sich in dem aufrecht wachsenden Stängel und in jeder einzelnen Blüte. Jede Blüte leuchtet wie eine kleine irdische Sonne aus der grünen Wiese. Außerdem ist die Sonne die Herrscherin des Tierkreiszeichens Löwe – und deswegen gehören natürlich alle Löwenzähne zu ihr. Zur Sonne gehören auch das Licht und das Organ, das dieses Licht am besten wahrnimmt: das Auge. Löwenzahn gilt seit alten Zeiten als „Augenwurz", eine Heilpflanze unter anderem für die Augen, die zum Beispiel auch bei „Triefaugen" hilft. Mit einem Kaltansatz der Wurzel sollen Gesicht und Augen regelmäßig gewaschen werden.

Jupiter zeigt sich im Löwenzahn mit seinem Überfluss, seiner Üppigkeit. Eine leuchtend gelb blühende Löwenzahnwiese im Frühjahr ist auch das Werk Jupiters. Sein Sitz im Körper ist die Leber. Die gelbe Farbe der Löwenzahnblüten und die gelbe Gallenflüssigkeit, die von der Leber produziert wird, zeigten den alten astrologisch orientierten Ärzten ganz deutlich die Verbindung von Löwenzahn und Leber. Bis heute ist der Löwenzahn mit seinen Bitterstoffen eine wunderbare und anerkannte Heilpflanze für die Leber. Ein wenig half Jupiter auch noch mit, aus den gelben Blüten eine vollkommene Samenkugel zu bauen, deren Rund hell im Mondlicht schimmert.

Saturn schließlich ist für die Bildung der Samen zuständig. Er konzentriert all die Erfahrungen von Generationen von Löwenzähnen in jeden einzelnen Samen. Es ist sein Spezialgebiet, nur das Wesentliche, die Essenz weiterzugeben. Löwenzahn reinigt und stärkt auch die Milz, jenes Organ, das für die Lebensenergie verantwortlich und das unter die Obhut Saturns gestellt ist.

Die Verbreitung der Samen schließlich unterliegt dem *Merkur*. Als Götterbote und Herr des Windes und der Lüfte liebt er es, mit ihren sehr filigran gezeichneten Flughaaren zu spielen und sie in aller Welt zu verteilen.

Auch die fünf geistigen Planeten lassen sich im Löwenzahn entdecken:
Chiron kombiniert alle guten Eigenschaften des Löwenzahns zu einer fantastischen Heilpflanze.

Uranus verleiht den einzelnen Löwenzahnpflanzen die Fähigkeit, in großen Gruppen zusammenzuwachsen und so in jedem Frühjahr wieder einen überwältigenden neuen Eindruck hervorzurufen.

Neptun schenkt dem Löwenzahn die Fähigkeit, sich überall anzupassen und sich so auf der ganzen Welt zu verbreiten.

Unter der Aufsicht des *Pluto* verläuft die Verwandlung der gelben, sonnendurchtränkten Löwenzahnblüte in die jupiterhafte, vollkommene runde Form der Pusteblume.

Isis sorgt für das ausgewogene Verhältnis von männlich (Pollen) und weiblich (Narbe) und trägt zur Schönheit der Natur bei.

Unterschiedliche Zuordnungen

Wer die alte Literatur nach Zuordnungen von Pflanzen und Planeten durchstöbert, findet sehr viel Verwirrendes. Nicht nur die Formen, auch die Farben in diesen Büchern geben Hinweise auf himmlisches Design: Zum Saturn gehört das Grau, zur Sonne das Gelb, zum Mond das Silber, zum Merkur das Blau, zur Venus das Grün, zum Mars das Rot und zum Jupiter das Weiß (auch Bordeauxrot und Königsblau). Je nach Perspektive des Betrachters gibt es sehr unterschiedliche Zuordnungen. Aber je mehr Sie sich mit den Planetenkräften beschäftigen und ihre Zeichen in den Pflanzen suchen, umso klarer schält sich ein roter Faden heraus. Eine Seminarteilnehmerin drückte das vor einigen Jahren so aus: „Überall in der Wiese treffe ich jetzt auf die Planeten. Ich weiß zwar nicht, wie die Pflanzen heißen, aber ich kenne ihre himmlischen Paten."

Paracelsus hätte sich über diese Äußerung gefreut, denn er sagte: *„Die Blumen sind die Sterne der Erde und die Sterne sind die Blumen des Himmels."* Für ihn war das Verstehen der kosmischen Formensprache in den Pflanzen der wahre Weg zur Heilmittelerkenntnis.

In diesem Buch werden Sie Zuordnungen finden, die möglicherweise zunächst ungewöhnlich erscheinen. Sie rekrutieren aus den Erfahrungen aus unseren Praxen und Seminaren – und sind ausgewählt unter dem Aspekt, eine Hilfe in unserem heutigen, turbulenten Alltag zu sein. Unsere Zuordnungen leisten einen Beitrag, um das Wissen über die Verbindung zwischen Planeten, Menschen und Pflanzen auch in Zukunft weiter auszubauen.

Pflanzen als Ver-Mittler

Für Paracelsus war es nicht nur die physische Ebene der Pflanzen, die dem Menschen half, wieder gesund zu werden. Für ihn war es auch das geistige Prinzip, das mit der Pflanze verbunden war. Wenn sich das Geistige der Pflanze mit dem Geistigen im Menschen verband, dann konnte das Heilmittel wirken. Wir nennen das heute das Prinzip der Resonanz, das Pflanze und Mensch verbindet. In diesem Feld kann Heilung geschehen.

Um die Heilkraft einer Pflanze zu isolieren und sogar noch zu verstärken, extrahierte Paracelsus die „Quintessenz" aus der grünen Materie. Darunter verstand er die Summe all ihrer Energien, ihrer Kräfte. Er war überzeugt, dass sich die Potenz einer Pflanze verstärkte, wenn ihre sichtbare Struktur zerstört und in Medizin verwandelt wurde.

Dieses Prinzip baute Samuel Hahnemann in der Homöopathie aus – und Edward Bach erweiterte es mit den nach ihm benannten Bachblüten.

Das Wesentliche bei all diesen Methoden ist: Pflanzen haben nicht nur eine Wirkung auf den Körper, sondern auch auf Gefühle, Gedanken, Gemüt und sie berühren die Seele.

Pflanzen und Menschen sind sich auf der Zellebene ähnlich. Der menschliche Körper kennt die Inhaltsstoffe der Pflanzen aus vielen Hundertmillionen Jahren der Evolution. Wenn wir uns heute auf die Begegnung mit einer Pflanze einlassen, er-innern wir uns und erfahren tief in unserem Inneren ein gemeinsames Resonanzfeld. In dieser tiefen Stille formen sich Eindrücke, Bilder, Gefühle, Worte, die wir als Botschaft der Pflanze verstehen lernen.

Wir kennen das längst auf anderer Ebene. Wenn wir einem interessanten Menschen begegnen und er uns gefällt, treten wir ihm offen und aufgeschlossen gegenüber. Wenn *die Chemie stimmt* und wir *einen guten Draht* spüren, stellen wir Fragen, achten auf die Antworten, tauschen uns aus, entdecken neue Seiten in uns und gehen bereichert aus diesem Zusammentreffen hervor. Genau das Gleiche gilt für die Begegnung mit einer Pflanze. Versuchen Sie es doch einmal …

Die Signaturenlehre

Heilende Begegnung mit einer Pflanze

Pflanzen haben, so wie Menschen, eine charakteristische Ausstrahlung. Ein Feld voller Schwingungen umgibt den sichtbaren physischen Körper und ist für unsere fünf körperlichen Sinne nicht erkennbar. Und doch nehmen wir unbewusst diese Ausstrahlung wahr. Sie versteckt sich in dem „ersten Eindruck", der plötzlich da ist, wenn wir einen Menschen zum ersten Mal sehen, noch bevor wir anfangen zu denken. Erst danach setzt der Verstand ein und interpretiert. Und meistens sagt er dann so etwas wie: „Spinn doch nicht rum. Das bildest du dir ein. Das kann/darf ja gar nicht sein ..."

Wir sind so gewohnt, diese allerersten Eindrücke zurückzudrängen, dass wir sie schließlich gar nicht mehr wahrnehmen.

So ähnlich ist es auch mit den Pflanzen. Es ist die Ausstrahlung einer Pflanze, die uns anspricht. Wir nehmen nicht nur ihre Form, ihre Farbe, ihre Wachstumsrichtung, sondern auch ihre gesamte – unsichtbare – Erscheinung intuitiv wahr – und entscheiden dann, ob sie uns gefällt oder nicht. Nur ist uns das meistens so nicht bewusst. Wenn wir uns hingegen bewusst der Gesamtheit einer Pflanze öffnen, werden wir etwas Neues finden. Etwas, das uns guttut und uns ein Stückchen mehr zu uns selber führt. Unsere eigenen, ganz subjektiven Wahrnehmungen und Entdeckungen werden zu einem inneren Wegweiser für den Alltag. Das bewirkt Zauberhaftes, Wunder-volles und bringt Freude. Gleichzeitig aktiviert es unseren inneren Arzt und unsere Selbstheilungskräfte. Selbstverständlich übernehmen wir die Verantwortung für unsere eigene Gesundheit. Das führt zu immer mehr Lebensfreude und schließlich zu dem Ziel, das wir alle anstreben: ansteckende Gesundheit.

Übung: Erleben Sie eine Pflanze

Lassen Sie die Alltagsgeschäfte hinter sich und nehmen Sie sich Zeit. Setzen Sie sich zu einer Pflanze, die Ihnen gut gefällt und irgendwo in Ihrer Umgebung schön und üppig wächst. Das kann auch ein Baum sein. Lassen Sie die Pflanzen auf sich wirken und betrachten Sie die Gestalt. Hier dürfen Sie gerne unendlich neugierig sein.

Wie groß ist sie? Wie fasst sie sich an?
Wie sind die Blätter geformt? Wie sehen die Blüten aus?
Mit welcher Farbe lockt sie die Insekten?
Wie riecht sie? Wie schmeckt sie?

Wenn Sie mögen und die Pflanze sicher nicht giftig ist, können Sie auch eine Blüte oder ein Blatt in den Mund nehmen. Kauen Sie langsam und aufmerksam darauf herum. (Probieren Sie nur ein kleines Stückchen und spucken Sie es gleich wieder aus, wenn es nicht schmeckt.)

Versuchen Sie, nicht zu denken. Die Gedanken haben jetzt Pause und dürfen sich auch erholen. Achten Sie darauf, welche Körperstellen sich bemerkbar machen. Achten Sie auf intuitive Eindrücke, auf innere Bilder. Welche Ideen, Gefühle, Verbindungen kommen Ihnen in den Sinn? Wo gibt es Ähnlichkeiten, an was er-innern Sie sich gerade? Ab jetzt ist nichts „zufällig" oder etwa mangelnde Konzentration. Vielleicht bewegt Sie auch eine Frage, die Sie nun ruhig an die Pflanze stellen können. Warten Sie und lauschen Sie auf die Antwort, die irgendwie aus Ihrem Inneren kommt und entdeckt werden will. Verstehen Sie alles als Antwort, was sich an Ein-drücken oder inneren Bildern zeigt.

Ein solches Zwiegespräch mit einer Pflanze kann verzwickte Blockaden lösen. Es führt in die Stille und bringt uns zur Ruhe und Entspannung. Lassen Sie sich von der Energie dieser Pflanze begleiten, lauschen Sie nach innen und warten Sie auf eine Antwort. In dieser lebendigen Resonanz kann die Pflanze Ihnen zu einer neuen Perspektive verhelfen oder Sie auf neue Ideen bringen. Die Pflanze begleitet Sie durch ein Problem hindurch bis zur Lösung. Sie *ver-mittelt* zwischen Problem und Lösung und ist hier der Mittler. Sie *ver-mittelt* Verstehen und „ermöglicht Heilung". Sie ist *Arznei-Mittel* in einem ganz ursprünglichen Sinne. So kann die Psyche auftanken.

Diese Arbeit mit Pflanzen führt über einen zauberhaften Weg zur Eigenverantwortung und im Laufe der Zeit zu einer ungeahnten Stärke.

Es ist so wichtig, immer wieder mal Energie an einer pflanzlichen Tankstelle zu tanken. Auch Erfolg – das Erreichen von Zielen – ist eine solche Quelle. Es ist ratsam, sich kleine und realistische Ziele zu setzen. Sie sind leichter zu erreichen und der Weg zu einem solchen Ziel macht sogar Spaß. Spaß oder noch besser Freude sind die beste Motivation und Energiequelle.

Probieren Sie es doch einmal aus …
Jede einzelne Pflanzenart hat eine eigene charakteristische Grundschwingung, die sie unverwechselbar macht. Über Jahrtausende hinweg haben sich diese Schwingungen nur wenig verändert, denn Pflanzen sind und bleiben immer sie selbst – in jeder Generation wieder. In ihren Samen und in ihren Genen steckt das Wissen, wie sie mit allen Lebens- und Witterungsumständen umgehen können. Wenn wir Menschen ihre Botschaft aufnehmen und verstehen, können wir vieles von Pflanzen lernen:

- über Leben und Anpassung
- über Rhythmus und Gesetze in der Natur
- über Umgang mit Wachstumsbedingungen und Ressourcen
- über die Elemente Erde, Feuer, Wasser, Luft
- über Kräfte zwischen Himmel und Erde
- über Widerstandskraft und Fortpflanzung
- über Gegenwart und Unvergänglichkeit

- über Ordnung und Schönheit
- über Beziehung und Harmonie
- über Zeit-loses und Natür-liches
- über die heilbringenden Kräfte in unserer Umwelt und in uns.

Pflanzen leben und sind bedingungslose Liebe.

Löwenzahn, Lavendel oder doch lieber Sonnenblumen?

> **Übung:**
> *Stellen Sie sich vor, Sie sitzen mitten in einer Löwenzahnwiese unter einem strahlend blauen Frühlingshimmel. Welche Gefühle, Gedanken, Ideen löst das in Ihnen aus? Wie fühlen Sie sich dabei?*
>
> *Oder Sie nutzen Ihre Imaginationskraft und setzen sich mitten in ein Lavendelfeld. Vielleicht an einem schönen Sommerabend irgendwo in der Provence. Wie fühlen Sie sich dabei? Welche Gedanken, Gefühle oder Ideen werden Ihnen bewusst?*
>
> *Vielleicht sind Sie ein Fan von Sonnenblumen und wollten schon immer mal mitten in einem Sonnenblumenfeld liegen? Gehen Sie in Ihrer Vorstellung dorthin – und registrieren Sie, wie Sie sich dabei fühlen.*

Drei Pflanzen – und sehr wahrscheinlich drei verschiedene Eindrücke. Woher kommt dieser Unterschied?

Egal ob Lavendel, Löwenzahn oder Sonnenblumen – jede Pflanzenart hat ihre eigene Ausstrahlung, ihre eigene Schwingung. Und die nehmen wir Menschen über unsere Sinne wahr – meistens mehr oder weniger unbewusst. Für den Anfang ist es ausreichend zu merken, dass es bei diesen drei Pflanzen Unterschiede gibt.

Was geschieht dabei?

Schon der Anblick von *Lavendel* entspannt. Und er kann noch so viel mehr. Atmen Sie diesen Duft tief in die Lunge ein und sie füllt sich an mit reiner, klarer Energie. Dieser Duft und seine Energie verteilen sich im ganzen Körper, führen in eine kraftvolle Ruhe, in der Heilung geschehen kann. Abschalten, Ruhe, Kraft und Gesundheit sind Qualitäten des Planeten Chiron. Er wird auch der „verwundete Heiler" genannt, der uns zeigt, wie viel wir durch eine Verletzung lernen können – wenn wir sie aus der richtigen Perspektive betrachten. Außerdem ist so ein – wenn auch imaginärer – Besuch in einem Lavendelfeld jedes Mal ein kleiner Urlaub.

Alle *Sonnenblumen* in einem Sonnenblumenfeld bewegen sich in der für sie charakteristischen Schwingung und unterstützen sich gegenseitig in ihrer Energie. Sonnenblumen sind Pflanzen der Sonne und des Tierkreiszeichens Löwe. So wie die Sonne das Herz im Kosmos ist (zumindest in unserem Sonnensystem), so berührt sie auch das Sonnenorgan im Menschen, das Herz. Setzt sich ein Mensch zu diesen Sonnenblumen, verbinden sich menschliches und pflanzliches Energiefeld und treten in Resonanz miteinander. In dieser Resonanz übertragen sich die Sonnenblumen-Qualitäten auf den Menschen. Und das sind Herzensenergie, Lebensfreude und Kreativität. Vielleicht sind deswegen die Sonnenblumen so beliebt.

Betrachten wir den *Ackerschachtelhalm*: Vor etwa 400 Millionen Jahren gab es die ersten Exemplare dieser Pflanze, die damals zusammen mit Farnen und Bärlappgewächsen riesige Wälder bildeten. Damals war die Energie des Saturns und seines Tierkreiszeichens Steinbock vorherrschend. Das bedeutet als Steinbock-Qualität hohes Alter, Weisheit, Beständigkeit und Durchhaltevermögen. Noch heute schwingen unsere „Urweltpflanzen" in dieser Energie. Und wir können uns damit verbinden, indem wir zum Beispiel einen Ackerschachtelhalmtee trinken und überlegen, wo wir diese Struktur brauchen.

Pflanzen als Wegbereiter ins Wassermannzeitalter

Momentan befinden wir uns am Beginn des Wassermannzeitalters. Sogenannte Neophyten/Zuwandererpflanzen mit Migrationshintergrund bereichern die einheimische Flora. Das indische Springkraut, die Kanadische Goldrute oder die Herkulesstaude aus dem Himalaja sind neu in unseren Breitengraden und viel zu oft unwillkommene Gäste. Sie verändern die einheimische Flora und lösen bei den Menschen Angst und Abwehr aus. Wenn wir uns aber auf sie einlassen, könnten ihre Schwingungen uns den Übergang ins Wassermannzeitalter erleichtern. Das bedeutet, sie bereiten uns vor auf Unkonventionelles, Spontanes, Neues und Originelles.

> ### Übung: Heilende Begegnung mit dem Kosmos
>
> *Nicht nur die Begegnung mit Pflanzen, auch die Begegnung mit dem Sternenhimmel kann sehr heilsam sein.*
>
> *Gehen Sie hinaus in einer sternenklaren Nacht und beobachten Sie die Tausenden von funkelnden Sternen – ein überwältigendes Erlebnis. Vielleicht besteigen Sie einen Berg und übernachten auf der Bergspitze oder Sie unternehmen eine Reise in die Wüste, liegen in Ihrem Schlafsack und staunen über das Kommen und Gehen, das Werden und Vergehen der Sternenpracht am Himmel.*
>
> *Woher kommen wir, wohin gehen wir, wer sind wir? Gibt es wohl Leben auf den anderen Sternen – sind wir nicht allein im Universum? Da werden die Alltagsprobleme ganz klein und Sie fühlen sich verbunden mit allem – vielleicht blinzelt Ihnen Pluto zu?*

Der Tierkreismensch – seit Urzeiten überliefert

*„Nicht allein, dass die Kraft der Kräuter
aus der Erden sei, sondern vom Gestirn;
das Corpus (der Pflanzenkörper) aber ist von der Erde."*

Paracelsus

Im Mittelalter waren die Ärzte oft Mediziner, Astrologen und Botaniker zugleich. Für sie war der Lehrsatz des Hermes Trismegistos „Wie oben – so unten" mit Leben erfüllt. Ordnung, Rhythmus und Harmonie der Planeten im Firmament übertrugen sich auf ihre irdische Welt. Bei ihrer Arbeit gingen sie davon aus, dass auch der menschliche Körper als „Mikrokosmos" die Gesetze des großen „Makrokosmos" widerspiegelte. Gab es im Menschen eine Disharmonie oder eine Krankheit, so verhalfen die Planeten ihm wieder zu Gesundheit und Harmonie. Das Wissen um diese Zusammenhänge prägte die frühe Medizin.

Hippokrates, der berühmteste Arzt der Antike, sagte sogar: *„Ein Doktor ohne Wissen über die Astrologie wird sich kaum als wirklicher Arzt bezeichnen können."*

Auch der bedeutende Schweizer Arzt Paracelsus betonte, dass zum Verständnis und zur richtigen Behandlung von Krankheiten einerseits zwar empirische Befunde notwendig seien, andererseits aber die Betrachtung des Großen Ganzen viel wichtiger wäre. Er schrieb: *„Wenn er (der Arzt) aber die Welt oder die Elemente oder das Firmament nicht kennt, wie soll er dann das Wesen der Menschen ergründen, das doch alles enthält, was im Himmel und auf Erden existiert, und wahrlich selbst Himmel und Erde, Luft und Wasser ist?"*

Das ist eine durchaus moderne Einstellung, die heute wieder Beachtung erfährt.

Es waren die Babylonier, die als Erste den menschlichen Körper in zwölf Areale einteilten, in denen die Kräfte der Tierkreisbilder sicht- und fühlbar wurden. Daraus entwickelte sich später, im antiken Griechenland, das Modell des Tierkreismenschen.

So, wie der Mensch bei der Geburt zuerst mit dem Kopf auf die Welt kommt, lag auch sein Kopf zur Frühjahrs-Tagundnachtgleiche im Zeichen des Widders, Hals und Nacken im Sternbild des Stieres und schließlich landeten die Füße bei den Fischen. Dieser Mensch, der sich derartig um den Horizont legen konnte, trug alle Kräfte des Universums in sich. Im Laufe eines Jahres wurde so ein Körperteil nach dem anderen von der Schwingung der Planeten berührt. Dementsprechend erfolgte die Zuordnung der inneren Organe und Körperteile zu den Tierkreiszeichen.

Die antiken Ärzte gingen davon aus, dass die Pflanzen, die ja ebenfalls von Schwingungen der „Wandelsterne" geformt worden waren, diese kosmischen Kräfte an den Menschen weiter „vermitteln" konnten. In dieser „Vermittlung" hat übrigens der Begriff des „Arznei-Mittels" seinen Ursprung. In der englischen Sprache hören wir noch heute die Beziehung zwischen Planeten und Pflanzen in den Wörtern „planet" und „plant". Und der Plan – der Lebensplan – klingt auch noch mit.

Paracelsus formulierte das so: *„Jede Pflanze besitzt bestimmte Eigenschaften, die bestimmten Gestirneinflüssen entsprechen. Sobald wir die Sterneneinflüsse kennen, den Zusammenschein der Planeten auf die Kräfte der Kräuter, so werden wir die Heilmittel wissen, die wir anwenden müssen, um solche Einflüsse anzuziehen, die auf den Kranken günstig wirken."*

Gab es irgendwo im Menschen eine Disharmonie oder eine Krankheit, so gelangte er mit Hilfe von Pflanzen und ihren planetarischen Botschaften wieder zu Gesundheit und Harmonie. Wenn zum Beispiel die Leber eines Patienten nicht mehr richtig arbeitete, wusste der Arzt, dass die Leber dem Götterkönig Jupiter zugeordnet wird. Also musste er eine Jupiterpflanze suchen, die die Leber in ihrer Funktion unterstützte. Hier bietet sich der Enzian an, der mit seinen Bitterstoffen die Leber wieder in Schwung bringt. Auch Löwenzahn oder Engelwurz sind „Jupiter-Pflanzen", die „sein" Organ Leber stärken.

Die Gerüstsubstanzen des Körpers und der Knochenbau werden dem Planeten Saturn zugeordnet. Bei Knochenbrüchen oder auch Osteoporose können Saturnpflanzen wie Beinwell oder Ackerschachtelhalm Hilfe und Stützung bringen.

Wie Sie dieses Wissen heute anwenden, finden Sie ab Seite 283.

Pflanzen – Planeten – Tierkreiszeichen

Ganz allgemeine Zuordnungen zwischen Tierkreiszeichen und Körperpartien finden Sie auf der Darstellung unten: Die richtig ausgewählten Heilkräuter wirken nicht nur auf die erkrankten Organe, sondern sind gleichzeitig Nährstoffe für den gesamten Stoffwechsel. Sie bringen Gesundheit aus Pflanze und Planeten in den ganzen Menschen.

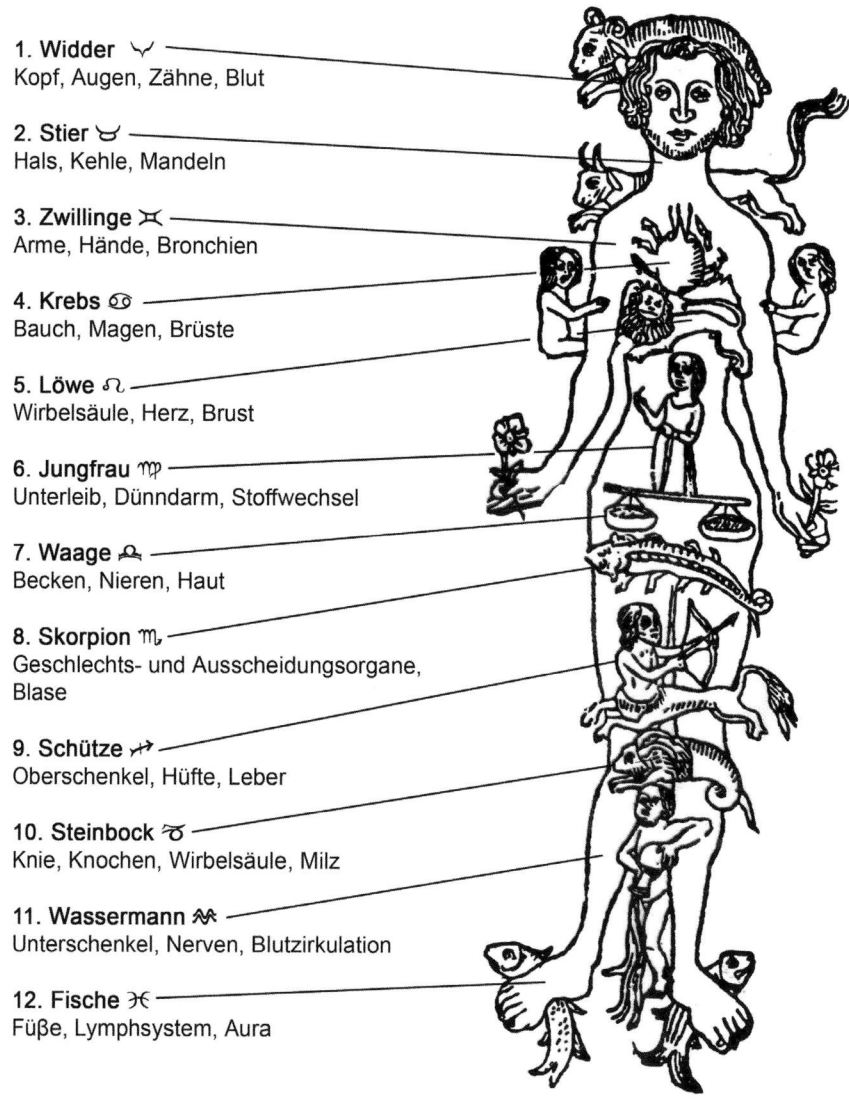

1. Widder ♈
Kopf, Augen, Zähne, Blut

2. Stier ♉
Hals, Kehle, Mandeln

3. Zwillinge ♊
Arme, Hände, Bronchien

4. Krebs ♋
Bauch, Magen, Brüste

5. Löwe ♌
Wirbelsäule, Herz, Brust

6. Jungfrau ♍
Unterleib, Dünndarm, Stoffwechsel

7. Waage ♎
Becken, Nieren, Haut

8. Skorpion ♏
Geschlechts- und Ausscheidungsorgane, Blase

9. Schütze ♐
Oberschenkel, Hüfte, Leber

10. Steinbock ♑
Knie, Knochen, Wirbelsäule, Milz

11. Wassermann ♒
Unterschenkel, Nerven, Blutzirkulation

12. Fische ♓
Füße, Lymphsystem, Aura

Die Farben der zwölf Tierkreiszeichen

Unsere Welt ist bunt. Jede Farbe hat ihre eigene, charakteristische Wellenlänge und Schwingung und löst bestimmte Gemütszustände aus. Alle Farben werden bei den verschiedensten Themenbereichen auch therapeutisch eingesetzt. Sie bereichern und ergänzen ebenfalls die Arbeit mit Planeten und Pflanzen. Wir nutzen die Kraft der Farben bei den Tierkreiszeichen und ordnen jedem Zeichen eine Farbe aus dem Spektrum des Regenbogens zu.

Tierkreiszeichen, Planet	Haus	Farbe
Widder, Mars	1. Haus:	Rot
Stier, Venus	2. Haus:	Rotorange
Zwillinge, Merkur	3. Haus:	Orange
Krebs, Mond	4. Haus:	Gelborange (und Silber)
Löwe, Sonne	5. Haus:	Gelb (und Gold)
Jungfrau, Chiron	6. Haus:	Gelbgrün
Waage, Isis	7. Haus:	Grün
Skorpion, Pluto	8. Haus:	Blaugrün, Türkis
Schütze, Jupiter	9. Haus:	Königsblau
Steinbock, Saturn	10. Haus:	Blauviolett
Wassermann, Uranus	11. Haus:	Violett
Fische, Neptun	12. Haus:	Rotviolett

Der Kosmos und seine Pflanzen

Widder, Mars und die Brennnessel

„Jeder Tag bringt uns das Glück eines neuen Anfangs."
Ellen Hassmann

Was möchten Sie jetzt neu beginnen, wofür Ihre Energien einsetzen?
Wo brauchen Sie mehr Durchsetzungsvermögen?
Wie gehen Sie mit Ihrer Wut/Ihren Aggressionen um?
Wie leben Sie ihre Sexualität?
Wie halten Sie Ihren Körper fit? (Sport, Tanz, Spaziergang etc.)
Wie können Sie Ihre Visionen für das Wohl der Allgemeinheit einsetzen?

So nutzen Sie dafür die Mars/Widder-Energie:

- Ergreifen Sie die Initiative und beginnen Sie mit dem, was Sie schon lange vor sich hergeschoben haben.
- Nutzen Sie die Kraft Ihrer Ideen und übernehmen Sie mutig die Führung.
- Vertrauen Sie darauf, dass Sie mehr leisten können, als Sie sich zutrauen.
- Treiben Sie Sport, gehen Sie spazieren, fangen Sie an zu tanzen ...
- Seien Sie auch in der Sexualität Sie selber.
- Seien Sie mutig und begeistern Sie Ihre Mitmenschen für große Ideen.

Mars/Widder als Prinzip

Mars wird auch der rote Planet genannt, weil er mit bloßem Auge am Abendhimmel rötlich leuchtet. Seine Umlaufzeit um die Sonne beträgt zwei Jahre. So befindet er sich immer zwei Monate in einem Tierkreiszeichen.

In der Mythologie war Mars der römische Gott der Frühlingsvegetation. Der Monat März wurde nach ihm benannt. Später wurde er der Gott des Krieges. Die Kriegssaison dauerte jeweils von März bis Oktober.

Mars-Qualitäten sind Initiative, Pioniergeist, Durchsetzungskraft, Mut, Kraft, Energie, Lebensfreude, Führungsstärke.

Widder symbolisiert den Aufbruch der Kräfte. Widder-Geborene gehen eigene Wege und finden dabei überraschende und ungewöhnliche Erkenntnisse, Methoden und Lösungen. Sie gelten als wagemutige, aktive Pioniere voller Tatendrang. So haben sie einen guten Zugang zu ihren Instinkten und handeln spontan. Ihr ansteckender, ungetrübter Optimismus und ihre vitale Lebensfreude können auch anderen Schwung und Lebensmut vermitteln. Positiv lebend, verbreiten sie mehr Bewusstsein und Liebe in ihrer Umgebung.

Mars/Widder in der Natur

Der Widdermonat vom 21. März bis 20. April bringt nach langer Winterzeit endlich die Wiederkehr des Lebens. Zur Zeit der Frühjahrs-Tagundnachtgleiche erwacht die Natur aus ihrem Winterschlaf. Der während der kalten Monate in der Erde schlummernde Samen beginnt zu keimen und drängt schließlich mit aller Kraft ans Licht. Blütenknospen in leuchtenden Farben und frische Triebe der Blätter sind eindeutige Boten des Frühlingsbeginns.

Mars/Widder und der Körper

Im Körper werden dem Mars/Widder der Kopf, Augen, Zähne, das Blut, die quer gestreifte Muskulatur und die Gallenblase zugeordnet. Wenn die Mars-Qualitäten nicht integriert gelebt werden, können sich Symptome wie Kopfschmerz, Fieber, Zahnprobleme, Allergien, Augenkrankheiten, Blutungen und Gallenprobleme zeigen.

Mars/Widder und die Psyche

Über die körperlichen Symptome hinaus beeinflusst Sie der Mars auch auf der psychischen Ebene. Wenn Sie zu wenig Energie haben oder mehr Durchsetzungsvermögen brauchen, dann nutzen Sie die Marskraft der Pflanzen.

Marspflanzen machen tatendurstig, aktiv und intensivieren Leidenschaften. Auch erhöhen sie die Spannung der Muskeln, reinigen das Blut, haben einen hohen Eisengehalt und stimulieren die Nebennierenfunktion. Selbsterhaltungstrieb, Spontaneität und Unabhängigkeit werden gestärkt. Unter den Marspflanzen sind viele Wundkräuter, die in alten, kriegerischen Zeiten bei Verletzungen die Blutungen stillten.

Mars/Widder und die Pflanzen

Wenn die Pflanzen im Frühjahr den noch kalten Erdboden durchbrechen, brauchen sie die Kraft des Mars, um zielstrebig der Sonne entgegenzuwachsen. Zu erkennen ist das an den rot bis violett gefärbten Blattunterseiten oder Stängeln, wie sie fast alle Pflanzen zur Widderzeit aufweisen. Selbst die Brennnessel, die später nur noch grün ist, braucht violette Marspower unter ihren ersten Blättern.

Marspflanzen kleiden sich rot. Rot sind Stängel, Blätter, Blüten oder Früchte. Oft sind sie ausgerüstet mit Dornen, Stacheln oder Brennhaaren, die sie davor schützen, von Tieren gefressen zu werden. Wehrhafte Marspflanzen zeichnen sich auch durch einen strengen, scharfen, beißenden Geschmack aus, so bei Paprika, Senf oder Kresse-Arten.

Planeten – Pflanzen – Tierkreiszeichen

Brennnessel
Urtica dioica

Inhaltsstoffe:
Brennnesseln sind wahre Energiebomben. Sie enthalten unzählige Mineralsalze (Eisen, Calcium, Kalium, Magnesium, Mangan, Kieselsäure, Phosphor, Chrom, Kobalt ...), Vitamine (dreißigmal so viel Vitamin C wie Kopfsalat), E (Verjüngungsvitamin), B (für die Nerven), K (für gesunde Knochen und Blutgerinnung), Karotinoide (für Haut und Haare).
Außerdem biogene Amine und Neurotransmitter, (die erwärmen rheumatische Gelenke beim Darüberstreichen und machen sie wieder beweglich) und viel Chlorophyll (regeneriert das Blut, stärkt den ganzen Organismus).

Die Brennnessel – geballte Vitalität
Urtica dioica, Urtica urens, Brennnesselgewächse

„Ein hitziges Gewächs aus der kalten Erde" ist die Brennnessel. Eine Tuchfühlung mit der Brennnessel ist sehr belebend, macht wach, konzentriert, aufmerksam, lebendig – und Mars freut sich darüber. Sie aktiviert unseren Kampfgeist, erhöht allerdings nicht gerade unsere Kompromissfreudigkeit. Mit Brennnesselpower erleben wir an uns eine viel zu selten gelebte Zähigkeit.

Gesundes
Besonders gut zur Widderzeit reinigen Brennnesseln das Blut von allen Winterschlacken und bringen mit ihrem hohen Eisengehalt Mars-Vitalität in die müden Körper. Mit Brennnesseltee gespülte Haare werden glänzender, dunkler und wachsen wieder dichter. Auch den im Winter eingerosteten Gehirnwindungen helfen Brennnesseln auf die Sprünge, wenn sie in den täglichen Speiseplan aufgenommen werden. Außerdem nützen sie bei Entzündungen von Blase, Nieren und Harnwegen. Bei Rheuma und Gicht sind sie genauso wirksam wie synthetische und schwer verträgliche Rheumamittel ohne Cortison.

Brennnesselwurzeln enthalten Phytosterole und ß-Sitosterin und sind die erste Wahl bei gutartiger Vergrößerung der Prostata mit erhöhter Restharnmenge. Sie helfen auch bei Blasenstörungen, schwachem Lymph- und Immunsystem und Haarausfall.

Brennnesselsamen sind voller pflanzlicher Hormone, Mineralien und Vitamine. Sie sorgen für mehr Power bei Stress und Erschöpfung. Ovid nannte sie vor 2000 Jahren das „beste Aphrodisiakum der Welt". Er mischte sie damals 1:1 mit schwarzem Pfeffer und gab zur Kräftigung noch 1 Eidotter, etwas Zwiebel und Knoblauch dazu. Das ist reine Marskraft für eine erfüllte Sexualität im Frühjahr. In den Alpenländern weiß man(n) das schon lange: Die alten Menschen, die noch die Kraft der Pflanzen kennen, essen täglich Brennnesselsamen, um ihre Gesundheit und Potenz zu erhalten.

Affirmationen Brennnessel
Neubeginn – Mutig, kraftvoll und voller Freude wage ich einen neuen Anfang.
Selbstbewusstsein – Ich bin okay, so wie ich bin.
Achtsamkeit – Ich bin voll und ganz im Hier und Jetzt.

Bärlauch
Allium ursinum

Bärlauch – Frühlingsenergie
Allium ursinum, Amaryllisgewächse

Allium ist der *Lauch* und *Urs* der *Bär*. Es ist der *Lauch des Bären*. Die Kraft und Stärke des Bären verkörpern sich im Bärlauch. Wer zur Widderzeit Bärlauch verzehrt, verleibt sich auch gleich Bärenkräfte ein.

Gesundes
Bärlauch aktiviert den Stoffwechsel, entschlackt und entgiftet den Körper, reinigt den Darm und führt zu einem „Bärenhunger". Neue Lebenskräfte breiten sich aus.

Affirmationen Bärlauch
Freiheit – Ich bin frei zu lieben, wen ich will.
Klarheit – Ich bin stark, innen und außen.
Neuanfang – Ich stecke voller Frühlingskraft.

Inhaltsstoffe:
Bärlauchblätter, -blüten und -zwiebeln sind voll ätherischem Lauchöl, das Schwefel enthält und für den charakteristischen Geruch zuständig ist. Viel Vitamin C bringt Frühlingskräfte, Vitamine B1 und B2, Mineralien und Spurenelemente wie Eisen, Mangan und Magnesium stärken den ganzen Menschen.

Mariendistel
Silybum marianum

Disteln – stacheliger Schutz

Wer sich von der Kraft der Stacheln abschrecken lässt, verpasst viel! Sie schützen die Pflanzen vor feindlichen Übernahmen! Disteln gehören zu der sehr großen Pflanzenfamilie der Korbblütler. Diese „Kratzbürsten" erhalten ihre Namen nach ihrem Wuchsort: Acker-, Feld-, Korn-, Heu- oder Hafer-Kratzdistel. Ihre Blätter stechen voller Marskraft.

Im Alpenraum werden noch heute Silberdisteln über die Stalltüren genagelt, um den bösen Geistern den Eintritt zu verwehren und das Vieh gesund zu erhalten. Aus jungen Distelblättern kochte man Frühlingssuppen, die das Blut reinigen, Leber und Galle aktivieren und die Frühlingskraft des Neuanfangs in den Körper bringen.

Auch die mit den Disteln verwandte Klette (*Arctium lappa*) mit ihren hakenförmigen Hüllkelchblättern, das Vorbild aller Klettverschlüsse, ist eine Marspflanze. Sie hilft Leber und Galle bei der Entgiftung von Umweltschadstoffen.

Die stachelige und wehrhafte Wilde Karde (*Dipsacus silvestris*) reinigt mit ihren Bitterstoffen Leber und Galle und unterstützt den Körper in der Abwehr von Virus, Pilz- und Borelieninfektionen.

Affirmationen Disteln
Durchsetzungsvermögen – Ich behaupte mich.
Selbstbewusstsein – Ich bin vollkommen – so wie ich bin.
Selbstliebe – Ich bin gerne ich selbst.

Eiche – Baum der Druiden
Quercus robur, Quercus petraea, Stieleiche, Traubeneiche, Buchengewächse

Eichen-Prachtexemplare werden bis zu 45 m hoch und über 1000 Jahre alt. Jeder einzelne Baum ist ein Unikat. Mit und ohne Blätter bietet er einen majestätischen Anblick. Die Kurven der Blätter kennt jedes Kind, sie zeigen die Signatur des Planeten Mars. Seine Bewegungen zwischen Erdferne und Erdnähe haben die charakteristischen Ausbuchtungen „designed".

Eiche
Quercus robur

In Eichen schlägt oft der Blitz ein, weil ihre Wurzeln bis zu unterirdischen Wasserläufen hinunterreichen. Meistens überleben sie diesen Blitzeinschlag und wachsen danach in bizarren und kraftvollen Formen weiter. Unsere Vorfahren verehrten die Eiche als einen *Blitzbaum*, der das Feuer aus dem Kosmos an die Erde weiterleitet und sie fruchtbar macht. Im Schutz der Eichen wurden Ratsversammlungen abgehalten und über Recht und Unrecht beraten. Alles, was unter der Eiche besprochen wurde, erhielt Gesetzeskraft.

Gesundes
Abkochungen aus Eichenrinde hemmen Durchfall, entgiften den Körper und klären die Lymphe. Sie dienen als Gurgelwasser bei Entzündungen im Mund- und Rachenraum und helfen bei nässenden Ekzemen der Haut.

Affirmationen Eiche
Lebenskraft – Ich spüre die pulsierende Kraft des Lebens in mir.
Gegenwart – Ich bin voll da.
Selbstbewusstsein – Ich bin stolz auf mich.

Inhaltsstoffe:
Eichenrinde enthält Gerbstoffe, Tannine, Flavonoide und Gallussäure. Deswegen ist Eichenholz immun gegen Pilzbefall und Insektenfraß.

Planeten – Pflanzen – Tierkreiszeichen

Weißdorn
Crataegus monogyna

Weißdorn – die Augen des Herzens
Crataegus oxyacantha, Crataegus monogyna, Rosengewächse

Mars zeigt sich im Weißdorn in den wehrhaften, spitzen Dornen und den roten Früchten im Herbst. Wer diese Beeren verräuchert, lädt mehr Dynamik in sein Leben ein und bekommt den nötigen Mut zum Handeln.

Gesundes
Weißdorn stärkt das Herz, indem er die Herzkranzgefäße kraftvoller durchblutet und dafür sorgt, dass der zur Verfügung stehende Sauerstoff besser ausgenutzt wird. Gleichzeitig fängt er gefährliche Radikale ab und schützt so das Herz. Weißdorn hilft bei Stress in jeder Form und sorgt für eine bessere Lebensqualität.

Affirmationen Weißdorn
Lebensfreude – Ich sage JA zum Leben und zur Liebe.
Unternehmungsgeist – Ich lebe meine schöpferische Energie.
Spontaneität – Herz ist Trumpf.

Weitere Marspflanzen im Überblick
Aronstab – bringt neue Lebensenergie.
Braunelle – aktiviert den Willen, gesund zu werden.
Blutwurz – unterstützt das eigene Feuer.
Buschwindröschen – bringt Erstarrtes in Bewegung.
Heckenrose – lebt bewusst in der Gegenwart.
Radieschen und Rettich – bringen frische Energie.
Ruprechtskraut – vermittelt Zielstrebigkeit, Erneuerung.
Scharbockskraut – durchbricht verkrustete Strukturen.
Senf- und Kressearten – beleben mit Schärfe.
Zwiebel- und Laucharten – machen vital und widerstandskräftig.

Räucherung mit Marspflanzen
- Ingwer – heiß und scharf für den feurigen Widder
- Kreuzkümmel, Weißdornbeeren, Pfefferkörner, Aloe

Mars in der Küche
Marspflanzen bringen Hitze und Bewegung in das Leben, sodass Hindernisse, die sich dem gesetzten Ziel in den Weg stellen, einfach weggeblasen werden.

Früchte und Gemüse:
- Stachelbeeren, Ananas
- Tomaten, Peperoni, Rote Beete, Meerrettich, Rettich, Sprossen

Gewürze:
- Pfeffer, Paprika, Chili, Curry – Scharfes bringt wieder in Schwung.
- Koriander

Mars-Menü:
- *Vorspeise*: Rucolasalat mit Radieschensprossen. Dressing aus Rotweinessig und Knoblauchöl, mit Pfeffer abschmecken.
- *Hauptgang*: Spaghetti all`arrabbiata mit Tomaten, Zwiebeln, Gemüsepaprika, Chili
- *Dessert*: Stachelbeeren mit einer Chili-Schokoladenmousse und Pfeffer-Gebäck

Blumenstrauß:
Das Widdermahl verschönert ein Strauß aus roten Flamingoblumen (*Anthurium*). Daneben ein Kaktus ...

Der Widder-Geschmack:
Der Widder bevorzugt italienische Küche. Aufgepasst: Leidenschaften könnten auflodern!

Stier, Venus und die Rose

*„Das Glück wohnt nicht im Besitz und nicht im Gold,
das Glücksgefühl ist in der Seele zu Hause."*

Demokrit

Welche äußeren und welche inneren Werte sind wichtig für Sie?
Was müssen Sie haben oder tun, damit Sie sich selbstsicher und wertvoll fühlen?
Wie fühlen Sie sich in Ihrem Wohnraum?
Wie können Sie Ihr Heim „schöner" einrichten?
Wie ist Ihr Verhältnis zur Natur? Wie gehen Sie mit der Natur um?
Sind Sie sich Ihrer sieben Sinne bewusst und nutzen sie alle?
Was können Sie zum Wohl von Mutter Erde beitragen?

So nutzen Sie dafür die Venus/Stier-Energie:

- Genießen Sie das Leben.
- Machen Sie lange Spaziergänge in der wunderbaren Natur.
- Pflegen Sie Ihren Garten oder Balkonkasten.
- Öffnen Sie Ihre Sinne, beobachten, hören, riechen, schmecken, spüren Sie die Vielfalt in der Natur.
- Gönnen Sie sich Massagen, um Ihren Körper auf eine sinnliche Art zu spüren.
- Leben Sie die kulinarischen Genüsse.
- Singen Sie und freuen Sie sich des Lebens.

Venus/Stier als Prinzip

Venus ist der Planet der Liebe und der schönste, hellste, strahlendste Stern am Himmel. Weil sie der Sonne so nahe steht, ist sie neben Merkur unser Morgen- und Abendstern. Ihre Umlaufzeit um die Sonne beträgt 225 Tage. Sie befindet sich im Horoskop immer etwa einen Monat in einem Tierkreiszeichen.

In der Mythologie war Venus die Göttin der Liebe und der Schönheit. Wie ihre griechische Schwester Aphrodite wurde sie aus den Fluten des Mittelmeeres geboren und heißt deshalb auch die „Schaumgeborene". Das wässrige Element entspricht der Tiefe und der Seele.

Venus-Qualitäten sind innere und äußere Werte, Finanzen, Wohnraum, Besitz, Natur, Liebe, Sinnlichkeit, Treue, Sicherheitsstreben, Beständigkeit, Tradition, Kunst.

Stierkraft symbolisiert Genuss und Lebensfreude. Stier-Geborene sind voller Liebe und Treue zum Vertrauten, die geduldige Pflege des Gewachsenen und Bewährten ist ihnen wichtig. Sie sind gut verwurzelt und können mit überraschenden Ereignissen gut umgehen. Stierbetonte Menschen sammeln gerne schöne und wertvolle Dinge und können besonders gut mit Geld umgehen. Ausgestattet mit Sinnesfreude und Naturverbundenheit sind sie dankbare Genießer.

Venus/Stier in der Natur

Der Stiermonat vom 21. April bis 21. Mai ist die Zeit, in der die Pflanzen Wurzeln schlagen und kräftiger werden. Was in der Widderphase ungestüm ans Licht drängte, sucht jetzt seine Form.

Die Energien werden ruhiger und beharrlicher und streben auf materielle Verfestigung hin. Die Wurzeln werden kräftiger und ernähren und stabilisieren das neue Frühlingsleben. Düfte, Farben und Klänge bilden ein einziges Fest für die Sinne. Sinnlichkeit und Spüren eröffnen neue Erfahrungen und wecken alle Instinkte.

Venus/Stier und der Körper
Im Körper werden Venus/Stier Hals, Nacken, Kehle, Mund, Mandeln und der Rachen zugeordnet. Auch Schilddrüse, Speiseröhre, Speicheldrüsen, Stimmbänder und die weiblichen Genitalien gehören dazu.

Wenn die Venus-Qualitäten nicht integriert gelebt werden, dann können sich Symptome wie Nackenverspannungen, Halsschmerzen, Heiserkeit, Angina, Kehlkopfentzündungen, Schilddrüsenerkrankungen zeigen. Auch Störungen im Gleichgewicht zwischen Aufnahme und Abgabe (Übergewicht, Magersucht) gehören dazu.

Venus/Stier und die Psyche
Wenn Sie finanzielle Probleme haben, sich selbst nicht schätzen können, sich nicht geliebt fühlen, dann nutzen Sie die Venuskraft in den Pflanzen. Venuspflanzen steigern Lust und Lebensfreude, verfeinern die Sinne und erhöhen die Lebensenergie. Sie verstärken Magnetismus und Charme eines Menschen. Auch öffnen sie das Bewusstsein für die Geheimnisse der Pflanzenwelt und fördern die Verbindung zur Natur. Sie lernen wieder über die Schönheit der Natur zu staunen. Venuspflanzen sind Balsam für Körper, Geist und Seele.

Venus/Stier und die Pflanzen
Venuspflanzen sind zarte Pflanzen. Die Göttin Venus zeigt sich besonders in den pastellfarbenen Blüten, ihren lieblichen Düften und im frischen Frühlingsgrün (Schlüsselblumen).

Stier & Venus

Rose – Blüte der Liebe
Rosa species, Rosengewächse

Sie ist die Blüte der Liebe – die Königin der Blumen. Zugleich bezaubernd schön und wehrhaft (durch die Dornen, die zu Mars gehören). Entfiel sie dem Zaubergürtel der Venus, als diese dem Schaum des Meeres entstieg? Ihre Schönheit und ihr Duft jedenfalls führen in himmlische Sphären.

Die Blüte der Heckenrose ist sehr einfach gebaut, sie hat nur fünf Blütenblätter, von denen jedes einzelne fast immer wie ein Herz geformt ist. Alte Astrologen in früheren Jahrhunderten verfolgten den Lauf der Venus am Nachthimmel und stellten fest, dass sie in acht Jahren fünf Schleifen um die Erde zieht. Dabei entsteht der Grundriss einer Rose. (Abb. S. 57) Diesem Venus-Weg haben die Menschen die Fenster großer Kathedralen, zum Beispiel in Chartes, nachempfunden und wunderschöne Kunstwerke geschaffen.

Rose
Rosa species

Gesundes
Trinken Sie Tee aus Rosenblüten bei Magenkrämpfen und Gallensteinkoliken. Er entspannt auch bei Menstruationsbeschwerden und an den „Tagen vor den Tagen". Frauen, die den Rosenblütentee in den Wechseljahren trinken, erleben ihn als Wohltat, denn er gleicht aus und stabilisiert die inneren Kräfte. Den kalten Tee können Sie auch für eine wohltuende Kompresse verwenden, sie beruhigt gereizte und entzündete Augen. Kalter Tee ist außerdem als reinigende Mundspülung geeignet, da er das Zahnfleisch und die Mundschleimhaut stärkt. Auch Aphten oder Herpesbläschen können abheilen, wenn Sie mit einem Tee aus Rosenblütenblättern gurgeln.

Inhaltsstoffe:
Rosenblütenblätter enthalten Gerbstoffe und heilen damit kleinere Verletzungen, die Sie sich zum Beispiel bei der Gartenarbeit zugezogen haben. Zerquetschen Sie 2 bis 3 Rosenblütenblätter zwischen den Handflächen und reiben Sie den austretenden roten Pflanzensaft auf die betroffene Stelle. Das hilft auch bei Insektenstichen – die schwellen nicht einmal an und jucken auch nicht.

Rose
Rosa species

Bei nervösen Herzbeschwerden hilft es, einen Tropfen ätherisches Rosenöl auf die Herzgegend zu reiben. Bei Kopfschmerzen geben Sie einen Hauch Rosenöl vorsichtig auf die Schläfen. Mit dem Rosenduft tritt auch die Entspannung ein. Wenn Sie nicht einschlafen können, legen Sie ein Taschentuch mit einem Tropfen Rosenöl neben Ihr Kopfkissen und entschweben sanft in liebevolle Traumwelten. Rosenduft nimmt die Angst, beseitigt Reizbarkeit und Erschöpfung. Selbst Allergiker und Heuschnupfengeplagte kommen mit Rosenblütenöl oder Rosentee in ihr Gleichgewicht.

Affirmationen Rose
Liebe – Ich bin ein Kind der Liebe und schenke mich dem Leben.
Herzlichkeit – Ich verbinde Kopf und Herz in Liebe.
Herzenswärme – Ich versöhne mich mit mir.
Erotik – Ich genieße das Leben, die Schönheit, die Sinnlichkeit in vollen Zügen.

Rosenrezepte – ganz einfach selbst gemacht
Rosenblütenblättertee: Gießen Sie zuerst das 60 – 70 °C heiße Wasser in eine Teekanne und geben Sie erst dann die Rosenblütenblätter hinein. Damit das kostbare Rosenöl nicht verfliegt, schließen Sie die Kanne sofort mit dem Deckel. Bevor Sie den Tee ausschenken, klopfen Sie die am Deckel hängenden Tropfen sanft herunter, damit sie in die Flüssigkeit fallen und kein Aroma verloren geht.

Wenn Sie etwas mehr Zeit haben, können Sie den Tee auch mit kaltem oder lauwarmem Wasser ansetzen und mindestens 30 Minuten ziehen lassen. Das ist Genuss pur.

Veilchen – sanfte Frühlingsbotin
Viola odorata, Veilchengewächse

Das Veilchen verkündet den Frühling mit seinem unverkennbaren und berauschenden Duft. Versuchen Sie doch mal, Veilchen mit allen Sinnen wahrzunehmen: Wie hört sich Veilchenfarbe an? Wie singt der Duft? Hören Sie den Venusklang? Fühlen oder ahnen Sie etwas Großes in dem Kleinen?

Gesundes
Dieser Duft lässt tief durchatmen, nimmt das Herzklopfen, beruhigt die Nerven und senkt gleichzeitig den Blutdruck. Veilchen enthalten Saponine, die den Frühlings-Husten lösen; Schleimstoffe beruhigen gleichzeitig gereizte Schleimhäute. Veilchen-Bitterstoffe bringen den vom Winter müden Körper auf Trab. Methylsalicylat ist dem Aspirin verwandt und verantwortlich für die schmerzlindernde Wirkung bei Kopfschmerzen und Grippe. Unter den im Veilchen enthaltenen Mineralien ist viel Kalzium für die Knochen und Eisen für das Blut.

Affirmationen Veilchen
Liebe – Ich bin die sprudelnde Quelle meiner liebvollen Emotionen.
Schönheit – Ich bin es mir wert, etwas Schönes für mich zu tun.
Aufgeschlossen sein – Ich begrüße das Neue.

Veilchen
Viola odorata

Maiglöckchen
Convallaria majalis

Maiglöckchen – Herzenswärmer
Convallaria majalis, Spargelgewächse

„Lilie der Täler" wurden Maiglöckchen früher oft genannt. Ihre runden weißen Blüten hängen am grünen Stiel wie glänzende Perlen. Überall läuteten sie duftend den warmen Frühling ein. In Paris war der 1. Mai Maiglöckchentag. Wer sich an diesem Tag mit Maiglöckchen schmückte, dem war ein Jahr lang das Glück hold. Die ganze Stadt war von Maiglöckchenduft erfüllt.

Gesundes
„*Es stercket das hyrn, die synne und das hertz*", so preist Hieronymus Bock in seinem Kräuterbuch aus dem Jahre 1537 das Maiglöckchen und erwähnt, dass es außerdem gut sei gegen „*den Schlag und die fallende Sucht*".

Da die Inhaltsstoffe des Maiglöckchens sehr giftig sind, sollte es keinesfalls als Tee, sondern nur in Form von vorgefertigten und standardisierten Präparaten angewendet werden.

Affirmationen Maiglöckchen
Lebensfreude – Ich bin Lebensfreude und Leichtigkeit.
Unschuld – Ich berühre dich in deiner Seele.
Treue – Meine Liebe ist beständig.

Inhaltsstoffe:
Im Maiglöckchen sind Glykoside enthalten, die die Herzarbeit ökonomisieren.

Stier & Venus

Pfefferminze – Lebensfreude
Mentha piperita, Lippenblütler

„Mentha" – so hieß eine griechische Nymphe, die in alten Zeiten eine Geliebte des Hades war. Seine eifersüchtige Gattin Persephone stampfte die Nymphe in Grund und Boden, doch Hades sorgte dafür, dass ihr Körper als duftende Pflanze auf der Erde bleiben konnte. Duft, Medizin und Küchenkraut – all das ist in der Pfefferminze vereinigt. Schon das Riechen an den zerriebenen Blättern öffnet die Atemwege, lässt tiefer durchatmen, erfrischt und belebt.

Pfefferminze
Mentha piperita

Gesundes
Pfefferminze entspannt und nimmt den Kopfschmerz, wenn es hektisch wird. Ihr ätherisches Öl löst Krämpfe in Magen-Darmtrakt und Galle und beseitigt bakterielle Entzündungen. Die kühlende Wirkung des Menthols hat schon so manche Sportverletzung schnell wieder schmerzfrei gemacht.

Pfefferminz-Aroma vertreibt die Lethargie und bringt neue Lebensenergie. Allein der Pfefferminzgeruch fördert klare Gedanken, Konzentration und Inspiration – das wussten schon die alten Römer und schmückten sich bei religiösen Zeremonien mit Kränzen aus frischer Pfefferminze.

Affirmationen Pfefferminze
Beständigkeit – Ich übernehme die Verantwortung für mich und mein Leben.
Sicherheit – Ich bin Herrin in meinem Haus.
Integration – Ich verbinde Intuition und Verstand.

Kirsche
Prunus avium

Kirschblüten – duftende Schönheit
Prunus avium, Rosengewächse

Ein blühender Kirschbaum im Sonnenschein ist manifestierte Schönheit, Symbol für Freude, Fruchtbarkeit und Optimismus. Jede einzelne Kirschblüte sieht aus wie eine kleine wilde Rose. Und wenn die Bienen fleißig sind, werden daraus viele Zentner süße, knackige, rote Kirschen. Das Holz des Kirschbaumes ist voller strahlender Lebendigkeit. Gerne werden Musikinstrumente und auch Möbel daraus gefertigt. Die Blattknospen der Kirsche pulsieren zwischen Vollmond und Neumond.

Gesundes
Schon 20 Kirschen – mit sommerlichem Hochgenuss verzehrt – senken den Harnsäurespiegel im Blut und lindern Gelenkschmerzen bei Arthrose und Gicht. Kirschsaft belebt, macht munter und beschwingt alle, besonders die Menschen mit niedrigem Blutdruck. Die Stiele der Kirschen ergeben einen Tee, der den sommerlichen Husten vertreibt.

Die Kerne der Kirschen, in ein Baumwollkissen eingearbeitet, dienen an kalten Tagen als wärmende Auflage (vorher im Backofen aufgeheizen) oder als Kühlung bei Verletzungen (nach Aufenthalt im Gefrierfach). Das Harz des Stammes lässt sich gut verräuchern und verbreitet eben jene schönen Frühlingsgefühle.

Affirmationen Kirschblüten
Lebenskunst – Ich gebe diesem Tag die Chance, der schönste meines Lebens zu werden.
Sinnlichkeit – Ich genieße diesen Augenblick mit allen Sinnen.
Zärtlichkeit – Ich verliebe mich in das Leben.

Weitere Venuspflanzen im Überblick

Wenn Sie auf Ihr Herz hören, vernehmen Sie die Venusenergie. Mithilfe eines Venuskrauts versinken Sie in einen „Kurzurlaub", in die Düfte von Minze, Rose oder Veilchen, und träumen – wie neu geboren – von einem Liebesmahl oder kreieren einen Liebestrank. Vergessen ist die Hektik, wenn Sie in das Reich der Venus eintauchen.

Akelei – ist tanzende Schönheit.
Birke – verkörpert Schönheit, Anmut, Heiterkeit.
Frauenmantel – beschützt liebevoll.
Gundelrebe – klärt die Augen und sorgt für den rechten Durchblick.
Günsel, kriechender – bringt Sie in Resonanz mit der inneren Quelle.
Malvenarten – hüllen ein in Geborgenheit und Wärme.
Melisse – sorgt für Herzensfreude.
Sanikel – führt in die eigene Kraft.
Schlüsselblume – lebt freudig den Augenblick.
Seifenkraut – nutzt die Chance in der Gegenwart.
Vergissmeinnicht – hilft, in den Kontakt mit den Sternen zu kommen.

Räucherung mit Venuspflanzen:
▸ Patchouli, Ylang-Ylang, Kirschharz, Safran, Myrte, Rose, Veilchen, Geranie, Vanille, Eisenkraut, Rosenholz, Rosenblütenblätter

Venus in der Küche
Venuspflanzen bringen Liebe, Schönheit und Genuss in die Küche. Kochen und Essen werden zum sinnlichen Vergnügen.

Planeten – Pflanzen – Tierkreiszeichen

Der Stier-Geschmack:
Der Stier ist in seinem Element, wenn ein Essen all seine Sinne anspricht. Natürlich gehört ein Gläschen edlen Weines dazu.

Früchte und Gemüse:
› Äpfel, Orangen, Himbeeren, Johannisbeeren, Erdbeeren
› Spargel, Kartoffeln, Rüben, Blumenkohl, Rosenkohl

Gewürze:
› Salbei, Thymian, Kalmus, Vanille, Majoran, Oregano, Ginseng

Venus-Menü:
› *Vorspeise*: Venusmuscheln auf grünen Blattsalaten (enthält das Venusmetall Kupfer), dazu frisch gebackenes Baguette mit Rosenblütenbutter
› *Hauptspeise*: Spargel mit Sauce Hollandaise, dazu junge Kartoffeln
› *Dessert*: Erdbeeren mit Vanille- und Schokoladesauce

Blumenstrauß:
Das Stiermahl verschönert ein Strauß aus orangefarbenen Rosen.

Zwillinge, Merkur und die Wilde Möhre

„Wer sich durch die Verschiedenartigkeit seiner Mitmenschen bereichert fühlt, wird viele Freunde finden."
Dagmar C. Walter

Mit wem kommunizieren Sie am liebsten? Worüber?
Was möchten Sie noch zusätzlich lernen/was weitergeben?
Was hören Sie gerne? (Musik, Natur, Stimmen etc.)
Welche Geräusche stören Sie?
Wie können Sie mehr Humor und Leichtigkeit in Ihren Alltag integrieren?
Wann und wo sind Sie am ehesten offen für die Botschaften aus der geistigen Welt? (Meditation, Traum, stiller Ort in der Natur etc.)

So nutzen Sie dafür die Merkur/Zwillinge-Energie:

- *Bewegen Sie sich an der frischen Luft und atmen Sie tief ein und aus.*
- *Leben Sie Abwechslung und Leichtigkeit im Alltag, machen Sie inspirierende Ausflüge.*
- *Pflegen Sie bereichernde Unterhaltungen mit Ihren Mitmenschen.*
- *Lesen Sie ein gutes Buch.*
- *Schreiben Sie mal wieder einen Brief, notieren Sie Ihre Träume.*
- *Seien Sie mit Ihren Händen kreativ.*

Merkur/Zwillinge als Prinzip

Der Planet Merkur steht der Sonne am nächsten und ist deshalb sehr selten zu sehen. Nur 16 Stunden pro Jahr zeigt er sich in Mitteleuropa. So wie die Venus kann er Morgen- oder Abendstern sein. Merkur hat eine sehr kurze Umlaufzeit und eine äußerst verwickelte und unstete Bahn. Dreimal pro Jahr wird er rückläufig.

Die glühende Hitze des Merkur beträgt etwa 350 Grad.

In der Mythologie war Merkur, griechisch Hermes, der Gott der Händler, der Kaufleute, der Reisenden, der Diebe, der Journalisten und der Schriftsteller. Mit seinem geflügelten Hut und seinen geflügelten Schuhen vermittelte er zwischen Gott und Mensch, Unbewusstem und Bewusstem, Seele und Persönlichkeit, Geist und Materie. Er begleitete auch die Toten hinab in den Hades.

Merkur-Qualitäten sind Kommunikation, Austausch, Wort, Sprache, Schrift, Verbindung, Unterscheidung.

Das Zwillinge-Zeichen symbolisiert die Vielseitigkeit. Zwillinge-Geborene sind flexibel, quirlig und neugierig. Sie haben ein Flair für alles, was mit Kommunikation zu tun hat. Als eher verstandesbetonte Menschen ist es ihnen eine große Freude, vor allem auf Denkebene die Dinge sehr differenziert von verschiedenen Seiten aus zu betrachten. Sie können gut mit ihrem Umfeld kommunizieren und haben auch das Talent, Botschaften aus der geistigen Welt hier auf der Erde zu empfangen und zu verbreiten.

Merkur/Zwillinge in der Natur

Der Zwillinge-Monat vom 21. Mai bis zum 21. Juni zeigt die Vielfalt und die Blüte des Lebens. Die Strahlkraft der Sonne nimmt stark zu und die Sprösslinge beginnen, sich nun in Stängel, Blatt und Knospe zu untergliedern. Sie zeigen jetzt deutlich ihre Vielfältigkeit. Durch die Differenzierung weiblicher und männlicher Anteile entsteht die Voraussetzung zur Befruchtung.

Der Mai war und ist für viele Menschen stets ein besonderer Monat, denn er kommt in seiner Frische, Leichtigkeit und Pracht den Vorstellungen von einem irdischen Paradies am nächsten. Im Wonnemonat Mai ist die Lebenskraft am stärksten.

Merkur/Zwillinge und der Körper
Im Körper werden dem Merkur/Zwillinge die Arme, Hände, das Atmungssystem, die Sprachorgane, Zunge, Thymusdrüse, Nerven, Ohren und das Hören zugeordnet.

Werden die Zwillinge-Qualitäten nicht integriert gelebt, können sich Symptome wie Atemwegs- und Lungenprobleme, Husten, Asthma, Nervenerkrankungen, Verletzungen und Brüche von Armen und Händen zeigen.

Merkur/Zwillinge und die Psyche
Über die körperlichen Symptome hinaus beeinflusst Sie der Merkur auch auf der psychischen Ebene. Wenn Sie sich nicht richtig ausdrücken können, das Lernen Schwierigkeiten macht, Schlafprobleme auftauchen oder Sie unkonzentriert sind, dann nutzen Sie die Merkurkraft der Pflanzen.

Merkurpflanzen führen zu geistiger Beweglichkeit und lebendigem Meinungsaustausch und Schlagfertigkeit. Oft unterstützen sie die Atmung und verbinden so innen und außen, oben und unten, Himmel und Erde. Merkurpflanzen bauen Brücken, bringen Ideen in Form und verbinden das Abstrakte mit dem Konkreten.

Merkur/Zwillinge und die Pflanzen
Im schnellen Emporschießen der Pflanzen im Frühjahr und in der raschen Laubentwicklung zeigt sich der Einfluss Merkurs. Die Pflanze, die seinen Namen trägt, *Mercurialis perennis – das Wald-Bingelkraut,* schießt im Frühjahr so schnell aus der Erde, dass man fast zuschauen kann. Manchmal zeichnet Merkur den Blattrand sehr fein (Wald-Bingelkraut), manchmal ziseliert er ihn stark (Wiesen-Kerbel) oder formt aus dem Blatt eine Ranke (Wicke).

Manche Merkurpflanzen entrollen sich spiralig wie die Farne. Alle Doldenblütler sind Merkurpflanzen, ihre Blätter filigrane Meisterwerke und die Blüten springen auf wie ein Feuerwerk.

Planeten – Pflanzen – Tierkreiszeichen

Wilde Möhre
Daucus carota

Wilde Möhre – überall zu Hause
Daucus carota, Doldengewächse

Die Wilde Möhre ist die Mutter all unserer Gartenmöhren: *Daucus carota ssp. sativus*. Wer jemals die sehr kleinen weißen, oft holzigen Wurzeln der wilden Möhre ausgegraben hat, weiß zu schätzen, dass sich irgendwann die großen Gartenmöhren durchgesetzt haben.

In der Mitte der weißen Schirmblüten der Wilden Möhre findet sich sehr oft ein purpurroter Punkt. Er sieht aus, als säße dort ein kleiner Käfer. Wie ein Regenschirm mit Öffnung nach oben schließt sich die verblühte Blüte und ähnelt dann einem kleinen Vogelnest. Gut geschützt reifen darin die Samen heran. Ist das Wetter trocken und ideal für die Verbreitung, so öffnet sich das Vogelnest und schleudert ganz merkurianisch die Samen in die Ferne. Gerne bleiben diese mit kleinen Stacheln besetzten Früchte auch an vorbeistreifenden Menschen und Tieren haften und gehen mit ihnen auf Verbreitungsreise.

Gesundes
Frühere Kräuterfrauen setzten das Kraut der wilden Möhre ein, um die Nieren anzuregen und den Verdauungstrakt zu beruhigen. Die Samen – in Maßen genossen – schmecken lecker, sie lassen sich gut in Öl anbraten und über Gemüsegerichte streuen.

Affirmationen Wilde Möhre
Neugier – Mit geistiger Wachheit erschließe ich voll Leichtigkeit neue Erfahrungsbereiche.
Spontaneität – Ich erkenne das Wesentliche und handle.
Lebenskunst – Ich habe alles, was ich brauche.

Karottensamenöl:
Das durch Wasserdampfdestillation gewonnene Öl aus den Samen riecht sehr erdig. Es entspannt und beruhigt den nervösen und hektischen Menschen. Karottensamenöl ist in vielen Kosmetika enthalten, da es die Haut pflegt, strafft und verjüngt.

Haselnuss – Stab des Merkurs
Corylus avellana, Birkengewächse

Der Haselstock war in alten Zeiten ein begehrter Zauberstab, denn er galt als guter Energieleiter zwischen den verschiedenen Ebenen des Daseins. Als Wünschelrute kann er Wasser aufspüren, Erze, Gold oder Silber und verborgene Schätze entdecken. Als Wanderstock zeigt er den Weg, auf dem man sich nicht verläuft.

Die Legende berichtet, dass Merkur nicht mehr dabei zusehen konnte, wie sich die Menschen auf der Erde prügelten und miteinander kämpften. Deswegen berührte er sie mit seinem Haselstab, um den sich zwei Schlangen wanden (Caduceus). Daraufhin entdeckten die Menschen ihre Sprache und wurden klug. Seitdem galt dieser Stab als Symbol des Heilens, der Diplomatie und des Handels. Im Dollarzeichen ist er noch heute aktiv.

Haselnuss
Corylus avellana

Gesundes
Haselnüsse sind ein schmackhaftes Nervenfutter mit einer Extraportion Gehirnnahrung, denn sie liefern eine große Menge an B-Vitaminen. Sie stärken Gedächtnis und Konzentration.

Affirmationen Haselnuss
Verbindung – Ich baue die Brücke zwischen den Welten.
Ideenreichtum – Ich lebe meine Kreativität.
Originalität – Ich mache es einfach. Ich mache es einfach. Ich mache es einfach.

Inhaltsstoffe:
Haselnüsse sind ein wahrer Energiespender in allen Lebenslagen. Sie enthalten bis zu 70 % Öl mit einfach und mehrfach ungesättigten Fettsäuren. Zusammen mit den Vitaminen E und A beeinflussen sie die Blutfettwerte positiv.

Ulme
Ulmus campestris

Ulme – Baum der Lüfte
Ulmus campestris, Ulmengewächse

In der germanischen Mythologie stammt die Frau von einer Ulme ab, der Mann von einer Esche. Die Ulme war in nordischen Ländern ein hochgeschätzter Schutzbaum. Sie ist bis heute eine Meisterin im Überleben, denn schon seit 1919 sind Ulmen durch eine Pilzkrankheit bedroht, der sie immer wieder trotzen können. Die Ulmenknospen schwellen an, wenn Erde, Mond und Merkur in Konjunktion stehen (vgl. S. 59). Die Samenflügel der Flatterulme tragen am Rand Wimpern: Hier hat Merkur sich bei ihrem Entwurf spielend vergessen. Wer Ulmenrinde verräuchert, kann mit den Luftgeistern in Kontakt kommen.

Gesundes
Ulmenrinde als Tee und als Waschung ist ein altbewährtes Heilmittel bei chronischen Hautausschlägen. Schon bei Berührung der Ulme sollen sich Ekzeme und auch rheumatische Erkrankungen bessern. Hildegard von Bingen empfahl frische, in kaltes Wasser gelegte Ulmenblätter bei Sprachverlust.

Affirmationen Ulme
Leichtigkeit – Ich bin in Austausch und Kommunikation mit allem.
Offenheit – Ich bin neugierig auf die Gegenwart.
Verbindung – Ich vermittle zwischen innen und außen (Haut), Menschen und Naturgeistern (Elfenholz), Lebenden und Toten (Begräbnisrituale).

Bohnenkraut – Ausdruck des eigenen Feuers
Satureja hortensis, Lippenblütler

Aphrodisiaka, Pflanzen, die das Liebesleben bei Männern und Frauen fördern, wachsen auch unter der Obhut von Merkur. *Satureja* ist nach den Waldgöttern, den (lüsternen) Satyrn benannt. Es gilt heute noch als eine Pflanze des Glücks. Mönche durften sie nicht in ihren Klostergärten pflanzen.

Gesundes
Bohnenkraut schmeckt würzig und herzhaft pfeffrig. Durch seinen Gehalt an Gerbstoffen regt es die Verdauung an und verbessert die Verträglichkeit von Bohnen und anderen schwer verdaulichen Speisen. Das ätherische Öl mit Thymol vertreibt Blähungen und hält den Magen-Darmtrakt frei von schädlichen Bakterien.

Affirmationen Bohnenkraut
Lebendigkeit – Ich lebe die Liebe in Freiheit.
Aufgeschlossenheit – Fantasievoll nutze ich meinen Geist.
Austausch – Ich finde neue Kommunikationsformen.

Bohnenkraut
Satureja hortensis

Planeten – Pflanzen – Tierkreiszeichen

Basilikum
Ocimum basilicum

Inhaltsstoffe:
Basilikum enthält ätherisches Öl mit Estragol (stärkt das Immunsystem und hält jung), Linalool und Eugenol (machen geistig fit und regen das Denken an) sowie Cineol (schützt vor Erkältungen).

Basilikum – geistige Fitness
Ocimum basilicum, Lippenblütler

„Basilikos" bedeutet „königlich". Dank seines wunderbaren Aromas ist es ein begehrtes, wahrhaft königliches Gewürz. Die Inder waren der Überzeugung, dass Basilikum sogar mit Göttlichkeit getränkt sei. Basilikum ist die heilige Pflanze des Gottes Vishnu. Merkur befindet sich hier in guter Gesellschaft.

Gesundes
Die für Lippenblütler charakteristischen Gerbstoffe beseitigen Vergesslichkeit und sorgen für geistige Fitness. Sie machen munter bei Erschöpfung.

Affirmationen Basilikum
Kommunikation – Ich bin offen, ehrlich, liebevoll, direkt und effektiv.
Intuition – Ich erfasse verborgene Zusammenhänge.
Mittelpunkt – Ich verbinde innen und außen, oben und unten.

Weitere Merkurpflanzen
Baldrian – verbindet Gegensätze zu immer neuer Einheit.
Bingelkraut – hilft, Projekte auf den Weg zu bringen.
Dill – heilt über Kommunikation.
Farne – verwandeln Altes in Neues.
Hafer – stärkt die Nervenkraft.
Koriander – weitet mit Klarheit den inneren Raum aus.
Oregano – lebt voller Leichtigkeit die eigenen Kräfte.
Petersilie – vereint Arbeit und Vergnügen.
Spitzwegerich – macht den Weg (zu sich selbst) frei.
Waldgeißblatt – ist neugierig auf das Leben.

Zwillinge & Merkur

Räucherung mit Merkurpflanzen
▸ Burgunderharz, Alant, Lorbeer, Sandelholz, Nelken, Fenchel, Mädesüß, Anis, Schafgarbe, Ulmenrinde

Merkur in der Küche
Merkurpflanzen bringen Leichtigkeit ins Leben. Sie unterstützen die Experimentierfreude und führen zu ungeahnten kulinarischen Entdeckungen.

Früchte und Gemüse:
▸ sonnengereifte Früchte wie Erdbeeren, Johannisbeeren, Himbeeren, Stachelbeeren; Holunderblüten
▸ Fenchel, Bohnen, Erbsen, Sellerie, Hafer, Endivie, Spargel, Karotten

Gewürze:
▸ Petersilie, Dill, Majoran, Fenchel, Anis, Kümmel, Basilikum, Koriander, Liebstöckel

Merkur-Menü:
▸ *Vorspeise*: Gemüsejulienne
▸ *Hauptgang*: Fisch auf Fenchelbett mit Reis-Blinis und sautierten Bohnen
▸ *Dessert*: Johannisbeersorbet auf Holunderblütenpfannkuchen

Blumenstrauß:
Das Zwillingemahl verschönert ein Strauß aus orangefarbenen Wicken und vibrierendem Frauenhaarfarn.

Der Zwillinge-Geschmack:
Der Zwilling probiert gerne Neues aus und kocht abwechslungsreiche, vielseitige Gerichte. Leichte Nahrung wird bevorzugt.

Krebs, Mond und die Seerose

„Wenn du das Leben liebst, liebt es dich auch."
Arthur Rubinstein

Was brauchen Sie, um sich wohlzufühlen?
Was geben Sie, damit sich Ihre Mitmenschen wohlfühlen?
Wie zeigen Sie Ihre Gefühle?
Wie haben Sie Ihre eigene Mutter erlebt?
Was haben Sie von ihr gelernt?
Wie leben Sie das Mutterthema heute?
Wie waren Sie als Kind? Was ist typisch für Ihre Kindheit?
Wo fühlen Sie sich seelisch zu Hause? Mit wem? (in der physischen, geistigen Welt)

So nutzen Sie dafür die Mond/Krebs-Energie

- Suchen Sie die Nähe des Wassers, egal ob Bach, See oder das Meer.
- Gehen Sie schwimmen, segeln, betreiben Sie Wassersport.
- Nehmen Sie ein Sprudelbad mit Meersalz.
- Schätzen Sie Ihre Gefühle und Intuition als echte Stärke.
- Helfen Sie Ihren Mitmenschen, verbreiten Sie Liebe und Herzlichkeit.
- Machen Sie einen Mondscheinspaziergang.
- Beobachten Sie den Mond und seine Zyklen (S. 73)

Mond/Krebs als Prinzip

Der Mond ist der Erde am nächsten. Er hat kein eigenes Licht, sondern er spiegelt das Sonnenlicht. Seine Oberfläche ist stark zerklüftet und von Kratern geprägt. Mit seinem Rhythmus, der immer gleich ist und sich doch täglich verändert, ist er Impulsgeber für den Wasserhaushalt auf der Erde, für Ebbe und Flut. Von Neumond zu Neumond vergehen etwa 29,5 Tage. Im Horoskop befindet er sich etwa 2,5 Tage in einem Zeichen. In der Mythologie gab es mehrere Mondgöttinnen. In alten Kulturen waren diese meistens weiblich, die Sonnengötter männlich. Drei verschiedene Göttinnen repräsentierten die Lebenszyklen in Einklang mit den wechselnden Gesichtern des Mondes. Die Göttin Diana symbolisierte den zunehmenden Mond, die Jugend, das Wachstum, den Frühling, die Wildnis und die Geburten. Die Muttergöttin Demeter symbolisierte den Vollmond, die Reife, die Fruchtbarkeit, den Sommer. Die Göttin Hekate symbolisierte den abnehmenden Mond. Sie war die archetypische „Alte", die Weise, die Magierin und die Königin der Toten, welche den Menschen das Wunder der Unsterblichkeit nahebrachte.

Mond-Qualitäten sind Gefühle, Seele, Tiefe, Familie, Heim, Kindheitserfahrungen, Instinkte, Träume, Zyklen. Der Mond steht für das mütterlich-weibliche Prinzip.

Mond symbolisiert den Weg in die Tiefe der Gefühle. Mond-Geborene sind die Romantiker im Tierkreis. Sie haben einen tiefen Zugang zu den Bildern der Seele, die sie in Träumen erleben und in immer neuen Formen zum Ausdruck bringen. So fühlen sie sich zu Schwächeren hingezogen und bieten ihnen bereitwillig und engagiert ihre Hilfe an.

Die Domäne des Krebses ist die Familie, die ihm echte Geborgenheit gibt. Wäre nicht sein enormer Ehrgeiz, würde er diesen geschützten Bereich nicht verlassen. Die stete Verbundenheit mit Heimat, Familie und Kindheit, seine großen Sehnsüchte und die Fähigkeit zu tiefen Gefühlen lassen aus diesem Zeichen die wahrhaft Liebenden hervorgehen.

Mond/Krebs in der Natur

Der Krebs-Monat vom 21. Juni bis zum 20. Juli ist die Zeit der Fruchtbildung. Die Natur ist jetzt im eigentlichen Sinne schwanger und an vielen Orten sind bereits die Früchte erkennbar. Am 21. Juni hat die Sonne ihren Höchststand überschritten, die Tage werden wieder kürzer. Der Mensch ist mit Beginn der zunehmenden Nachtkraft aufgefordert, die eigenen seelischen Tiefen auszuloten.

Mond/Krebs und der Körper

Im Körper werden dem Mond/Krebs der Magen, die weibliche Brust, die Haut, das Gehirn, die Drüsen, das Lymphsystem und alles Wasser zugeordnet.

Werden Mond-Qualitäten nicht integriert gelebt, können sich Mondsymptome wie Magenkrankheiten, psychische Leiden, Schlaflosigkeit, Erkrankungen der weiblichen Brust und Depressionen zeigen.

Mond/Krebs und die Psyche

Über die körperlichen Symptome hinaus beeinflusst Sie der Mond auch auf der psychischen Ebene. Wenn Sie Schwierigkeiten haben, Geborgenheit zu finden, dann nutzen Sie die Mondkraft der Pflanzen. Mondpflanzen helfen dabei, Zärtlichkeit und seelische Liebe zu schenken und zu empfangen, Gefühle zu spüren und zu zeigen und Ihre innere Heimat zu entdecken und zu leben.

Mond/Krebs und die Pflanzen

Mondpflanzen haben weiße, leicht gelbe oder pfirsichfarbene Blüten und weiche, saftige Blätter. Die Unterseiten der Blätter schimmern oft silbrig wie das Mondlicht, zu sehen an der Weide oder dem Beifuß.

Mondpflanzen wachsen gerne im Wasser – so wie die Seerose – oder wenigstens in seiner Nähe – so wie der Baldrian. Manche erblühen erst in der Dunkelheit und riechen dann so intensiv wie die Zweijährige Nachtkerze. Andere bilden fertige Tochterpflanzen aus wie das Brutblatt und die Dachwurz. Mondpflanzen enthalten oft Schleime, so wie die Beeren der Mistel. Ihre Stängel sind voller Milchsaft wie beim Kopfsalat und Löwenzahn. Mondpflanzen enthalten viel Flüssigkeit. Damit kühlen sie den erhitzten Körper des Menschen, spenden ihm Feuchtigkeit und schwemmen Stoffwechselschlacken aus. Kürbis, Gurke und Zucchini sind voller Pflanzensäfte.

Zum Mond gehört auch das Unbewusste. Er beeinflusst unseren Schlaf und unsere Träume. Mondpflanzen wie der Schlafmohn haben beruhigende Fähigkeiten, fördern Entspannung und Schlaf und die Regeneration. Sie unterstützen die Fähigkeit, mit sich und anderen in Einklang zu kommen und den eigenen Rhythmus zu finden.

Seerose
Nymphaea alba

Seerose – schwimmende Schönheit
Nymphaea alba, Seerosengewächse

So wie der Vollmond am dunklen Nachthimmel leuchtet, so schwimmt die Seerose auf dem dunklen Wasser. Eingerahmt von dunklen flutenden Blättern strahlt sie und spiegelt das Licht des Himmels in reinstem Weiß. Sie ist die Königin aller Wasserpflanzen. Sie wurzelt im dunklen, modrigen Schlamm ganz unten im Grund des Sees. Bei 1–2 Metern Wassertiefe fühlt sie sich wohl. Sie wächst aus der Dunkelheit ins Licht.

Sobald das Wasser warm genug ist, fängt sie an zu blühen. Als Erstes breitet sie ihre ledrig derben Blätter auf der Wasseroberfläche aus. Sie sind von einer Wachsschicht überzogen und gut gerüstet für den Umgang mit Wind, Wellen und Regen. Die Seerose atmet den Sauerstoff durch Spaltöffnungen, die auf der Oberseite der Blätter liegen. Durch ein System von Luftkammern leitet sie den Sauerstoff bis hinunter in die Wurzeln. Etwa

Planeten – Pflanzen – Tierkreiszeichen

Seerose
Nymphaea alba

ab Mai, wenn die Sonne kräftig genug scheint, öffnen Seerosen ihre wohlig duftenden Blüten. Das tun sie aber immer nur dann, wenn das Sonnenlicht strahlend genug ist und sie zum Leuchten bringen kann. In der Mitte von mehr als 20 weißen Kronblättern glühen lauter goldgelbe Staubgefäße, in deren Blütenstaub sich Fliegen, Käfer und Hummeln gerne tummeln. Ist die Seerose verblüht, rollt sich der Stängel zusammen und lässt die Frucht unter Wasser reifen. Irgendwann sinken die reifen Samen wieder zum Ursprung zurück. Und keimen im nächsten Sommer wieder neu aus.

Symbol Seerose

Die weiße Seerose ist ein Symbol der Reinheit und der Keuschheit, schwimmend auf dem Wasser der Gefühle. Im alten Ägypten verehrte man sie als eine Segen und Fruchtbarkeit verbreitende Gottheit, die täglich von Neuem ihre Blüte und ihre Gaben schenkte. Die Seerose gilt als ein Anti-Aphrodisiakum. Mönche und Nonnen aßen die Samen, um das Gebot des Zölibats erfüllen zu können.

Affirmationen Seerose

Reinheit – Ich zeige mich unschuldig und rein wie eine Blüte.
Seelenfreude – Ich öffne die Schatzkiste meiner Gefühle.
Geborgenheit – Ich gebe meinen Gefühlen genügend Raum und Zeit.

Krebs & Mond

Baldrian – alter Weiser
Valeriana officinalis, Baldriangewächse

Die Blüte des Baldrians leuchtet besonders schön im Mondenschein, fast fluoresziert sie ein wenig. So wie der Mond das Licht der Sonne spiegelt, so bringt sie ihr Licht in die Dunkelheit eines Waldes. *Mondwurz* ist ein alter Name für den Baldrian. Wer für fantasievolle Bilder offen ist, sieht auch manchmal die Elfen um dieses *Elfenkraut* ihren nächtlichen Reigen tanzen.

Baldrian
Valeriana officinalis

Gesundes
Den meisten ist Baldrian als Schlafmittel bekannt. Das ist nur eine seiner Seiten und Qualitäten. Baldrian beruhigt bei Nervosität, löst Ängste und entspannt Verkrampfungen aller Art. Er steigert die Fähigkeit, sich trotz vieler Reize, Geräusche, Ablenkungen aus der Umgebung auf das Wesentliche zu konzentrieren – und ist dennoch immer am Puls der Zeit.

Baldrian beruhigt Unruhige und macht Erschöpfte munter. Er ist die ideale Pflanze bei geistiger Überarbeitung und der Bewältigung des täglichen Stresses. Baldrian hilft, den Tag loszulassen und sanft in das Licht der Nacht hinüberzugleiten.

Affirmationen Baldrian
Innere Heimat – Ich spüre meine Kraft in der Ruhe.
Seelenbilder – Ich erkenne das Licht des Dunklen.
Vertrauen – Ich verwandle meine Angst in Liebe.

Schlafmohn – Tränen des Mondes
Papaver somniferum, Mohngewächse

Somniferum bedeutet: *den Schlaf bringend*. Der weiße Milchsaft macht den Schlafmohn zur Mondpflanze – „der Saft vom Kraut des Vergessens" (Ovid). In der Antike sprach man von den „Tränen des Mondes" oder auch von den „Tränen der Demeter". Wenn der Milchsaft aus den eingeritzten Kapseln an die Luft tritt, gerinnt er zu einer braunen Masse, dem Rohopium. Schlafmohn und sein Milchsaft lassen alle Begrenzungen schwinden. Opium ruft einen Zustand hervor, der als paradiesische Glückseligkeit beschrieben wird.

Schlafmohn
Papaver somniferum

Gesundes
Mit Rohopium getränkte Schwämme wurden schon im Mittelalter als Betäubungsmittel bei Operationen verwendet. Überall auf der Welt wird Opium gegen Husten (Codein) und Durchfall eingesetzt. Es beruhigt, nimmt die Schmerzen und narkotisiert.

3000 Jahre vor unserer Zeitrechnung wurde der Schlafmohn schon auf einer sumerischen Schreibtafel „Pflanze des Glücks" genannt.

Der Anbau von Schlafmohn ist verboten. Die Verwendung von Opium und seinen Derivaten fällt unter das Betäubungsmittelgesetz und sie dürfen nur auf Spezialrezepten verschrieben werden.

Affirmationen Schlafmohn
Liebe – Ich liebe auf meine eigene einmalige Art und Weise.
Zyklus – Ich bin in Einklang mit Natur und Kosmos.
Trost – Ich bin in Ordnung, so wie ich bin.

Inhaltsstoffe:
Opium macht still und sanft, löst die Seele aus ihren Verflechtungen des Alltags. Bei chronischem Gebrauch entwickeln sich Abhängigkeiten und Süchte.

Silberweide – sanfte Veränderung
Salix alba, Weidengewächse

Alles schnell Wachsende und wieder Vergehende, alles Weiche, Faulende, Biegsame, Wässrige und Empfängliche gehört zum Mond. All diese Eigenschaften sind in der Weide zu finden. Sie wächst gerne nahe am Wasser, dort wo auch häufig Nebel liegt, wo die Grenzen verschwinden, Nebelfrauen, Nymphen zu Hause sind. Weiden haben immer nasse Füße und erkälten sich nie. Sie stecken voller Lebenskraft.

Silberweide
Salix alba

So wie der Mond verändern sie sich schnell: Das weiche Holz wächst eifrig, wird leicht wieder hohl und treibt doch aus verrottendem Holz gleich wieder junge Zweige. Im Wechsel der Mondphasen und in den drei Wachstumsphasen einer Weide erkannte man die drei Lebensabschnitte einer Frau: Jungfrau, Mutter und Weise Alte.

Gesundes
Zubereitungen aus der Rinde der jungen Zweige stillen die Schmerzen bei Rheuma, Gicht und wirken solchen Entzündungen entgegen. In den Gelenken schützen und erhalten sie die Knorpelschicht. Bei Erkältungen senkt die Weide das Fieber, bei Schädelbrummen und Nervenschmerzen sorgt sie für Erleichterung. Sie ist ein rein pflanzliches Schmerzmittel. Jeder von uns kennt Aspirin – und weiß nur selten, dass die Weide das pflanzliche Vorbild ist.

Affirmationen Weide
Wandlung – Ich lebe meinen Rhythmus überall.
Herzöffnung – Was ich tue, tue ich mit ganzem Herzen.
Mitgefühl – Liebevoll gehe ich mit mir und anderen um.

Planeten – Pflanzen – Tierkreiszeichen

Gurke
Cucumis sativus

Gurke – saftige Fülle
Cucumis sativus, Kürbisgewächse

Gurken sind eine kühlende Erfrischung und sowohl Gemüse als auch Arznei- und Schönheitspflanzen. Sie enthalten über 95 % Wasser und stecken voller Mineralien und Vitamine, regen Darm und Nieren an, entschlacken den Körper und reinigen das Blut. Außerdem enthalten sie ein Enzym, das die Bauchspeicheldrüse entlastet und sie für Diabetiker zu einem idealen Gemüse macht.

Unsere Haut liebt die Gurke. Frische Gurkenscheiben erfrischen den Teint, spenden viel Feuchtigkeit und enthalten Schwefel, der die Poren reinigt und zusammenzieht. In den Wechseljahren regt Gurkensaft den Kreislauf an.

Affirmationen Gurke
Familie – Meine Schwäche ist meine Stärke.
Identität – Meine Gefühle sind im Fluss und nähren mich.
Kindheit – Ich lebe das Kind in mir.

Weitere Mondpflanzen im Überblick
Beifuß – öffnet für die Energie des Mondes.
Labkräuter – führen von Verzweiflung zur Zuversicht.
Mädesüß – öffnet das Herzchakra.
Mauerpfeffer – stellt die innere Ordnung wieder her.
Mistel – zeigt und lebt die eigenen Gefühle.
Muskatellersalbei – verbindet mit der Urmutter.
Nachtkerze – bringt Licht in das Dunkel.
Silberkerze – hilft, die Schattenseite zu integrieren.
Taubnessel – findet Erholung im Tun.
Vogelmiere – bringt Geschmeidigkeit und Anpassungsfähigkeit.

Krebs & Mond

Räucherung mit Mondpflanzen
▸ Mastix, Myrte, Zedernholz. Patchouli, Jasmin, Aloe, Weide, weißes Sandelholz, Ysop, Muskatnuss

Mond in der Küche
Mondpflanzen tun dem Magen wohl und unterstützen den Verdauungsvorgang.

Früchte und Gemüse:
▸ Aprikosen, Pfirsiche, Erdbeeren, Kirschen, Stachelbeeren sind jetzt aktuell, Mango und Guave, Melone
▸ Gurke, Zucchini, Tomaten, Kürbis, Kopfsalat (enthält Milchsaft), Pilze

Gewürze:
▸ alle Öle (Olivenöl), Mohnsamen, Ysop, Beifuß, Vanille, Muskat

Mond-Menü:
▸ *Vorspeise*: Kalte Joghurt-Gurkensuppe
▸ *Hauptgang*: Gegrillte Scampispieße mit leichtem Sommergemüse und Wildreis
▸ *Dessert*: Pannacotta mit Aprikosen-Spiegel

Mondblumenstrauß:
lachsfarbene Lilien, terracottafarbener Milchstern (*Ornithogallum*)

Der Krebs-Geschmack:
Der Krebs liebt eine Küche italienischer Prägung mit Pasta etc. Es ist wichtig, dass er sich während des Essens im Kreise seiner Familie oder guter Freunde wohlfühlt, und er ist auch ein liebevoller Gastgeber. Alle Fische, Meeresfrüchte und Scampi werden dem Krebszeichen zugeordnet.

Planeten – Pflanzen – Tierkreiszeichen

Löwe, Sonne und die Sonnenblume

„Selbstvertrauen ist die Quelle des Vertrauens zu anderen."
La Rochefoucauld

Leben Sie so, dass Sie mit Ihrem ganzen Herzen dahinterstehen?
Was möchten Sie in Ihrem Leben gerne verwirklichen?
Wie könnten Sie Ihre Kreativität/künstlerischen Fähigkeiten noch mehr leben?
Welche Vaterfiguren/Vorbilder/Lehrer spielen in Ihrem Leben eine wichtige Rolle?
Was bedeuten Kinder für Sie?
Was ist Ihr ganz persönlicher Beitrag für die Menschheit?

So nutzen Sie dafür die Sonne/Löwe-Energie

- *Freuen Sie sich Ihres Lebens, spielen, tanzen, singen, lachen Sie ...*
- *Halten Sie sich viel draußen auf, an der warmen Sonne.*
- *Lassen Sie Ihrer Kreativität freien Lauf.*
- *Machen Sie mal Ferien.*
- *Seien Sie großzügig, teilen Sie Ihre Freuden mit anderen.*
- *Öffnen Sie Ihr Herz, seien Sie Sie selbst.*

Sonne/Löwe als Prinzip

Die Sonne ist das Zentrum unseres Universums. Sie spendet Licht und Wärme und genau die richtige Temperatur, dass wir auf dem Planeten Erde leben können. So lässt sie die Pflanzen wachsen und gedeihen, die uns Menschen Lebensgrundlage sind. 365 Tage braucht die Erde, um ein Mal um die Sonne zu kreisen. Die Sonne selber ist viele Millionen Grad heiß.

In der griechisch-römischen Mythologie war der Gott der Sonne männlich. Für die Griechen war es zunächst Helios und später Apoll, der das feurige Pferdegespann als Sonnenlicht jeden Tag über den Himmel lenkte. Apoll begründete das Orakel von Delphi mit dem Sonnenspruch: „Mensch, erkenne dich selbst."

Im Horoskop sind die Qualitäten der Sonne: Identität, Kreativität, Selbstvertrauen, Ausstrahlung, Großzügigkeit, Lebensfreude, Spiel, Spaß, Erotik, Kinder. Sie steht für das väterliche, männliche Prinzip.

Die Sonne symbolisiert die Lebenskraft. Löwe-Geborene stehen gerne im Mittelpunkt. Voller Selbstvertrauen sind sie die idealen Führer einer Gemeinschaft. Sie sind sehr großzügig, strahlen Wärme aus und berühren die Herzen ihrer Mitmenschen. Löwe-Geborene sind stolz auf ihre Kinder und gehen liebevoll und kreativ mit ihnen um.

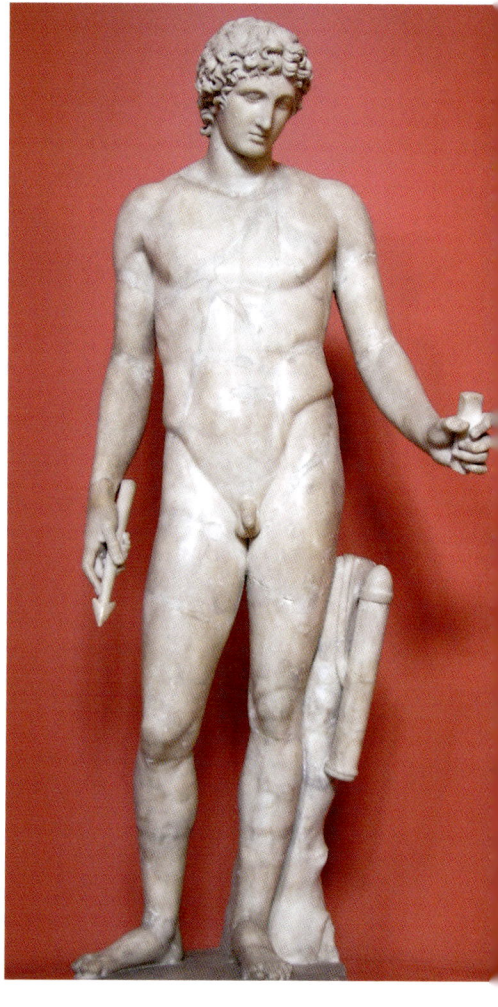

Sonne/Löwe in der Natur

Der Löwemonat vom 23. Juli bis zum 23. August ist die Zeit der vollen Entfaltung und der Blüte. Obwohl die Sonne ihren Höchststand am Himmel überschritten hat (der längste Tag ist ja der 21. Juni), besitzt sie nun ihre mächtigste Strahlkraft. Die Vegetation steht in vollem Saft und die Früchte sind reif – bereit zur baldigen Ernte. Bis dahin bleibt den Menschen genügend Zeit, sich den Genüssen des Lebens und vielen Vergnügungen hinzugeben.

Sonne/Löwe und der Körper

Im Körper werden Sonne/Löwe Herz, Blutkreislauf, Wirbelsäule, Thymusdrüse und Augen zugeordnet. Das pulsierende Herz ist der

Inbegriff allen Lebens. Die „Sonne des Körpers", führt allen Organen über das Blut Energie zu. Auch die Augen unterstehen der Sonne: „Wär´ nicht das Auge sonnengleich – wie könnt es dann die Sonn´ erblicken ...", so formulierte es der Dichterfürst Johann Wolfgang von Goethe. Werden die Sonnen-Qualitäten nicht integriert gelebt, können sich Symptome wie Herzkrankheiten, Kreislaufstörungen, Vitalitätsverlust, Wirbelsäulenleiden oder Sehstörungen zeigen.

Sonne/Löwe und Psyche

Über die körperlichen Symptome hinaus beeinflusst die Sonne Sie auch auf der psychischen Ebene. Wenn Sie zu wenig Lebensfreude haben oder Ihr Selbstbewusstsein zu wünschen übrig lässt, dann nutzen Sie die Sonnenkraft der Pflanzen. Sonnenpflanzen stärken Ihr Herz und wecken schöpferische, kreative Fähigkeiten. Sie bringen Handlungsfähigkeit, Selbstvertrauen und helfen dabei, Licht und Liebe zu leben und auszustrahlen.

Sonne/Löwe und Pflanzen

Sonnenkraft lässt die Pflanze aufrecht wachsen, gibt ihr kräftige Stängel und Knoten, in denen sich der Wachstumsrhythmus zeigt. Unter dem Einfluss der Sonne fängt die Pflanze an zu blühen. Sonnenpflanzen haben eine majestätische Gestalt (Alant, Engelwurz, Sonnenblume). In ihrer strahlenden Blüte, den Farben von Gelb bis Orange (Johanniskraut, Ringelblume), ihrem Duft (Zimt) und süßem Nektar verschenken sie sich an das Leben. Im Fruchtknoten konzentrieren sie ihre Lebenskraft in einem Punkt. Häufig bilden sie fette Öle (Olive, Sonnenblume), auch Harze entstehen unter intensiver Sonne (Myrrhe, Weihrauch). Sonnenpflanzen drehen oft ihr Blütenköpfchen dem Lauf der Sonne zu, sie werden auch „Sonnenbräute" genannt (Ringelblume).

Sonnenblume – Sonnenlicht
Helianthus annuus, Korbblütler

Die Sonnenblume bringt mit ihrem warmen Gelb Wärme und Sonnenschein in die Welt. Wer einer Sonnenblume ins Auge schaut, staunt über das Muster, in dem die Kerne in ihrem Inneren wachsen. Für derartige konzentrische, hyperbolische Spiralen bleibt nur Bewunderung. Bis zu 1000 Kerne ordnen sich in diesem geometrischen Muster in einer Blüte. In ihrer Heimat Mexiko sind Sonnenblumen ein Symbol für Fruchtbarkeit und Weisheit. Die teuersten Sonnenblumen der Welt wechselten für 36 Millionen Euro den Besitzer: Van Gogh hat sie gemalt.

Sonnenblume
Helianthus annuus

Sonnenblumenpflanzen reinigen radioaktive Abwässer. Rund um Tschernobyl wurden Tausende von Sonnenblumen angepflanzt, die innerhalb von 10 Tagen mit ihren zahllosen Haarwurzeln 95 % des radioaktiven Strontiums und Caesiums aus einem Teich absorbierten. Danach wurden die Pflanzen fachgerecht entsorgt – mit weitaus geringeren Kosten als für die direkte Entseuchung des Wassers aufgewendet hätten werden müssen. Ebenso entfernen Sonnenblumenpflanzen Blei und andere Schwermetalle aus kontaminierten Böden.

Gesundes
Wer regelmäßig Sonnenblumenkerne knabbert, bekommt schönes Haar, eine gesunde Haut und feste Nägel. Ein Tee aus Sonnenblumenblütenblättern ist leuchtend gelb und schmeckt sehr lecker. Bei sommerlichen Infekten stärkt er die Abwehrkräfte und beruhigt eine gereizte Blase. Und er bringt strahlenden Sonnenschein in stressige Angelegenheiten.

Inhaltsstoffe:
Sonnenblumenkerne sind ein wahres Kraftpaket: Sie enthalten 27 % Eiweiße mit sämtlichen Aminosäuren, die wir Menschen brauchen. 36 % meist ungesättigte Fettsäuren umhüllen Mineralstoffe wie Magnesium und Calcium, Eisen, Kupfer, Phosphor, Kalium, Kobalt, Mangan und Selen und hüten die Vitamine A, der B-Gruppe, D, E, F und K.

Planeten – Pflanzen – Tierkreiszeichen

Ringelblume
Calendula officinalis

Sonnenblumenblütentinktur – selbst gemacht
Übergießen Sie getrocknete oder frische Sonnenblumenblütenblätter mit so viel Doppelkorn (etwa 40%ig), bis die gelben Blätter großzügig bedeckt sind. Lassen Sie den Ansatz gut verschlossen drei Wochen an einem hellen Platz stehen, schütteln Sie täglich und filtrieren Sie das Ganze dann ab. Bewahren Sie die Tinktur in einer dunklen Flasche auf. Sie hilft bei sommerlichen Erkältungen, auch mit Fieber.

Affirmationen Sonnenblume
Lebensfreude – Sonnig und voller Vergnügen drücke ich mich selbst aus.
Identität – Ich bin die/der, die/der ich bin.
Selbstbewusstsein – Ich sage JA zu mir.

Ringelblume – heilender Sonnenschein
Calendula officinalis, Korbblütler

Die Ringelblume hat ein sonniges Gemüt. Sie steckt voller Lebenskraft und blüht das ganze Jahr hindurch. Immer streckt sie ihre Blütenköpfe der strahlenden Sonne entgegen. Unsere Vorfahren nannten sie deswegen eine „Braut der Sonne". Bauern nutzen sie zur Wettervorhersage: Wenn sich Regen ankündigt, bleiben ihre Blüten geschlossen.

Ringelblume lässt Wunden heilen, hemmt Entzündungen, löst Krämpfe und entschlackt die Lymphe.

Affirmationen Ringelblume
Bewusstsein – Ich bin für mich selbst verantwortlich.
Schöpferkraft – Ich verwandle das Sonnenlicht in Lächeln.
Herz – Ich lasse Freude in meine Seele einziehen.

Esche – Baum des Sonnenlichts
Fraxinus excelsior, Ölbaumgewächse

Unter einer Esche zu sitzen bedeutet, im Sonnenschein zu baden. Ihre hellgrünen Blätter spielen mit dem Sonnenlicht, werfen es sich gegenseitig zu und geben es der Erde weiter. Eine Esche wächst schnell. Ihr Holz ist leicht und biegsam, federt hervorragend und ist dabei zäh und sehr hoch beanspruchbar. Deswegen wurden in alten Zeiten viele Speere daraus gefertigt.

Esche
Fraxinus excelsior

Ein Eschenspeer symbolisierte den Strahl der Sonne, der die Kräfte der Dunkelheit besiegt. Mit konzentriertem Willen geworfen, verlieh er Macht. Und diese Macht wollte weise genutzt werden.

Eschenblätter und die Rinde junger Zweige regen die Nierenfunktion an und entsäuern den Körper bei Rheuma und Gicht. Ein Elixier aus den jungen Blättern belebt und stärkt die Lebenskraft.

Um es sich selbst herzustellen, geben Sie in ein großes Schraubdeckelglas drei Hände voll junger Eschenblätter und übergießen sie diese mit 0,7 l gutem Weißwein. Lassen Sie den Ansatz eine Woche lang stehen, schütteln Sie täglich, filtrieren Sie danach ab – und stärken Sie sich bei Bedarf mit einem Likörgläschen voll inspirierendem Eschenelixier.

Affirmationen Esche
Großzügigkeit – Ich lasse alle an meinem Licht teilhaben.
Selbstständigkeit – Aufmerksam und angeregt lebe ich mein wahres Ich.
Urkraft – Ich lebe das Kind in mir.

Planeten – Pflanzen – Tierkreiszeichen

Johanniskraut
Hypericum perforatum

Johanniskraut – die Kraft der Sonne
Hypericum perforatum, Johanniskrautgewächse

Weil das Johanniskraut nicht nur böse Geister, sondern auch den Teufel verjagt, bekam es in alten Zeiten den Namen „Jageteufel". Da man dachte, der Teufel verstehe kein Latein, hieß es auch *fuga daemonum* „treibt die Dämonen in die Flucht". Unser heutiger Dämon heißt Stress. Und das Johanniskraut hebt unsere Perspektive über die strapaziösen inneren Bilder hinweg und durchflutet sie mit eingefangenem Sonnenlicht.

Johanniskraut hellt die Stimmung auf und beseitigt Depressionen, Erschöpfung und Wetterfühligkeit. Das rote Johanniskrautöl heilt kleine Wunden, Verbrennungen und Herpes-Infektionen.

Affirmationen Johanniskraut
Kreativität – Ich lebe mich voller Schwung und immer neuen Perspektiven.
Ausstrahlung – Ich lasse mein Licht leuchten.
Vitalität – Ich sehe das Glück in allem.

Rosmarin – Feuer der Begeisterung
Rosmarinus officinalis, Lippenblütler

Wer an einem Rosmarinzweig schnuppert, atmet unwillkürlich tiefer ein und saugt mit diesem Aroma reine Urlaubsenergie in seine Lungen. Der Druck im Kopf verschwindet, die Gedanken werden lebendiger, man fühlt sich wach und ist „voll da". Mit seinen ledrigen Blättern fängt die Pflanze die heiße Sommersonne ein und speichert sie so, dass sie sie selbst im kalten Winter noch als Duft verschenken kann.

Rosmarin wärmt kalte Hände und kalte Füße, hebt den Blutdruck auf sanfte Art auf Aktivitätsniveau, fördert Appetit und Verdauung und durchwärmt schmerzende Gelenke.

Rosmarin
Rosmarinus officinalis

Affirmationen Rosmarin
Optimismus – Mit Schwung und Begeisterung nehme ich Herausforderungen an.
Spiel – Ich erfreue mich am Spiel des Lebens.
Gegenwart – Ich liebe und lebe den Augenblick.

Weitere Sonnenpflanzen
Alant – bringt Freude in die tägliche Arbeit.
Arnika – heilt auf allen Ebenen.
Augentrost – öffnet den Blick für das Ganze.
Fingerkräuter – bringen die Liebe zum Leben.
Goldregen – bringt das Leuchten in die Welt.
Lorbeer – stärkt die Seherkraft.
Olive – stimmt die eigene Sonnenmelodie an.
Sonnenhut – stärkt das Ich.
Weinraute – öffnet für das Leben.
Zitruspflanzen – fangen den Sonnenschein ein.

Planeten – Pflanzen – Tierkreiszeichen

Der Löwe-Geschmack:
Der Löwe bevorzugt exquisite französische Küche mit mehreren Gängen, keine fetten Speisen. Rotwein erhöht seine Lebensfreude.

Räucherung mit Sonnenpflanzen

› Rosmarin, Lorbeer, Rotsandelholz, Galgant, Sonnenblume, Akazienblüte, Augentrost, Weihrauch

Das ist eine kräftige und starke Mischung, die den Löwen auf der Bühne des Lebens mit Selbstbestätigung, Vitalität und kindlicher Spielfreude unterstützt.

Sonne in der Küche

Sonnenpflanzen bringen den Löwen in den Mittelpunkt des Geschehens. Sie fördern seine Kreativität, Vitalität und kindliche Verspieltheit.

Früchte, Gemüse und Gewürze:

› alle sonnengereiften Gemüse und Früchte, Zitronen, Orangen, Karambol-Früchte, tropische Früchte, Ananas, Quitten
› Mais, Artischocken

Die meisten Gewürzpflanzen unterstehen der Sonne. Ein gut gewürztes Essen schmeckt nicht nur, es erhält auch die Lebenskraft bis ins hohe Alter.
› Lorbeer, Rosmarin, Zimt, Curry, Basilikum

Sonne-Menü:
› *Vorspeise*: Safran-Risotto mit Ringelblumenpesto
› *Hauptgang*: Goldbutt mit Rosmarin-Ratatouille und Maisblinis, dazu Friséesalat mit Sonnenblumenkernen und -blütenblättern
› *Dessert*: Zitronensorbet mit Orangenlikör und dazu Friandises

Blumenstrauß:
Ein Strauß aus gelben Sonnenblumen verschönert das Mahl für den Löwen.

Jungfrau, Chiron und der Lavendel

„Es ist die Liebe, die heilt."
Pamela Sommer-Dickson

Was tun Sie für Ihre Gesundheit? (Bewegung, Sport, Natur, Meditation etc.)
Was macht Sie krank? Wie gehen Sie um mit Krankheit?
Wie ernähren Sie sich?
Sollten Sie diese Art der Ernährung umstellen?
Wie zufrieden sind Sie mit den jetzigen Arbeitsverhältnissen?
Was möchten Sie verändern?
Wo sollten Sie Ordnung machen/aufräumen, äußerlich wie innerlich? (Wohnraum, Partnerschaft, Familie, Freunde, Beruf etc.)
Wie können Sie mithelfen, unseren Planeten Erde zu „heilen"?

So nutzen Sie dafür die Chiron/Jungfrau-Energie

- *Ernähren Sie sich gesünder.*
- *Gehen Sie jeden Tag mindestens eine halbe Stunde spazieren.*
- *Genießen Sie die Freuden des Alltags.*
- *Räumen Sie auf, im Außen (Haus, Garten, Computer ...) wie im Innen (Meditation, Stille).*
- *Erlauben Sie sich, Fehler zu machen, auch Sie müssen nicht perfekt sein.*

Chiron/Jungfrau als Prinzip

Der Planet Chiron wurde 1977 entdeckt. Er ist ein Planetoid, der sich auf einer stark elliptischen Umlaufbahn um die Sonne zwischen Uranus und Saturn bewegt. In 50 bis 52 Jahren läuft er einmal um die Sonne. Aufgrund seiner stark elliptischen Umlaufbahn verbringt er von knapp zwei bis maximal sieben Jahre in einem Zeichen.

In der Mythologie war Chiron ein Kentaur mit Haupt, Oberkörper und Armen eines Menschen und dem Körper und den Beinen eines Pferdes. Seine Mutter lehnte ihn ab und verstieß ihn. Deswegen erzogen ihn der Sonnengott Apollon und seine Schwester, die Mondgöttin Artemis. Apollon vermittelte ihm seine geistige Weisheit (Sonnenprinzip) und Artemis als Göttin der Wälder und der Tiere (Mondprinzip) weihte ihn in die Kräuterkunde und in die Geheimnisse der Natur ein. So wuchsen in Chiron eine große Weisheit und eine tiefe Spiritualität heran. Als König der wilden Kentauren bekam er die Aufgabe, die Kinder der Götter und der Könige zu unterrichten. Er vermittelte ihnen die Werte des göttlichen Gesetzes sowie die Kunst des Krieges und auch ganzheitliche Themen wie Musik, Poesie und Astrologie. Chiron war nicht nur ein guter Lehrer, er kannte auch die Geheimnisse der Natur und war in der Kräuterheilkunde bewandert. Er wurde als großer Heiler berühmt.

Im Horoskop sind die Qualitäten des Planeten Chiron: Gesundheit, Ernährung, Analyse, positiver Umgang mit Verletzung, Wissenschaft, Umweltbewusstsein, Arbeitsverhältnisse, Dienen und Heilen.

Chiron symbolisiert Heilung. Jungfrau-Geborene haben das große Talent, die Spreu vom Weizen zu trennen und so zu ernten. Kein anderes Zeichen vermag so instinktsicher zu unterscheiden zwischen dem, was gesund und ungesund, nützlich und unnütz, wertvoll und schädlich ist. Da Jungfrau-Geborene diese Fähigkeit gern in den Dienst der Allgemeinheit stellen, übernehmen sie vorzugsweise Aufgaben, bei denen sie einen Organismus betreuen und schützen können. Das tun sie z. B. als Ärzte/Heiler für den menschlichen Körper, als Lehrer für die Schule, als Betriebswirte für das Unternehmen oder als Volkswirte für den Staat.

Chiron/Jungfrau in der Natur

Im Jungfraumonat vom 23. August bis zum 22. September wird die Ernte eingebracht. Die Pflanzen erreichen ihre Wachstumsgrenzen und treiben, bevor sie sich allmählich abzubauen beginnen, den letzten Saft in die reifen Früchte. Im Jahreslauf geht die Ferienzeit ihrem Ende zu und die Menschen kehren zurück zum Alltag, um ihre Arbeit und ihre Pflichten wieder aufzunehmen. Die Strahlkraft der Sonne nimmt nun deutlich ab.

Chiron/Jungfrau und der Körper

Im Körper werden Chiron/Jungfrau Unterleib, Dünndarm und Stoffwechsel zugeordnet. Werden Chiron-Qualitäten nicht integriert gelebt, können sich Symptome wie Verdauungsstörungen (Durchfall, Verstopfung), Darmentzündungen, Unterleibsbeschwerden oder Vergiftungserscheinungen des Körpers durch falsche Ernährung zeigen.

Chiron/Jungfrau und die Psyche

Über die körperlichen Symptome hinaus beeinflusst Sie Chiron auch auf der psychischen Ebene. Wenn Sie ihre Gefühle unterdrücken, ständig kritisieren oder ein Workaholic sind, dann nutzen Sie die Chiron-Kraft der Pflanzen. Chironpflanzen stärken die Wahrnehmungs- und Beobachtungsfähigkeit, bringen ins Gleichgewicht und heilen Körper, Geist und Seele.

Chiron/Jungfrau und die Pflanzen

Da der Planetoid Chiron erst 1977 entdeckt wurde, sind ihm in der alten Literatur noch keine Pflanzen zugeordnet. Da Chiron als „Heilerplanet" bezeichnet wird, ordnen wir ihm Pflanzen zu, die fast „alles heilen" können (Baldrian, Lavendel). Genauso können es Pflanzen sein, die aus einer Wunde der Erde hervorwachsen und damit anzeigen, dass sich jede Verletzung wieder in etwas Schönes wandelt (Kamille). Pflanzen, die auf kargen Böden oder kleinsten Felsritzen in rauer Umgebung ihre strahlenden Blüten entfalten, erfreuen Gemüt und wecken Selbstheilungskräfte (Fetthenne, Dickblattgewächse).

Planeten – Pflanzen – Tierkreiszeichen

Lavendel
Lavandula officinalis

Lavendel – in der Ruhe liegt die Kraft
Lavandula officinalis, Lippenblütler

Lavendel ist ein echtes Multitalent. Seine Bedeutung in der heutigen Zeit liegt vor allem im Abbau von Stress. Als Heilmittel für das Nervensystem stärkt er obendrein das Immunsystem, damit es nicht durch zu viel Hektik in Mitleidenschaft gezogen wird. Lavendel entführt Sie in Gefilde, in denen die Entspannung zu Hause ist.

„In der Ruhe liegt die Kraft" ist das Motto des Lavendels. In dieser Ruhe spüren Sie Ihre innere Stimme und die Kraft, die davon ausgeht. Mit Lavendel lösen sich die Sorgen auf und machen dem Vertrauen in die eigene Intuition immer mehr Platz. Mit ganzem Herzen sind Sie bei dem, was Sie gerade tun, und handeln mit Herz und Verstand. So wird der Alltag wie ein kleiner Urlaub – und den können Sie sich jeden Tag leisten. Ein Kranz aus Lavendelblüten sorgt für Frieden, Freude und Gesundheit im Haus.

Gesundes
Die ätherischen Öle des Lavendels hemmen in unserem Körper Entzündungen, lösen zähen Schleim und beseitigen Krämpfe – egal ob im Kopf (Migräne), in der Lunge (Husten), im Becken (Menstruation) oder im Magen-Darmtrakt (Blähungen).

Darüber hinaus ist Lavendel ein wahres Heilmittel für das Nervensystem. Als eine natürliche Alternative zu Beruhigungsmitteln hilft er beim Abschalten, sorgt für Wohlbefinden und führt in einen erholsamen Schlaf mit schönen Träumen. Alles in allem bringt Lavendel innere und äußere Schönheit, Gesundheit und Wohlbefinden.

Hildegard von Bingen kochte Lavendelblüten in Wein und ließ ihre Patienten 6–8 Wochen schluckweise davon trinken. Sie sagte, dass dadurch auch Lungenschmerzen gelindert würden, und fügte hinzu, dass dieser Duft dem Menschen auch „reines Wissen und klares Verstehen schenkt".

Wenn Sie all diese guten Eigenschaften des Lavendels an sich selbst erfahren möchten, streuen Sie doch einfach Lavendelblüten auf den Boden Ihrer Sitzecke oder Terrasse. Und freuen Sie sich auf den Feierabend und das Päuschen, das Sie in diesem Duft verbringen können. (Selbst der Staubsauger riecht hinterher sauberer.)

Lavendel
Lavandula officinalis

Lavendelrezepte

Lavendeltee (1 TL Blüten auf 250 ml Wasser, 5 Min. ziehen lassen) verbessert den Appetit, als Aperitif getrunken, und unterstützt die Verdauung als Digestif. Dieser zart lilafarbene Aufguss hellt die Stimmung auf, lindert Kopfschmerz, löst Anspannung und Nervosität. Bei Halsentzündungen ist er eine schmackhafte und keimtötende Gurgellösung und öffnet bei Erkältungen die Atemwege mittels einer Dampfinhalation.

Affirmationen Lavendel

Heilung – In mir finde ich Ruhe und Sicherheit.
Herzenswärme – Ich bewahre den Sommer in meinem Herzen.
Präzision – Ich lasse meine Talente harmonisch zusammenklingen.

Planeten – Pflanzen – Tierkreiszeichen

Tausendgüldenkraut
Centaurium erythraea

Tausendgüldenkraut – Tausendsassa
Centaurium erythraea, Enziangewächse

Chiron – der weise, heilkundige Kentaur im antiken Griechenland – soll die eitrigen Wunden an seinen Pferdebeinen mit Tausendgüldenkraut geheilt haben. Ihm zu Ehren bekam die Pflanze seinen Namen.

Von Hippokrates bis Kneipp zollen alle großen Ärzte dem Tausendgüldenkraut mit seinen Bitterstoffen ihre Achtung und bezeichnen es als Allheilmittel für alle Beschwerden, die auf kraftlose Verdauung zurückzuführen sind. Bis heute hat es sich bei allen Virus-Infektionen sehr bewährt. Außerdem stärkt es bei Erschöpfung nach körperlichen und seelischen Belastungen.

Centaury ist bei den Bachblüten-Essenzen die Willensblüte, die hilft, die eigenen Bedürfnisse besser zum Ausdruck zu bringen.

Affirmationen Tausendgüldenkraut
Reinigung – Ich reinige Körper, Geist und Seele.
Arbeit – Ich diene der Mutter Erde.
Detail – Ich komme zu meiner inneren Klarheit.

Weizen – Nahrung für alle
Triticum-Arten, Gräser

Weizen

In der Liste der weltweit angebauten Getreidearten nimmt Weizen – nach Mais und vor Reis – die zweite Stelle ein. Nach griechischer Überlieferung war es die Göttin Demeter, die den Menschen das erste Saatkorn schenkte. Am Ort dieser Übergabe – in Eleusis – wurden alljährlich die großen Mysterien mit Tod- und Wiedergeburts-Ritualen gefeiert.

Gesundes
Heute wachsen aus einem Weizenkorn 2 bis 3 Ähren tragende Halme mit jeweils fast 40 Samenkörnern pro Ähre. Dank dieser Fruchtbarkeit gewährleistete der Weizen seit dem Mittelalter unser tägliches Brot und sorgte zunehmend dafür, dass die Menschen satt wurden. Darüber hinaus ist er die Basis für wirtschaftlichen Aufschwung, der ohne ausreichende Nahrung nicht möglich wäre.

Seinen Namen bekam er nach dem weißen Mehl, das aus seinen Körnern gemahlen wurde. Im übertragenen Sinne müssen wir heute mehr denn je lernen, Spreu vom Weizen zu trennen, um zu erkennen, was uns wirklich nährt.

Affirmationen Weizen
Ordnung – Ich bringe meine innere Ordnung nach außen.
Beobachtung – Ich kenne die Gesetze der Natur und nutze sie.
Nahrung – Ich werde von der Liebe und dem Licht in allem genährt.

Planeten – Pflanzen – Tierkreiszeichen

Weihrauchbaum
Boswellia-Arten

Weihrauchbaum – Band zwischen Himmel und Erde
Boswellia-Arten, Weihrauchgewächse

Dort wo das Klima trocken, die Erde steinig und mineralreich ist, wo der Regen spärlich fällt und Nebel und Tau nur selten etwas Feuchtigkeit für die Vegetation spenden, dort gedeiht der Weihrauchbaum. Es ist ein kleiner Baum, der durch seinen gedrungenen Wuchs mit kurzem Stamm und knorrigen Ästen auffällt.

Zur Gewinnung des Harzes werden seit Jahrtausenden im Frühjahr die Stämme eingeschnitten. Olibanum – das Harz des arabischen Weihrauchbaums, ist der Inbegriff für heiligen Rauch. Olibanum verströmt beim Verbrennen einen wunderbar würzigen, balsamischen Duft, der reinigt, Ruhe bringt und zu innerem Frieden führt.

Weihrauch kann bei der Behandlung chronischer Darmentzündungen, Polyarthritis, Rheuma und Allergien helfen.

Affirmationen Weihrauch
Wahrnehmung – Ich verbinde Himmel und Erde.
Integration – Ich liebe meine Arbeit und lebe dabei meine Lebensaufgabe.
Alltag – Ich lebe das Göttliche praktisch im Alltag.

Kamille – Geborgenheit und Heilung
Matricaria chamomilla, Korbblütler

Die Kamille hat das Sonnenlicht in azurblaues ätherisches Öl verwandelt: das heilende Azulen. Kamille ist wahrscheinlich das bekannteste Heilkraut gegen die vielen Wehwehchen des Alltags, sie ist wahrhaftig ein pflanzliches Allheilmittel. Sie hilft vom verdorbenen Magen bis zur Schrunde auf der Haut, vom Schnupfen bis zum Bauchweh. Und das vollbringt sie mit dem goldenen Herzen, tröstet, nimmt die Schmerzen und sorgt für inneres Gleichgewicht.

Kamille
Matricaria chamomilla

Affirmationen Kamille
Heilung – Es ist die Liebe, die heilt.
Soziales – Mit Herzenswärme verzaubere ich mich und andere.
Gesundheit – Ich lasse seelische Verletzungen und alte Erinnerungen heilen.

Weitere Chironpflanzen
Anis – lässt das eigene Licht leuchten.
Baldrian – heilt durch die Liebe.
Ehrenpreis, echter – hilft, die reinigende Wirkung eines Konfliktes zu erfahren.
Fetthenne – löst vergiftete Gedanken auf.
Gänseblümchen – heilt das innere Kind.
Helmkraut – bereitet der Meditation den Weg.
Leinsamen – hilft durch den Alltag zu gleiten.
Mauerpfeffer – sorgt für Realitätssinn.
Oregano – zeigt die Freude am Detail.
Wegerich – führt zur Heilung.

Planeten – Pflanzen – Tierkreiszeichen

Der Jungfrau-Geschmack:
Die Jungfrau bevorzugt gesunde, biologische, vollwertige Ernährung. Zum Frühstück liebt sie ein selbst gemachtes Birchermüesli.

Räucherung mit Chironpflanzen:
▸ Lavendel, Opoponax, Myrte, Nelke, Fichtennadel, Baldrian, Helmkraut, Weihrauch, Oregano

Für die anpassungsfähige und ordentliche Jungfrau eine leichte, erdige und dennoch würzig-frische Note, um ihr den Arbeitsbienenalltag zu erleichtern.

Chiron in der Küche:
Chironpflanzen bringen Unterstützung in den Verdauungsvorgang. Sie helfen, das Leben zu verdauen, und tragen zur Gesundheit auf allen Ebenen bei.

Früchte und Gemüse:
▸ alle Getreidesorten, Hülsenfrüchte wie Erbsen und Bohnen
▸ Mirabellen, Zwetschken, Pflaumen, Brombeeren, Himbeeren, Johannisbeeren

Gewürze:
▸ Fenchel, Kümmel, Leinsamen, Oregano, Majoran, Dill

Chiron-Menü:
▸ *Vorspeise*: frische Gemüse-Rohkost mit Quarkdips, dazu Vollkornbrot
▸ *Hauptgang*: Bio-Dinkelburger mit Sprossen und grünen Bohnen
▸ *Dessert*: Obstsalat mit Joghurtcreme

Blumenstrauß:
Ein Strauß aus hellgrünen Frauenmantelblüten und Schleierkraut verschönert das Mahl der Jungfrau.

Waage, Isis und die Iris

*„Das einzig Wichtige im Leben sind die Spuren von Liebe,
die wir hinterlassen, wenn wir weggehen."*
Albert Schweitzer

Was bedeutet Liebe für Sie?
Was ist Ihnen wichtig in einer Partnerschaft?
Welche Entscheidung sollten Sie jetzt treffen? (Wohnraum, Beruf, Partnerschaft etc.)
Welche Art von Kunst mögen Sie? (Malerei, Musik, Konzerte, Opern, Museen etc.)
Welche künstlerischen Talente haben Sie?
Wie könnten Sie diese fördern?
Wie sieht der Ort aus, an dem Sie in absoluter Harmonie sind?

So nutzen Sie die Isis/Waage-Energie

- ୪ Freuen Sie sich an den Schönheiten der wundervollen Natur.
- ୪ Befassen Sie sich mit allem Schönen, Harmonischen.
- ୪ Besuchen Sie eine Ausstellung, ein Konzert, ein Museum.
- ୪ Richten Sie Ihr Haus/Ihre Wohnung schön ein.
- ୪ Tanzen Sie mal wieder, versuchen Sie sich in Tai-Chi oder Yoga.
- ୪ Tauschen Sie sich mit liebevollen Menschen aus.

Isis/Waage als Prinzip

Aufgrund geringfügiger Störungen in den Umlaufbahnen von Uranus und Neptun wurde 1946 ein weiterer Planet jenseits von Pluto vermutet, der zunächst Transpluto, später Isis genannt wurde. Durch jahrelange intensive Beobachtung und Erforschung der Isis-Themen haben sich erstaunliche Zusammenhänge und Resultate gezeigt. So ordnen wir heute Venus und Isis dem Tierkreiszeichen Waage zu. Isis braucht etwa 640 Jahre für einen Umlauf durch den Tierkreis.

Planeten – Pflanzen – Tierkreiszeichen

Im Jahre 1936 bewegte sie sich in das Tierkreiszeichen Löwe. Heute befindet Isis sich am Übergang von Löwe zu Jungfrau und wird ab 2014 definitiv bis im Jahre 2108 in Jungfrau sein. Isis befindet sich am 1.1.2012 auf etwa 0 Grad Jungfrau und am 1.1.2024 auf etwa 4 Grad Jungfrau.

In der Mythologie ist Isis die ägyptische Mutter- und Geburtsgöttin. Als Osiris, ihr Bruder, von Seth zerstückelt wurde, erweckte ihn Isis durch ihre magischen und medizinischen Kräfte wieder zum Leben. Später heirateten die beiden, herrschten als erstes Götterpaar und gebaren den Sohn Horus, den Sonnengott. Isis symbolisiert so die drei Aspekte der Liebe: die Liebe zwischen Mann und Frau (Isis und Osiris), zwischen Bruder und Schwester (auch Isis und Osiris) und zwischen Mutter und Sohn (Isis und Horus).

Qualitäten der Isis im Horoskop sind selbstlose Liebe, seelenzentrierte Partnerschaft, Ausgleich des männlichen und des weiblichen Prinzips, Frieden, Schönheit, Harmonie, außersinnliche Wahrnehmungen.

Waage symbolisiert den Ausgleich der Gegensätze. Waage-Geborene streben nach Schönheit und Harmonie. Sie sind von eher ruhiger, freundlicher, heiterer Wesensart. Sie zeichnen sich als gute Mediatoren und Friedensstifter aus, weil sie anpassungsbereit und anpassungsfähig sind. Ihr inneres Gleichgewicht ist sehr empfindlich und es fällt der Waage schwer, Entscheidungen zu treffen. Durch die Begegnung, durch den Gedankenaustausch mit anderen finden Waage-Menschen zu sich selbst und erreichen ihre eigentliche Stärke.

Isis/Waage in der Natur

Der Waagemonat vom 22. September bis 23. Oktober beginnt mit der Tagundnachtgleiche im Herbst. Es ist die Zeit des Gleichgewichts in der Natur. In dieser zweiten Jahreshälfte wird auch die Reise in die Tiefe der Seele wichtiger und damit die Fragen: „Wer bin ich? Woher komme ich? Wohin gehe ich?" Die Waage-Sonne wirft ein zauberhaftes Licht über die bunt gefärbten Wälder und verbreitet dadurch eine Atmosphäre harmonischer Ruhe. Die letzten Früchte reifen aus und die Weinernte wird eingebracht. Während sich die ersten Herbstnebel über das Land legen, ziehen Vogelschwärme nach Süden.

Isis/Waage und der Körper

Im Körper werden Isis/Waage die Nieren, Blase, Haut, Becken, Harnleiter und die Bauchspeicheldrüse zugeordnet.

Werden Isis-Qualitäten nicht integriert gelebt, können sich Symptome wie Nierenerkrankungen, Blasenentzündungen, Hautkrankheiten, Diabetes oder Allergien zeigen.

Isis/Waage und die Psyche

Über die körperlichen Symptome hinaus beeinflusst die Isis Sie auch auf der psychischen Ebene. Wenn Sie sich nicht entscheiden können, unausgeglichen sind und Ihre Partnerschaft ausbaufähig ist, dann nutzen Sie die Isis-Kraft der Pflanzen. Isispflanzen helfen dabei, die Schönheit und die Liebe in allem zu sehen, anzunehmen und zu verschenken.

Isis/Waage und die Pflanzen

In der alten Astrologie unterstand die Waage ebenfalls der Venus. Deswegen sind unter den Isispflanzen auch Venuspflanzen wiederzufinden. Sie zeichnen sich gleichermaßen durch ihre Schönheit und ihren lieblichen Duft aus. Im menschlichen Körper herrscht Isis über die Nieren, die für Reinigung und Ausscheidung zuständig sind.

Die Niere wird auch das „Organ der Angst" genannt. Hier manifestieren sich die Ängste unserer heutigen Zeit. Sehr häufig ist es die Angst, sich zu öffnen und sich auf Beziehungen einzulassen. Goldrute und Birke als Isispflanzen helfen dabei, die verschiedenen Sinneseindrücke konstruktiv zu verarbeiten und auf individuelle Weise zu leben.

Iris
Iris pallida

Arten:
Am häufigsten sind in unseren Gärten die hellblaue *Iris pallida*, die dunkelblaue Sumpfiris, *Iris versicolor*, und die gelb blühende Wasserschwertlilie, *Iris pseudacorus*, zu finden.

Iris – Schönheit des Regenbogens
Iris-Arten, Schwertliliengewächse

Iris bedeutet *Regenbogen* – und so prächtig wie die Farben des Regenbogens sind auch die Farben der Iris-Blüten. Für die Griechen war Iris die Götterbotin im Dienste des Göttervaters Zeus. Sie brachte den Menschen auf der Erde die göttlichen Botschaften, die im Regenbogen zu erkennen sind. Über diesen Regenbogen begleitete sie auch die Seelen der Verstorbenen in das himmlische Reich des ewigen Friedens. Noch heute werden die Frauengräber in Griechenland mit weißen Schwertlilien als Gruß der Göttin Iris geschmückt.

Jede Blüte ist ein natürliches Kunstwerk. Von den sechs Blütenblättern biegen sich drei nach unten zur Erde und drei nach oben zum Himmel. Die unteren sind länglich oval, von blauer Farbe und am Grunde weißlich oder gelb gefleckt mit violetten Adern. Darüber läuft eine leuchtend gelbe, haarige Straße, an der entlang sich Hummeln und Bienen festhalten können, um zu dem begehrten Nektar zu gelangen. Die oberen Blütenblätter sind kleiner, purpurviolett und bilden grazil zwischen sich einen dreigliedrigen Innenraum, der von Irisliebhabern respektvoll „Dom" genannt wird. Die gesamte Irispflanze vereint in sich auf sehr harmonische Art das Männliche der schwertförmigen Blätter mit der weiblichen Schönheit der Blüten.

Duftendes
Wird der Iris-Wurzelstock getrocknet, bildet sich der wunderbare veilchenartige Duft aus, für den die Iris so berühmt ist. Veilchenwurzel wird sie deswegen oft genannt. Dieses *ätherische Öl* gehört zu den kostbarsten und auch teuersten der Welt. Irisduft wirkt direkt auf unsere Psy-

che. Der Duft heilt alte Wunden, löst seelische Blockaden und vermittelt ein Gefühl von Geborgenheit. Iris hilft, den Seelenfrieden zu finden. Deswegen wird auch heute noch Irisduft in der Begleitung Sterbender eingesetzt.

Gesundes

Iris pflegt, schützt und regeneriert die Haut. Homöopathen verordnen *Iris versicolor* bei Wochenendmigräne. Die kommt häufig vor bei Menschen, die beruflich sehr eingespannt sind und immer dann eine Migräne bekommen, wenn sie Zeit hätten, sich zu erholen.

Iris
Iris versicolor

Rezept Gesichtsöl: Mischen Sie in einer etwa 100 ml fassenden Flasche 30 ml Mandelöl mit 20 ml Nachtkerzenöl. Zusammen bilden sie die Grundlage für ein Gesichtsöl, das die Haut beruhigt und pflegt. In dieser Ölmischung kommt der Duft der Iris besonders gut zur Geltung. Geben Sie 5 Tropfen 1%iges ätherisches Irisöl hinzu und schütteln Sie sorgsam. Verwenden Sie dieses Gesichtsöl wie eine Nachtcreme. Es eignet sich auch gut für eine entspannende Ölkompresse: Erwärmen Sie ein wenig von diesem Öl im Wasserbad oder auf der Heizung und tragen Sie es mit leichten, massierenden Bewegungen auf. Legen Sie ein warmes, feuchtes Tuch über Gesicht und Hals und ruhen Sie mindestens 10 Minuten. Reisen Sie in dieser Zeit in Gedanken zu den blühenden Irisfeldern der Toscana – und Sie kommen erholt und mit neuer Kreativität wieder in den Alltag zurück.

Affirmationen Iris

Ausgleich – Ich bin in meiner Mitte.
Gleichgewicht – Ich vertraue meinen Entscheidungen.
Harmonie – Ich liebe auf körperlicher, geistiger und seelischer Ebene.

Inhaltsstoffe:
In ihrem Wurzelstock enthält sie Gerbstoffe, Stärke und Schleimstoffe. Die Schleimstoffe nehmen Wasser auf und binden es, indem sie aufquellen. Diese natürliche Schutzkraft der Iris wird für die Hautpflege genutzt.

Birke
Betula-Arten

Birke – leuchtende Schönheit
Betula-Arten, Birkengewächse

Die Bezeichnung *Birke* bezieht sich auf den hellen Glanz der leuchtend weißen Rinde. Birken wirken immer licht und hell. Auch im Herbst noch, wenn ihr gelbes Laub die Umgebung leuchten lässt. Leichtigkeit, Eleganz und etwas Heiteres, Spielerisches gehen von ihr aus. Die Birke vereint in sich zwei nur scheinbare Widersprüche: Härte, Zähigkeit und Weiches, Anschmiegsames; Männliches und Weibliches.

Gesundes
Die Birke wurde schon in mittelalterlichen Kräuterbüchern *Nierenbaum* genannt. Die Blätter enthalten Flavonoide, Salicylsäureverbindungen, Gerbstoffe, Vitamin C und Saponine. Mit dieser Komposition der Inhaltsstoffe sind Birkenblätter das sanfteste Durchspülungsmittel für die Niere, das wir kennen. Birkenblättertee schwemmt Wasseransammlungen aus dem Körper und erhöht die Harnmenge bis zu 15 %.

Heute wird ein Stoff aus der Birkenrinde besonders gut untersucht – die Betulinsäure. Sie zerstört Krebszellen, indem sie deren Selbstmord auslöst (Apoptose).

Affirmationen Birke
Verbindung – Das Licht ist in allen meinen Zellen.
Einklang – Ich bin eins mit der Schönheit des Universums.
Liebe – Es ist die Liebe, die trägt.

Weiße Lilie (Madonnenlilie) – Reinheit pur
Lilium candidum, Liliengewächse

Die Lilie ist das Sinnbild für vollkommene Schönheit und Anmut. Im antiken Griechenland war sie der Göttin Hera, der Schutzpatronin der Ehe, geweiht. Der Legende nach ist sie aus ihrer Milch gewachsen, die auf den Boden tropfte, als sie Herakles stillte. Jener Teil der Milch, die in den Himmel spritzte, wurde zur Milchstraße. In der christlichen Mythologie war sie ein Symbol für die Tugenden und Reinheit Marias. Weiße Lilien waren als Zeichen der Jungfräulichkeit in Brautsträußen enthalten. „Wer dreimal an einer Lilie riecht, wird schwanger", lautet ein griechisches Sprichwort.

Weiße Lilie
Lilium candidum

Gesundes
Bis ins 17. Jahrhundert hinein wird die Lilienzwiebel als Mittel gegen die (teuflische) Schlange und ihr Gift (die Erbsünde) eingesetzt. Heute findet sich das betörend duftende Öl ihrer Blüten in kosmetischen Produkten, die die Haut regenerieren und Fältchen glätten. Ganz sicher erfreut ihr Duft die Seele und fördert die Hingabe.

Affirmationen Weiße Lilie
Reinheit – Mein Herz ist rein.
Schönheit – Ich sehe das Schöne in allem.
Entscheidung – Ich bin in meiner Mitte.

Sternjasmin
Trachelospermum jasminoides

Jasmin – betört die Sinne
Jasminum-Arten, Ölbaumgewächse

Der echte Jasmin *(J. officinale)* stammt ursprünglich aus Nordindien und Persien. Mittlerweile werden zur Parfümherstellung mehr als 300 Jasminarten gezüchtet. Seit Jahrhunderten sind die Blüten und das Öl Bestandteil von Liebestränken und werden mit dem Mond, der Göttin Diana und dem mütterlich-kreativen Aspekt des Universums verbunden. Später wurde auch diese Blüte der Maria geweiht und die sternenförmigen Blüten symbolisierten himmlische Glückseligkeit.

Gesundes
Jasminduft öffnet das Herz, beruhigt die Nerven, hebt die Stimmung, bringt Optimismus und Lebensfreude. Und ist eines der „Wunder-vollsten" Aphrodisiaka der Pflanzenwelt. Jasmin verströmt einen Duft, der beschwingt macht und Leichtigkeit vermittelt. Auch im Körper löst er Verkrampfungen und ist sehr beliebt und hilfreich bei Gebärmutterproblemen, Menstruationsstörungen und in der Geburtshilfe.

Affirmationen Jasmin
Partnerschaft – Ich trete ein in einen Raum der Ruhe und der Weite.
Begegnung – Ich bin aufgeschlossen und klar.
Freude – Ich öffne mich für das Reich der Düfte.

Thymian – liebende Wärme
Thymus vulgaris, Lippenblütler

Thymian
Thymus vulgaris

Stellen Sie sich vor: ein Bett aus Thymian. Auf einer Böschung am Wegesrand blüht in der Sommersonne ein riesiges Kissen aus Thymian. Legen Sie sich mitten hinein, vergessen Sie die Umwelt und atmen Sie nur diesen Thymianduft tief in die Lungen. Mit jedem Ausatmen, das ganz von alleine kommt, lassen Sie alles los, was Sie gerade eben noch belastete. Mut und Kraft, Vertrauen und Leichtigkeit – alles ist auf einmal da. Erkennen Sie die Einmaligkeit einer Begegnung, eines Augenblicks, eines Menschen, Ihre Einmaligkeit – und nehmen Sie sie voller Liebe an.

Affirmationen Thymian
Frieden – Liebevoll nehme ich meine weibliche und meine männliche Seite an.
Balance – das Göttliche in mir grüßt das Göttliche in dir (Namasté).
Verbindung – Ich bin eins mit meiner Seele.

Weitere Isispflanzen im Überblick
Eisenkraut – führt zu Offenheit für die Ideen anderer.
Erdrauch – tritt gleichberechtigt in Beziehung.
Frauenmantel – liebt die Liebe.
Ginster – hilft bei wichtigen Entscheidungen.
Goldrute – bringt goldenes Licht in verletzte Gefühle.
Maiglöckchen – führt uns in unsere Heimat.
Rose – zeigt den Himmel auf Erden.
Schafgarbe – bereitet den Weg zur allumfassenden Liebe.
Schlüsselblume – macht warmherzig und selbstbewusst.
Veilchen – integriert Schönheit und Handeln.

Der Waage-Geschmack:

Die Waage bevorzugt ein harmonisches 7-Gänge-Menü auf französische Art. Die Schönheit der Präsentation erhöht den Genuss. Zu zweit im Kerzenschein mundet das Mahl doppelt so gut.

Räucherung mit Isispflanzen
> Jasminblüten, Moschuskraut, Tonkabohnen

Isis in der Küche
Isispflanzen bringen der harmoniebedürftigen Waage eine ausgewogene und sinnliche Ausstrahlung.

Früchte und Gemüse:
> Trauben, Äpfel, Birnen, Zwetschken, Pflaumen, Mirabellen, Mango, Papaya
> Reis

Gewürze:
> Vanille, Tonkabohnen, Thymian

Isis-Menü:
> *Vorspeise*: Moules Marinière in Weißwein und Petersilie
> *Hauptgang*: Seezunge mit Kapernsauce und Wildreis, dazu gefüllte Patisson
> *Dessert*: Creme Brûlée mit Mangosalat und Vanilleglace

Blumenstrauß:
Ein Strauß aus weißen Lilien mit grünen Blättern verschönert das Mahl der Waage.

Skorpion, Pluto und die Lotusblume

*„Freiheit und Glück bestehen im Loslassen,
nicht im Sammeln und Bewahren."*

Unbekannt

Wo in Ihrem Lebensbereich möchten Sie etwas verändern? (Beruf, Familie, Partner, Freunde, Wohnraum ...)
Welches waren die größten Krisen/Transformationsphasen in Ihrem Leben? Was haben Sie daraus gelernt?
Wie ist Ihre Einstellung zu Werden und Vergehen?
Wie leben Sie Ihre Sexualität?
Wo fasziniert Sie die Magie des Lebens?
Wie leben Sie Ihre heilenden Begabungen?

So nutzen Sie dafür die Pluto/Skorpion-Energie

- *Tauchen Sie ein in die Fragen des Lebens.*
- *Erfahren Sie sich und das Leben in aller Intensität.*
- *Lassen Sie Altes los und beginnen Sie etwas Neues.*
- *Räumen Sie auf, im Außen wie im Innen.*
- *Melden Sie sich an zu Bauchtanz, Flamenco, Tango ...*
- *Lernen Sie trommeln, Panflöte, machen Sie Naturrituale.*

Pluto/Skorpion als Prinzip

Der Planet Pluto wurde 1930 am Sternenhimmel gefunden, zur gleichen Zeit, als die Wirkung des Elementes Plutonium und die Kernspaltung entdeckt wurden. Seine Umlaufbahn liegt außerhalb von derjenigen des Neptun. Pluto ist ein relativ kleiner Planet und wurde deshalb 2006 zu einem Planetoiden heruntergestuft. Er braucht für einen Umlauf um die Sonne 243 bis 248 Jahre. Das bedeutet, dass er etwa 20 Jahre in einem Tierkreiszeichen verweilt.

In der Mythologie war Pluto der römische Gott der Unterwelt. In Griechenland hieß er Hades. Die drei Brüder Zeus, Neptun und Pluto teilten die Welt unter sich auf. Zeus bekam den Himmel, Neptun wurde der Gott der Meere und Pluto der Gott der Unterwelt. Damit herrschte Pluto über die Toten, die Vergangenheit und das kollektive Unbewusste des Menschen.

Qualitäten von Pluto im Horoskop sind Intensität, Loslassen, Stirb- und Werdeprozesse, Geburt und Tod, Transformation, Verantwortung, Machtthemen, Gesellschaft, Sexualität, Magie, Heilungsthemen.

Skorpion symbolisiert Tiefe und Wandlung. Skorpion-Geborene lieben Hintergründiges und ihr Forscherdrang zieht sie zu allem Verborgenen, Geheimnisvollen, Verdrängten. Skorpionmenschen verfügen über mächtige Seelenkräfte, die sie als Heiler und Helfer zum Wohle anderer einsetzen können.

Pluto/Skorpion in der Natur

Im Skorpionmonat vom 23. Oktober bis 21. November erstirbt die äußere Natur. Unter der Erde bildet sich der Humus für das neue Jahr. Die Nächte werden immer dunkler und länger, die Natur zieht ihre Kräfte ins Innere zurück, das Äußere erstirbt. Der neue Same liegt auch schon in der Erde, doch bevor er im nächsten Frühjahr sichtbar wird, steht ihm der Weg durch die Dunkelheit der kommenden Monate bevor.

Pluto/Skorpion und der Körper
Im Körper werden dem Pluto/Skorpion Unterleib, Geschlechtsorgane, Ausscheidungsorgane, Harnblase, Eierstöcke, Nasenknochen, Hypophyse und die Zellbildung zugeordnet.

Werden die Pluto-Qualitäten nicht integriert gelebt, können sich Symptome wie Geschlechtskrankheiten, Prostataprobleme, Impotenz, Hämorrhoiden, Warzen, Infektionen, Autoimmunkrankheiten, Psychosen, Neurosen, Krebs, Myome, Zysten, Nasenentzündungen zeigen.

Pluto/Skorpion und die Psyche
Über die körperlichen Symptome hinaus beeinflusst Sie der Pluto auch auf der psychischen Ebene. Wenn Sie sich ohnmächtig und unterdrückt fühlen, eifersüchtig und misstrauisch sind, dann nutzen Sie die Plutokraft der Pflanzen. Plutopflanzen helfen Ihnen, Ihren eigenen Weg zu gehen und die Macht der bedingungslosen Liebe zu erfahren.

Pluto/Skorpion und die Pflanzen
Vor der Entdeckung Plutos war Mars der Herrscher des Skorpions. Pluto stellt eine höhere Schwingung von Mars, eine höhere Oktave dar. Plutopflanzen sind von auffälliger Gestalt. Sie haben oft ungewöhnliche, eher dunkle Blütenfarben. Manchmal blühen sie in der Nacht (Königin der Nacht, ein Kaktus) oder im Herbst (Herbstzeitlose). Oft sind sie giftig und haben halluzinogene Wirkungen (Tollkirsche, Bilsenkraut). Häufig werden sie bei schamanischen Naturritualen verwendet (Alraune). Sie verschaffen Zugang zu den archaischen Wurzeln des Bewusstseins. Plutopflanzen begleiten den Weg durch die Dunkelheit zum Licht.

Königin der Nacht *Selenicereus grandiflorus*

Planeten – Pflanzen – Tierkreiszeichen

Indische Lotusblume
Nelumbo nucifera

Gesundes
Die Lotuspflanze ist Nahrung (Wurzel und Samen), Medizin (bei Blutungen, traditionell als Gegengift bei Pilzvergiftungen) und verspricht göttliche Freuden in der Liebe.

Indische Lotusblume – aus der Dunkelheit ans Licht
Nelumbo nucifera, Lotusgewächse

Die Lotusblume ist in Asien zu Hause. Dort wächst sie überall in Teichen, Gräben und Sümpfen. Sie wurzelt tief in nassen, schlammigen, dunklen Böden. Blüten und Blätter wachsen auf Stielen, die bis zu 2 m lang werden können, durch das trübe Wasser hindurch in Richtung Wasseroberfläche, dem Licht entgegen. Die großen Blätter bedecken die Wasseroberfläche, die Blüten erheben sich noch weit darüber hinaus und schweben fast in der Luft.

Für Hindus und Buddhisten ist der Lotus eine göttliche Pflanze. Sie symbolisiert Reinheit (weil das Wasser so schön von den Blättern abperlt), Vollkommenheit (die Schönheit der Blüte in den Farben von Rosa bis Rot, ihr betörender Duft), Unsterblichkeit (weil sie die Liebesfähigkeit stärkt) und Erleuchtung. So ist sie Vorbild für den Weg des Menschen aus der Dunkelheit ans Licht. „Om mani padme hum" – „Oh, du Juwel in der Lotusblüte" wird als Gebet von buddhistischen Gläubigen täglich millionenfach zum Himmel geschickt.

Die heilige Pflanze gilt als Geburtsort der Götter und Göttinnen, sogar des ganzen Universums. Viele ihrer Götter sitzen auf einem Thron aus Lotusblüten und werden täglich mit frischen Lotusblüten geschmückt.

Affirmationen Lotus
Transformation – Ich wachse aus der Dunkelheit ins Licht.
Liebesfähigkeit – Ich öffne mein Herz und erlebe meine Sinnlichkeit.
Ausrichtung – In tiefer Ruhe finde ich mein inneres Strahlen.

Zaubernuss – Hexenhasel
Hamamelis virginiana, Zaubernussgewächse

Im Sommer sieht die Zaubernuss aus wie ein Haselnussbusch. Im Winter aber zaubert sie aus den noch kahlen Zweigen leuchtend gelbe Blüten hervor.

Gesundes
Extrakte aus Rinde und Blättern heilen Verwundungen jeglicher Art sehr schnell. Die Gerbstoffe aus Blättern und Rinde ziehen das verletzte Gewebe zusammen, fördern die Blutgerinnung und entziehen so jeder Entzündung den Boden. Egal ob bei Sportverletzungen, Prellungen, blauen Flecken – Zaubernussextrakte zaubern alles weg. Bei Hämorrhoiden ist sie ein Geheimtipp.

Hamameliswasser ist ein sehr beliebtes Rasierwasser, Gesichtswasser oder Deodorant. Hamamelissalbe bringt neue Feuchtigkeit in trockene Haut und bewahrt so ihre Geschmeidigkeit und Abwehrkraft.

Affirmationen Zaubernuss
Verwandlung – Ich erschaffe neue Wirklichkeiten.
Intensität – Ich bin voll unerschöpflicher Energie.
Urkräfte – Meine Vision ist stärker als die Angst vor Dunkelheit.

Zaubernuss
Hamamelis virginiana

Planeten – Pflanzen – Tierkreiszeichen

Einbeere
Paris quadrifolium

Einbeere – faszinierendes Geheimnis
Paris quadrifolium, Germergewächse

Benannt wurde die Einbeere nach dem „schönsten Mann der Erde", zumindest aus der Sicht der griechischen Mythologie. Die vier ebenmäßigen Laubblätter der Einbeere symbolisieren den schönen Jüngling Paris und die drei schönsten Göttinnen Hera, Athene und Aphrodite.

Die schwarze Beere in ihrer Mitte steht für den Apfel, den Paris einer von ihnen überreichen sollte. Er schenkte ihn der Aphrodite, die ihm die Liebe der allerschönsten Frau versprochen hatte: Helena. Helena aber war verheiratet mit dem König von Sparta – und letzten Endes brachte diese Liebe zu Helena für Paris den Tod auf dem Schlachtfeld von Troja.

Die blauschwarze Frucht der Einbeere, die wie eine dunkle Perle leuchtet, schmeckt schlecht und ist schwach giftig, möglicherweise auch halluzinogen. Bei Vergiftungen kommt es zu Übelkeit, Erbrechen und bei höherer Dosis zu verengten Pupillen. Todesfälle sind keine bekannt geworden.

Gesundes
Die Einbeere wird nur noch in der Homöopathie verwendet und lindert dort Migräne und Neuralgien. Der Signaturenlehre folgend, wurde die wie ein dunkles Auge erscheinende Beere bei Augenleiden eingesetzt.

Affirmationen Einbeere
Sexualität – Ich liebe die Ekstase.
Ekstase – Ich bin in Verbindung mit dem Göttlichen.

Herbstzeitlose – giftige Herbstblüte
Colchicum autumnale, Zeitlosengewächse

Die Herbstzeitlose hält sich nicht an die Zeit. Sie ist zeitlos. Sie blüht im Herbst wie ein Krokus und bringt im Frühjahr zwischen drei dicken grünen Blättern eine Fruchtkapsel mit fertigen Samen hervor.

Weil im Mai die Blätter genauso schnell verschwinden, wie sie gekommen sind, vermutete man früher, dass in der Walpurgisnacht die Hexen diese *Hexenzwiebeln* als Salat gegessen hätten. Mit den Blüten gegen die „Winterstarre" rieb man sich Hände und Füße ein, damit sie nicht erfroren.

Herbstzeitlose
Colchicum autumnale

In *Colchis*, an der Ostküste des Schwarzen Meeres, wuchsen die Giftpflanzen der berühmten Zauberinnen Medea und Circe. Darunter auch die Herbstzeitlose. Die alten Griechen nannten die Herbstzeitlose „*Ephemeron*", das bedeutet etwa „ein Kraut, das an einem Tag den Tod herbeiführt".

Vergiftungssymptome gehen von Übelkeit und Krämpfen über Kreislaufversagen bis zur Atemlähmung. Das Gift wirkt langsam, aber zuverlässig. Das Alkaloid Colchizin wurde bei akutem Gichtanfall, bei Rheuma und Asthma angewendet.

Affirmationen Herbstzeitlose
Heilung – Ich höre auf, mich selbst zu bekämpfen, und lebe meine Kraft.
Eigenverantwortung – Ich bin anders – und das ist gut so.
Tiefe – In der Tiefe finde ich das Licht.

Zypresse – Baum des Lichts
Cupressus sempervirens, Zypressengewächse

Zypresse
Cupressus sempervirens

Schlank, rank und kerzengerade wächst eine Zypresse in den Himmel. So prägt sie ganze Landstriche im Mittelmeerraum, auch die Toskana. Das sehr dunkle Grün der eng am Stamm anliegenden Äste ist gut von Weitem zu erkennen. Im Frühjahr blüht sie in hellgelben Blütenständen, später im Jahr entstehen daraus die relativ kleinen kompakten Zapfen.

Das fein gemaserte Zypressenholz lässt sich gut verarbeiten. Tischler schätzen es sehr, weil es resistent ist gegen Fäulnis und Holzwurm. Sie fertigten daraus auch Statuen und Kirchentüren. In der Zypresse ist das Kräftespiel von Licht und Dunkel sehr lebendig. Sie gilt als ein Baum des Lebens und ein Baum des Todes. Zypressenzweige begleiteten die Toten auf ihrer letzten Reise und lagen bei Totenfeiern auf dem Altar. „Friedens-Höfe" sind heute noch oft von Zypressen umgeben.

Nadeln, Rinde, Holz und Zapfen enthalten das wunderbar aromatisch duftende ätherische Öl. Ein Spaziergang in einer Zypressenallee lässt an das Gebet der Essener an den Engel der Luft denken. Dort heißt es: „... süßer als der feinste Nektar des honigsüßen Granatapfels ist der Duft des Windes im Zypressenhain ..."

Dieser Duft hilft, tausend verwirrende Dinge, Ideen, Gedanken, Impulse loszulassen. Wohlig und voller Freude spüren Sie den Boden unter Ihren Füßen wieder. Ein Stück Zypressenholz oder ein Zypressenzapfen, in der Hosentasche getragen, verbindet Sie mit der Zypresse und ihrem Licht.

Gesundes
Einreibungen mit Zypressenöl lösen Krämpfe im Körper, egal ob bei Husten, Muskelkater oder Menstruation. Schon der Duft eines Tropfens auf dem Kopfkissen bringt Zuversicht und guten Schlaf. Er führt in Gefilde, in denen sich einengende Verhaltensmuster lösen können und Heilung wie von allein geschieht. Zypressenduft verleiht Mut und Zuversicht und die Freude, zu Neuem JA zu sagen. Er gibt uns Struktur und geleitet uns in Bahnen voller Lebenskraft.

Affirmationen Zypresse
Transformation – Ich erkenne die Trauer, lasse sie los und werde ich selbst.
Urvertrauen – Ich spüre die Kraft des Bodens unter meinen Füßen und die Inspiration des Himmels über meinem Kopf.
Der eigene Weg – Ich höre auf zu suchen und finde.

Weitere Plutopflanzen im Überblick
Alraune – transformiert sich in der Sexualität.
Bilsenkraut – zeigt das Licht in den Schatten.
Eibe – weiht in die großen Mysterien der Wiedergeburt ein.
Eisenhut – führt durch die Dunkelheit zum Licht.
Erle – lässt los und erneuert.
Mönchspfeffer – bringt Klarheit über die eigene Sexualität.
Schierling – ermächtigt, in die eigene Kraft zu kommen.
Schwarzer Nachtschatten – entdeckt und überwindet den eigenen Schatten.
Sumpfdotterblume – geht auf ungewöhnliche Art in die Tiefe.
Wolfsmilch – bricht Tabus.

Planeten – Pflanzen – Tierkreiszeichen

Der Skorpion-Geschmack:
Der Skorpion bevorzugt exotische, intensive, überraschungsreiche Küche. Ein aphrodisierendes Menü für lange, dunkle Novembernächte …

Räucherung mit Plutopflanzen:
› Myrrhe, Muskatnuss, Patchouli, Drachenblut

Das ist eine geheimnisvolle, tiefe Mischung, die den unergründlichen Skorpion auf seiner spirituellen Reise treu begleitet.

Pluto in der Küche (erotic food!)
Plutopflanzen bringen Intensität und Schärfe in die Küche, das alchemistische Labor. Das Essen ist das große Geheimnis. Tipp: Genießen Sie mal das Essen mit verbundenen Augen …

Früchte und Gemüse:
› Schlehen, Granatapfel, Lychees, Drachenfrucht, Banane, Lampionblume (Physalis)
› Auberginen, Chilischoten

Gewürze:
› Knoblauch, orientalische Gewürze, Chili, Muskatnuss, Zimt, Nelken

Pluto-Menü:
› *Aperogetränk*: Tomatensaft/Bloody Mary mit Pfeffer, Salz und Tabasco
› *Vorspeise*: Austern mit Zitronensaft und Baguette
› *Hauptgang*: Orientalisches Couscous
› *Dessert*: Granatapfelsorbet mit Lycheesauce, dazu Chilischokolade

Blumenstrauß:
Ein Strauß aus Orchideen (blau-grün, passend zum Tierkreiszeichen) verschönert das Mahl des Skorpions.

Schütze, Jupiter und der Gelbe Enzian

"Unser Leben hat so viel Sinn, wie es Liebe in die Tat umsetzt."
Zenta Maurina

Was gibt Ihrem Leben Sinn? Was sind Ihre Lebensziele?
In welcher Weltanschauung bzw. Religion fühlen Sie sich zu Hause?
Welche Reisen haben Sie am meisten berührt?
Wohin möchten Sie noch gerne reisen?
Was bedeutet für Sie Gerechtigkeit?
Wo finden Sie inneren Halt?

So nutzen Sie dafür die Jupiter/Schütze-Energie

- Bereiten Sie jemandem in Ihrem Umfeld eine Freude.
- Pflegen Sie internationale Beziehungen.
- Diskutieren Sie mit Freunden über Religion, Philosophie, Wahrheit, Glaube.
- Lesen Sie ein Buch, welches sich mit dem Sinn des Lebens befasst.
- Zünden Sie Kerzen an und laden Sie die Engel ein.
- Schaffen Sie Momente der Stille.
- Machen Sie täglich einen Spaziergang in der Natur.

Jupiter/Schütze als Prinzip

Jupiter ist nach der Sonne der größte Planet, 1000-mal kleiner als sie und dabei 318-mal größer als die Erde. Nur Venus leuchtet noch ein wenig heller als er, sein goldenes Licht allerdings ist weit beständiger und überstrahlt alle Sterne der Umgebung. Jupiter braucht fast zwölf Jahre für einen Umlauf durchs Horoskop und befindet sich durchschnittlich etwa ein Jahr in einem Tierkreiszeichen. Seine Helligkeit und seine maßvolle Geschwindigkeit geben ihm etwas Abgeklärtes und Friedvolles.

Planeten – Pflanzen – Tierkreiszeichen

In der Mythologie wurde der Göttervater Jupiter von den Babyloniern Marduk und von den Griechen Zeus genannt. Er kümmerte sich wohlwollend um seine Untergebenen, wenn ihm diese gebührenden Respekt zollten. Doch konnte er auch wütend oder hochmütig auftreten – und er hatte unzählige Liebesaffären, von denen noch heute einige Pflanzenlegenden berichten.

Qualitäten des Jupiters im Horoskop sind Glaube, Wahrheit, Religion, Philosophie, Lebenssinn, Freiheit, höhere Bildung, Weisheit, Reisen, Abenteuer, Optimismus, Glück, Zielstrebigkeit, Gerechtigkeit, Liebe zur Natur und zu den Tieren.

Schütze symbolisiert die Erweiterung des Horizontes, im Innen wie im Außen. Schütze-Geborene sind ausgesprochen reiselustig. Die Begegnungen mit fernen Kulturen führen sie zu immer tieferen Einblicken in den Lauf des Lebens. Allem voran drängt den Schützen die Suche nach dem Sinn. Er ist im Inneren ein tief religiöser Mensch, der sicher weiß, dass sich in allem Erschaffenen ein höherer Sinn verbirgt. Ihn zu finden und zu verkünden ist das Anliegen des Schützen.

Jupiter/Schütze in der Natur

Der Schützemonat vom 21. November bis 21. Dezember fällt in die Adventszeit, die hinführt zur Neugeburt des Lichts am kürzesten Tag des Jahres. Die Nacht dauert in unseren Breitengraden nun fast doppelt so lang wie der Tag. Das pflanzliche Leben ruht unsichtbar in der Erde, trägt aber bereits die Sehnsucht nach dem Licht und damit dem neuen Lebensimpuls in sich. Herbststürme wehen die letzten Blätter von den Bäumen, Raureif und Nebel umhüllen die kahle Natur. Steigt man jedoch auf Hügel und Berge und taucht aus dem Nebelmeer auf, ist der Blick weit und klar.

Jupiter/Schütze und der Körper

Im Körper werden Jupiter/Schütze Oberschenkel, Hüften und die Leber zugeordnet.

Werden die Jupiter-Qualitäten nicht integriert gelebt, können sich Symptome wie Hüftleiden, Leberkrankheiten, krankhafte Wucherungen, Gewichtszunahme oder Geschwüre zeigen.

Jupiter/Schütze und die Psyche

Über die körperlichen Symptome hinaus beeinflusst der Jupiter Sie auch auf der psychischen Ebene. Wenn Sie unglücklich sind, sich ungerecht behandelt fühlen, vom Schicksal übersehen werden, sich ärgern müssen, dann nutzen Sie die Jupiterkraft der Pflanzen.

Heilpflanzen, die dem Jupiter zugeordnet sind, schützen den Körper und fördern das Wachstum. Sie fördern die Fähigkeit, philosophische Einsichten zu erlangen und die großen universellen Gesetze zu würdigen. Jupiterpflanzen machen großzügig und tolerant. Sie helfen dabei, vertrauensvoll und mit Humor durchs Leben zu gehen. Einige begleiten Sie auf geistigen, inneren Reisen (Salbei). Jupiterpflanzen führen zu Freude und Anmut und lösen Depressionen und Trübsinn auf.

Jupiter/Schütze und die Pflanzen

Langsam wachsende Laubbäume und Kräuter zeigen seine Signatur (Eiche, Kastanie). Üppige Gewächse mit vielen Blüten und Früchten (Korn und Nüsse) sind vom Jupiterprinzip geformt, ihre Gestalt ist oft herrschaftlich (Gelber Enzian, Artischocke, Engelwurz). Jupiter, der Götterkönig, lässt die Früchte reif und köstlich werden, taucht die Welt in verschwenderische Farben (gelb bis tiefblau – Löwenzahn bis Enzian) und verleiht ihnen ein köstliches Aroma.

Gelber Enzian
Gentiana lutea

Der Name *Gentiana* geht zurück auf den heilkundigen illyrischen König Gentis, der mit der Enzianwurzel im 2. Jahrhundert v. Chr. einen Pestausbruch in Kleinasien bekämpft hat.

Gelber Enzian – bitterer Kraftspender
Gentiana lutea, Enziangewächse

Bei Enzian denken wir meistens an eine kleine tiefblaue Blüte, die hoch oben in den Bergen wächst und über deren Anblick sich jeder Wanderer freut. Genauso viel Freude löst der Gelbe Enzian aus, der *Leuchtende,* wie der botanische Name betont: *lutea.*

Auch wenn er längst nicht so bekannt ist wie seine blauen Geschwister, so ist nur er die Arzneipflanze mit der großen bitteren Wurzel, aus der auch der Enzianschnaps gewonnen wird. Die stattliche Pflanze mit der königlichen Haltung kann über 1 m hoch werden und beherbergt schützend in ihren Blattachseln üppige, wuschelige Sträuße aus gelben Blüten.

Gesundes
Enzian hilft verdauen. Die Nahrung und das Leben. Es sind die Bitterstoffe (und unter ihnen das Gentiopikrin, das noch in einer Verdünnung von 1:58.000.000 bitter schmeckt), die dafür sorgen, dass alle Verdauungssäfte des Körpers reichlich produziert werden: Speichel, Magen- und Pankreassaft und Galleflüssigkeit fangen an zu sprudeln und bringen Lebenskraft in den Körper. Das hilft auch, wenn der Appetit zu wünschen lässt und man nach einer Infektionskrankheit nicht wieder richtig auf die Beine kommt.

Affirmationen Gelber Enzian
Integration – Ich verdaue und integriere Fremdes.
Ergründen – Das Bittere hilft mir zu verstehen.
Offenheit – Ich öffne mich neuen Horizonten.

Schütze & Jupiter

Engelwurz – Schutzengelwurzeln
Angelica-Arten, Korbblütler

Die Engelwurz verleiht dem Platz, auf dem sie wächst, immer etwas Besonderes. Die jungen Blüten sind eingehüllt in den Blattschäften und ent-wickeln sich gut behütet dort heraus. Viel Geborgenheit, Schutz und Kraft strahlt diese Pflanze aus und überträgt das Gefühl auf den Betrachter. Leicht, beschwingt, erfüllt und inspiriert setzt dieser seinen Weg fort. Allein der Anblick macht gesund. Der Duft der Engelwurzblüten bringt Inspiration in die Welt und hat in alten Zeiten vielen Barden und Dichtern die passenden Worte und Lieder eingegeben.

Engelwurz
Angelica-Arten

Gesundes
Im Mittelalter hat es genügt, einen Schnitz von der Angelikawurzel in den Mund zu nehmen, um gegen Ansteckungen, besonders der durch Viren ausgelösten Pest, gefeit zu sein und gesund zu bleiben. Sie aktiviert die Abwehrkräfte und stärkt die innere Ordnung im Menschen. Sie fördert die Durchblutung der inneren Organe und sorgt für einen gesunden Darm. Das bringt neue Energie in Senioren, Erschöpfte und Rekonvaleszente. Und ist eine Wohltat für Menschen, die leicht frieren. Die *Angstwurz* beruhigt und stärkt die Nerven, löst Verkrampfungen und bringt Zuversicht. Als *Brustwurz* lindert sie Schmerzen und Entzündungen bei Husten und Bronchitis, sorgt für freie Nasen und gut belüftete Nasennebenhöhlen.

Affirmationen Engelwurz
Zuversicht – Ich bin allem gewachsen, was auf mich zukommt.
Vertrauen – Ich vertraue meinem Schutzengel.
Glück – Ich sehe das Positive in meinem Leben.

Inhaltsstoffe:
Mit ihrem ätherischen Öl und kräftigenden Bitterstoffen fördert die Engelwurz die gesamte Verdauung, lockt Magen- und Pankreassaft, kurbelt die Funktion der Galle an, weckt den Appetit und hilft auch, wenn der Stress auf den Magen schlägt.

Salbei
Salvia officinalis

Salbei – Kraut der Unsterblichkeit
Salvia officinalis, Lippenblütler

„Warum stirbt der Mensch, wenn er Salbei im Garten hat?" Diese Frage der frühen süditalienischen Ärzte hat Geschichte gemacht – und gefällt bestimmt dem Götterkönig Jupiter. Denn auch er weiß: „Gegen den Tod ist kein Kraut gewachsen." Doch vorher können wir ruhig philosophieren, diskutieren, neue Erkenntnisse erlangen und immer mehr den Lauf des Lebens verstehen.

Jupiter liebt solche Gespräche, die die innere Weisheit steigern. Und Salbei führt genau dahin. Griechen und Römer glaubten, Salbei berge das Geheimnis des ewigen Lebens in sich.

Gesundes
Salbei hilft bei allen Entzündungen im Atemtrakt, ist das „Probiotikum" der Mundhöhle, weil er dafür sorgt, dass die gesunde Mundflora erhalten bleibt und allen Ansteckungen und Infektionen trotzt. Außerdem hemmt er zu starkes Schwitzen und unterstützt den Östrogenstoffwechsel in Wechseljahren und Pubertät.

Als Würzkraut in der Küche bringt er feines Aroma und stärkt Verdauung und Stoffwechsel.

Affirmationen Salbei
Ganzheitliches – Ich spüre die tiefe Ordnung in allem.
Öffnung – Ich öffne mich der Weite und den Möglichkeiten des Lebens.
Lebenssinn – Ich löse meine Aufgabe mit Freude.

Glockenblume – klingendes Blau
Campanula-Arten, Glockenblumengewächse

Glockenblumen wurden im Mittelalter in den Gärten angebaut, und die dicken, fleischigen Wurzeln, auch Rapunzeln genannt, wurden zusammen mit den zarten Stängeln als Gemüse und als Salat verzehrt.

Es waren die Rapunzel, die im Garten der Hexe wuchsen ... Ihre blauen Blüten sind in vielen alten Geschichten Unterschlupf von Elfen und Pflanzengeistern. Wer sie pflückte, lief Gefahr, ein Gewitter heranzuziehen, und riskierte, dass der Blitz ins Haus einschlug.

Glockenblume
Campanula ssp.

Gesundes
Wer Glockenblumen mit Ziegenmilch übergießt und über Nacht stehen lässt, kann darin seine Hände baden. Die Haut wird streichelzart. Dieser Extrakt sorgt auch im Badewasser für eine feine, weiche Haut.

Affirmationen Glockenblumen
Einklang – Ich bin in Einklang mit der Natur und dem Kosmos.
Religio – Ich höre das Göttliche in allem.
Spirituelles Heimatgefühl – Ich fühle mich auf der ganzen Welt zu Hause.

Planeten – Pflanzen – Tierkreiszeichen

Walnussbaum
Juglans regia

Walnussbaum – kernige Kraft
Juglans regia, Walnussgewächse

Dieser Baum trägt sogar den Namen Jupiters. Er ist ein Baum ausladender Größe, der uns alle mit seinen Nüssen beschenkt. Sie sind eine wahre Kraftnahrung und versorgen uns während des Winters mit ausreichend Energie. *Juglans regia* bedeutet *Eicheln des Jupiter*, voller Respekt vor dem großen Götterkönig so genannt. Kein Wunder, dass Walnüsse auch als Symbol der Fruchtbarkeit galten!

Der Philosoph Jupiter schleicht sich auch beim Nüsseknacken mit einem indischen Sprichwort ein: „Die Sünde schmeckt zuerst süß – und dann bitter. Die Wahrheit schmeckt zuerst bitter – und dann süß!" Die Wahrheit der Walnuss: zuerst die bittere, ledrig-herbe Fruchthülle, dann die harte Schale und zuletzt der süße Kern.

Gesundes
Üppig und königlich sind auch die Gaben des Walnussbaums: Die kätzchenartigen Blüten im Frühjahr waren in alten Zeiten ein Tee gegen Grippe. Aus den Blättern entsteht ein Tee, der die Lymphe reinigt und Haut und Schleimhäute klärt. Die grünen Schalen der Nüsse färben Wolle, Stoffe und Haare.

Beim Leistungstief am Nachmittag verbessern Nüsse Konzentration und Kreativität. Sie sind optimale Radikalfänger und schützen vor Umweltschäden! Eine Handvoll Nüsse pro Tag genügt!

Das holzige Kreuzchen, das beim Knacken der Nüsse übrig bleibt, ergibt einen Tee, der das Herz stärkt, den Körper entwässert und so bei hohem Blutdruck helfen kann. Nicht zu vergessen ist das kostbare Walnussöl, das

Inhaltsstoffe:
Die Walnüsse selbst sind die beste Gehirnnahrung – das Walnusseiweiß wird oft als „vegetarisches Fleisch" bezeichnet, es enthält viele B-Vitamine, die Nerven und Psyche stabilisieren und für glänzende Haare und strahlende Haut sorgen; Vitamin E gegen Stress; ungesättigte Omega-3-Fettsäuren, die Herz und Gefäße schützen; Mineralien wie Magnesium für Stabilität; Fluor und Kalzium für Knochen und Zähne; Cholin und Lecithin fürs Gehirn.

dem Salat eine nussige Note gibt. Die hölzernen Nussschalen schließlich prasseln so schön im offenen Feuer – Genuss und Freude sind Qualitäten Jupiters!

Affirmationen Walnuss
Selbstvertrauen – Ich bin König/Königin in meinem Reich.
Großzügigkeit – Ich teile, was ich habe, mit anderen.
Optimismus – Ich vertraue meiner Zukunft.

Walnuss - Fruchtstand
Juglans regia

Weitere Jupiterpflanzen im Überblick
Alant – führt vergnügt zu neuen Abenteuern.
Beinwell – lässt alte Wunden heilen und bringt Entscheidungsfähigkeit und Struktur.
Betonie – stärkt den Wunsch nach höheren Zielen.
Borretsch – sorgt für Mut, Optimismus und Lebensfreude.
Königskerze – lässt das Licht leuchten.
Odermennig – gibt der Freude Raum.
Rainfarn – strahlt Stärke, Licht und Leben aus.
Rosskastanie – bringt den Willen in die Materie.
Schöllkraut – seine Antwort ist Liebe.
Steinklee – bringt Wärme, Liebe, Duft und Schwung in ermattete Gefühle.

Räucherung mit Jupiterpflanzen
‣ Salbei, Nelken, Muskatnuss, Ysop, Benzoe, Galgant, Angelikawurzel, Kardamom, Myrrhe

Jupiter in der Küche
Jupiterpflanzen stehen dem Energiebündel Schütze in seinem entschlossenen und vielseitigen Tun stets zur Seite.

Planeten – Pflanzen – Tierkreiszeichen

Der Schütze-Geschmack:
Der Schütze liebt exotische, feurige, abwechslungsreiche Küche. Unter Jupiter-Gerichten biegt sich die Tafel. Auch Obelix hätte Freude daran ...

Früchte und Gemüse:
> alle üppigen Früchte wie Melone, Ananas, Kürbis; alle exotischen Früchte: Papaya, Mango, Feigen, Datteln, Avocado; Baumnüsse
> Okra-Schoten, Chili, Chinakohl

Gewürze:
> exotische Gewürze: Vanille, Kardamom, Nelken, Zimt, Ingwer, Sternanis, Curry, Curcuma, Koriander, Borretsch

Jupiter-Menü:
> *Vorspeise*: Papaya-Salat mit gerösteten Baumnüssen
> *Hauptgang*: Exotisches Thai-Gemüsecurry mit Basmati-Reis
> *Dessert*: Warme Feigen mit Vanilleglacé und Amarettolikör, dazu Gewürzkuchen und zart schmelzende Schokolade

Blumenstrauß:
Das Schützemahl verschönert ein Strauß aus königsblauem Rittersporn.

Steinbock, Saturn und der Ackerschachtelhalm

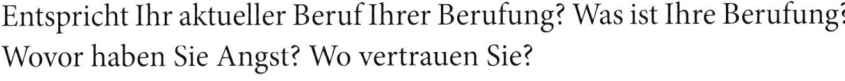

„Zeit gehört zum Wertvollsten, was wir verschenken können."
Friebe

Entspricht Ihr aktueller Beruf Ihrer Berufung? Was ist Ihre Berufung?
Wovor haben Sie Angst? Wo vertrauen Sie?
Wofür haben Sie zu wenig Zeit? Wie können Sie Ihre Zeit besser organisieren?
Wofür übernehmen Sie Verantwortung? Wo können Sie Verantwortung abgeben?
Von welchen Menschen haben Sie am meisten gelernt?
Was möchten Sie lernen/weitergeben? Was ist die Essenz des Lebens?

So nutzen Sie dafür die Saturn/Steinbock-Energie:

- *Werden Sie sich klar, was Ihre wahre Berufung ist.*
- *Verfolgen Sie ein Ziel mit Ausdauer und Einsatz.*
- *Geben Sie Ihre Weisheit und Ihre Lebenserfahrung weiter.*
- *Konzentrieren Sie sich auf ein gutes Buch*
- *Nehmen Sie sich einfach Zeit – für Ihre Mitmenschen, für besinnliche Stunden, für Musik und Meditation.*
- *Steigen Sie auf die Spitze eines Berges und schauen Sie das Leben aus dieser Perspektive an.*

Saturn/Steinbock als Prinzip

Saturn ist der zweitgrößte Planet unseres Sonnensystems. Er wird auch der Hüter der Schwelle genannt, weil er als äußerster Planet mit bloßem Auge an seinem bleifarbenen Licht zu erkennen ist. Er ist von einem Ringsystem umgeben, das die saturnische Ordnung symbolisiert. Seine Umlaufzeit um die Sonne beträgt etwa 29 Jahre, er befindet sich durchschnittlich 2 ½ Jahre in einem Zeichen.

In der Mythologie ist Saturn (griechisch Chronos) der älteste der Planetengötter und er ist der Gott der Zeit. Im Jahreslauf zeigt er sich im Winter. Er wurde dargestellt als der Sämann mit dem Saatensack auf dem Rücken, der aus dem verschneiten Tannenwald kommt. So wurde er zum Vorbild für den Knecht Ruprecht.

Qualitäten des Saturn im Horoskop sind Konzentration, Ausdauer, Klarheit, Beruf und Berufung, Verantwortung, Umgang mit der Zeit, Licht, Essenz, Weisheit, irdische und kosmische Gesetze, Einweihungsthemen.

Steinbock symbolisiert die Konzentration aufs Wesentliche. Das ermöglicht, dass alle Kräfte gebündelt werden, um ein Ziel zu erreichen. Steinbock-Geborene sind die wahren „Macher", die mit Geduld und Beharrlichkeit daran arbeiten, eine Aufgabe pflichtbewusst zu erfüllen und zu Ende bringen. Sie besitzen ein großes Verantwortungsgefühl. Treue, Disziplin und Pflichtbewusstsein sind wesentliche Merkmale dieses Zeichens. Sie treten gerne ein für irdische und kosmische Gesetze.

Saturn/Steinbock und die Natur

Der Steinbockmonat vom 21. Dezember bis 21. Januar kennzeichnet den klaren, kalten, strengen Winter. Dieser Zeitabschnitt ist oft eine Phase der Lebensprüfung. Mit dem tiefsten Sonnenstand hält nun der Winter Einzug. Die Natur hat sich zum Winterschlaf zurückgezogen und Schnee und Eis legen sich wie ein lautloser Teppich übers Land. Nach außen scheint das Leben stillzustehen, doch in der Tiefe der Erde beginnt, im Einklang mit der bereits wieder zunehmenden Sonnenkraft, der unaufhaltsame Aufstieg ans Licht.

Saturn/Steinbock und der Körper
Im Körper werden dem Saturn/Steinbock Knie (hart, unbeugsam), Knochen, Skelett, Wirbelsäule, die Zähne und die Milz zugeordnet. Werden die Saturn-Qualitäten nicht integriert gelebt, können sich chronische Prozesse wie Rheuma, Arthritis, Gicht oder Knieprobleme, Wirbelsäulenerkrankungen, Gallen- und Nierensteine, Zahnbeschwerden oder Depressionen zeigen.

Saturn/Steinbock und die Psyche
Über die körperlichen Symptome hinaus beeinflusst Sie der Saturn auch auf der psychischen Ebene. Wenn Sie unkonzentriert sind, sich mit Schuldgefühlen plagen oder verschlossen, zu dogmatisch und ehrgeizig sind, dann nutzen Sie die Saturnkraft der Pflanzen. Saturnpflanzen geben Struktur und Ausdauer, helfen, sich zu konzentrieren, Ideen zu verwirklichen, Ziele zu erreichen und sich mit der Essenz des Lebens zu befassen.

Saturn/Steinbock und die Pflanzen
Im Pflanzenreich werden dem Saturn bitter schmeckende Kräuter (Wermut) zugeordnet. Saturnpflanzen wachsen langsam (Olivenbaum, Eibe), auch auf kargen Böden (Schachtelhalm). Dazu gehören ebenso die immergrünen Pflanzen des Winters (Nadelbäume, Stechpalme). Unter dem Einfluss von Saturn verpackt die Pflanze die Essenz ihres Pflanzenlebens in Samen. Darin ist das ganze Wissen für einen neuen Zyklus im Pflanzenleben enthalten.

Olivenbaum

Planeten – Pflanzen – Tierkreiszeichen

Ackerschachtelhalm
Equisetum arvense

Equisetum bedeutet *Pferdeschwanz* – ganz verständlich, wenn man die grünen Sommertriebe anschaut. Ähnlich rau wie ein Pferdeschwanz fühlen sie sich an. *Arvense* beschreibt den Standort: auf dem Acker. *Zinnkraut* wird der Ackerschachtelhalm auch genannt, weil in alten Zeiten die Frauen das Zinngeschirr mit diesem Urzeitscheuerpulver glänzend polierten.

Ackerschachtelhalm – Klarheit und Struktur
Equisetum arvense, Schachtelhalmgewächse

Es gibt keinen typischeren Vertreter Saturns auf der Erde als den Ackerschachtelhalm. 400 Millionen Jahre hat er schon gelebt. Er ist immer bereit, sich auf das Wesentliche zu konzentrieren. In seinem Erscheinungsbild gibt es nichts Überflüssiges. Er liebt die rationelle Arbeitsteilung und effektive Spezialisierung: Für seine Fortpflanzung sorgt ein brauner, spargelähnlicher, kurzlebiger Trieb im frühen Frühjahr. Atmung und Fotosynthese übernehmen dann die grünen chlorophyllhaltigen Triebe im Sommer. Sie enthalten viel Kieselsäure und so viele verschiedene Mineralien, dass sie zurecht als pflanzliches Schüßlersalz bezeichnet werden.

Gesundes

Ackerschachtelhalm verwandelt Erde und Sand in trinkbaren Kiesel, der wiederum die Struktur unseres menschlichen Körpers – Knochen, Zähne, Nägel, Haare, Haut und Schleimhaut – stärkt und schützt. Für die Anwendung bei Knochenbrüchen, Bandscheibenschäden, Schleimbeutelentzündungen, Ekzemen, Pilzerkrankungen muss der Tee 10 Min. lang geköchelt werden. Soll der Ackerschachtelhalmtee die Nieren anregen und die Entwässerung des Körpers aktivieren, reichen 5 Minuten Ziehzeit.

Affirmationen Ackerschachtelhalm

Zeit – Ich habe genügend Zeit.
Ausdauer – Mit Gelassenheit und Durchhaltevermögen gehe ich meinen Weg.
Konstanz – Ich erkenne das Bleibende in der Veränderung.

Edelweiß – Stern der Berge
Leontopodium alpinum, Korbblütler

Edelweiß ist das Symbol für hohe Gebirge schlechthin, es wächst oft dicht unter der Grenze des ewigen Schnees und an Stellen, die intensiv der brennenden Sommersonne ausgesetzt sind. Die Blüte sieht aus wie ein Stern mit bis zu 15 Strahlen. Diese Strahlen sind filzig behaarte Hochblätter, die Hunderte klitzekleiner Einzelblüten im Zentrum schützend umgeben. Sie tragen ein dichtes, silbrig glänzendes Haarkleid, das zu dem botanischen Namen beigetragen hat: *Leontopodium* bedeutet *Löwenpfötchen*. Der hell leuchtende Schimmer dieser Hochblätter entsteht durch Tausende von kleinen Luftbläschen zwischen den winzig kleinen Härchen. Sie reflektieren das Sonnenlicht, schützen vor Verdunstung und Kälte und machen mit ihrem Glitzern Insekten und Menschen auf sich aufmerksam.

Edelweiß
Leontopodium alpinum

Gesundes
Da das Edelweiß so außerordentlich gut mit extremer Bestrahlung umgehen kann, wurde es in den letzten Jahren zu Sonnenschutzmitteln verarbeitet. Es schützt auch unsere Haut vor den schädlichen Wirkungen intensiver Sonnenbestrahlung und lindert Hautreizungen.

Affirmationen Edelweiß
Licht – Ich sehe das Licht in jedem Menschen.
Zähigkeit – In kleinen Schritten erreiche ich mein Ziel.
Ausstrahlung – Ich strahle mit Millionen von anderen Sternen.

Efeu
Hedera helix

Efeu – Himmelsstürmer mit Bodenhaftung
Hedera helix, Efeugewächse

Hedera kommt aus dem Griechischen und bezieht sich auf das *Festsitzen* auf einer Unterlage. *Helix* ist die *Spirale*: Efeu windet sich an allem empor, was er auf seinem Wachstumsweg findet – und wenn er Halt gefunden hat, lässt er sich kaum noch von seinem Partner trennen. So wurde er zum Symbol der Treue und Unsterblichkeit. Efeu braucht Zeit zum Wachsen. 8–10 Jahre wächst er durch schattige Bereiche mit seinen unverkennbar gezackten Blättern. Mit diesem Gang durch das Dunkle hilft er auch uns Menschen, durch unsere Ängste hindurchzugehen und uns selbst vertrauter zu werden. Im reiferen Alter bildet Efeu gelappte Blätter, die dann im herbstlichen Sonnenlicht kugelige Efeublüten umspielen. Still und beständig webt er sein grünes Kleid und deckt Beton ebenso zu wie dicke Klostermauern.

Gesundes
Efeu hilft bei Husten. Er nimmt die Entzündung, löst den Schleim und erleichtert das Abhusten. Auch bei Hustenkrämpfen beruhigt er. Bei Cellulite aktiviert Efeu den Hautstoffwechsel und regt die Entwässerung und Entschlackung über die Lymphe an.

Affirmationen Efeu
Weisheit – Ich bin verbunden mit meinen archaischen Strukturen.
Furchtlosigkeit – Ich schöpfe Kraft aus der Dunkelheit.
Unvergänglichkeit – Ich bin verbunden mit der Ewigkeit.

Christrose – liebt den Winter
Helleborus niger, Hahnenfußgewächse

Helleborus bedeutet so viel wie *tödliche Speise*. In der Antike wurden Christrosenwurzeln dem Trinkwasser einer belagerten Stadt beigegeben – wie es hieß: *mit großem Erfolg* für die Belagerer. Saturnisch an ihr ist auch die Fähigkeit, durch Niesen *alles aus dem Körper zu entfernen, was nicht dahin gehört*. So jedenfalls beschrieb Paracelsus die drastische Wirkung der *Nieswurz*.

Christrose
Helleborus niger

Die Christrose wurde verwendet bei Alterserscheinungen wie Gicht, Herzschwäche, Gemütskrankheiten, Krätze, Geiz. Besonders wirksam war sie, wenn sie samstags, am Tag des Saturns, geerntet wurde.

Gesundes
Wegen ihrer enormen Giftigkeit wird die Christrose nur noch in der Homöopathie verwendet. *Helleborus* beeinflusst gleichzeitig Herz, Kreislauf und das gesamte Stoffwechselgeschehen. Es hat eine besondere Beziehung zur Psyche, z. B. Geistesverwirrung, Manien, Meningitis, Psychosen.

Affirmationen Christrose
Kristallisation – Ich bin die strahlende Überraschung im Winter.
Essenz – Ich empfange und sende Licht und Liebe.
Einweihung – Ich bin eingeweiht in die kosmischen Gesetze.

Tanne
Abies alba

Wer Tannen aus der Vogelperspektive betrachtet – zum Beispiel aus einem Skilift – wird feststellen, dass sie in ihrem Wachstumsrhythmus der gleichen Grundstruktur folgen wie Schneekristalle und ihre Äste in einem klaren, grünen, saturnischen Sechseck anordnen.

Tanne – ewiges Grün
Abies alba, Kieferngewächse

In der saturnisch kalten Jahreszeit bewahren die Tannen und andere Nadelbäume ihr Grün und wurden damit zum Symbol für das Leben, das niemals stirbt – auch wenn es sich tief in die kalte Erde zurückgezogen hat. Wohl deswegen sahen unsere Vorfahren in winterkalten Nächten eine saturnische Erscheinung aus dem Tannenwald kommen, mit einem Bart voller Eiszapfen und einem langen Mantel, der einen Sack mit Geschenken für die frierenden Menschen über der Schulter trug: Samen als Symbole für die Unsterblichkeit des Lebens. In diesem Weisheitssack steckten Nüsse und Zapfen für die männliche Fortpflanzungskraft und Äpfel als Frucht der Göttin für die weibliche Fruchtbarkeit.

Gesundes

Ein Spaziergang in einem Tannenwald zählt zu jenen kostenlosen Aktivitäten an der frischen Luft, die für reine Gesundheit sorgen. Wer den Tannenduft tief in seine Lungen einsaugt, wird die beruhigende und gleichzeitig belebende Wirkung spüren.

Die ätherischen Öle durchdringen die Schleimhäute, töten Bakterien ab und üben einen heilsamen, kräftigenden Reiz auf die gesamten Atemwege aus. Wer kleine Kügelchen aus dem frischen Harz formt und sie langsam lutscht, wird sofort merken, wie sehr das die Lunge reinigt und stärkt.

Affirmationen Tanne

Lichtträger – Ich bringe Licht in das Dunkel.
Stabilität – Meine innere Wärme überdauert die Kälte.
Gelassenheit – Aus innerer Ruhe betrachte ich den Trubel.

Weitere Saturnpflanzen

Bartflechte – lässt die Schönheit und Weisheit des Alters strahlen.
Beinwell – heilt tiefe Verletzungen mit Licht.
Eibe – bringt versteinerte Gefühle zum Fließen.
Giersch – lässt sich niemals entmutigen.
Hirtentäschel – stellt sich klar den Herausforderungen.
Immergrün – konzentriert sich auf das Wesentliche.
Milzkraut – kommt bei sich selber an.
Stechpalme – bringt Klarheit in verletzte Gefühle.
Wegwarte – lebt ihre Struktur, Disziplin und Tatkraft.
Wermut – sorgt für den Durchblick.

Räucherung mit Saturnpflanzen

▸ Beinwell, Benzoe, Vetiver, Zypresse, Fichte, Pappel, Efeu, Kiefer, Eibe, Salomons-Siegel, Christrose

Saturn in der Küche

Saturnpflanzen bringen Klarheit und Licht in die Küche.

Früchte, Gemüse und Gewürze:

▸ Schlehe, Sellerie, Schwarzwurzel, Oliven, Linsen, Lauch, Kartoffeln
▸ Salz, Lorbeer, Bittermandeln

Menüvorschlag:

▸ *Vorspeise*: Linsensuppe mit Schwarzbrot
▸ *Hauptgang*: Rösti und gebratene Steinpilze, dazu ein Spiegelei
▸ *Dessert*: Apfelstrudel mit Vanillecreme

Blumenstrauß:

Ein Strauß aus Christrosen und Farnen verschönert das Mahl des Steinbocks.

Der Steinbock-Geschmack:
Der Steinbock will immer arbeiten. Er hat keine Zeit zum Essen. Wenn, dann bevorzugt er eher die einfache, klare, naturverbundene Küche. Manchmal genießt er auch gerne ein Gläschen feinen alten Bordeaux.

Wassermann, Uranus und die Arnika

„Meine Kraft schöpfe ich aus den Ideen für die Zukunft, nicht aus den Leistungen, die hinter mir liegen."
Reinhold Messner

Welche Zukunftsvisionen möchten Sie verwirklichen?
Welche Rolle spielen Freunde in Ihrem Leben?
Wo sind Sie ein Außenseiter? Wo gehören Sie dazu?
Können Sie spontan sein?
Wovon fühlen Sie sich abhängig?
In welchen Gruppen fühlen Sie sich wohl?
Was unterscheidet Sie von anderen?

So nutzen Sie dafür die Uranus/Wassermann-Energie

- *Folgen Sie Ihren spontanen Einfällen.*
- *Manifestieren Sie Ihre Visionen.*
- *Pflegen Sie Ihre Freundschaften.*
- *Gönnen Sie Ihrem Körper bewusst Pausen. Sorgen Sie für Inseln der Ruhe.*
- *Leben Sie sich selber und Ihr Potential.*

Uranus/Wassermann als Prinzip

1781, kurz vor der Französischen Revolution, entdeckte der Engländer Sir William Herschel eine verschwommen blau-grüne Scheibe am Himmel und nannte diesen Planeten Uranus. Der Name geht auf das griechische Wort für „Himmel" zurück. Der Planet Uranus braucht ungefähr 84 Jahre für einen Umlauf um die Sonne und befindet sich sieben Jahre in einem Tierkreiszeichen.

In der Mythologie war Uranus einer der frühesten Götter, er war die Personifizierung des Himmels. Zusammen mit Gaia, der Göttin der

Erde, zeugte er die zwölf Titanen. Die Polarität zwischen Himmel und Erde, zwischen ihm und Gaia und ihren Kindern führte dazu, dass Uranus von seinem Sohn Chronos (Saturn) entmannt wurde. Sein Geschlechtsteil fiel ins Mittelmeer und zeugte die Liebe in Gestalt von Venus/Aphrodite.

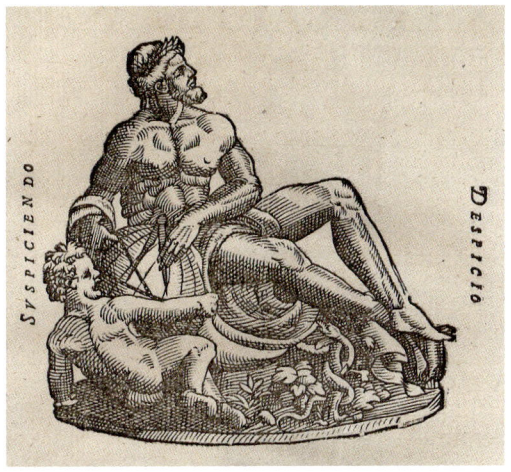

Im Horoskop sind die Qualitäten des Uranus humanitäre Ideen, hohe Ideale, Originalität, Intuition, Schwingungen, Freunde, Gruppen, Visionen, Zukunft, Reformen, Menschheit, Astrologie.

Wassermann symbolisiert visionäre, humanitäre Ideen. Der Wassermann-Geborene besitzt ein ausgezeichnetes Abstraktionsvermögen, neigt dazu, die Dinge von oben zu betrachten. Er ist sehr einfallsreich und erfinderisch. Am mittelalterlichen Hof zeigte sich dieses Prinzip in der Rolle des Hofnarren, der als Einziger die Narrenfreiheit besaß, die Wahrheit zu sagen. Die Prinzipien der Französischen Revolution, „Freiheit, Gleichheit, Brüderlichkeit", gelten seit seiner Entdeckung auch für den Uranus.

Uranus/Wassermann in der Natur

Der Wassermann-Monat vom 20. Januar bis 20. Februar liegt im kühlen, klaren, stillen Winter. Es ist auch Fastnachtszeit. Ende Januar gewinnt die Sonne allmählich wieder sichtbar an Kraft, die Luft ist normalerweise noch eisig kalt und die Natur unter einer dicken Schneedecke starr gefroren. Im Erdinneren ziehen die Wurzeln bereits „Lebenswasser" aus der Erde. Der neue Saft belebt die Pflanzen und macht sie bereit zum baldigen Aufbruch in den Frühling. Trotz aller Kälte ist dies ein Lichtmonat voll klarer Luft. Tausendfach glitzern die Eiskristalle. Die Nächte sind noch lang, aber bei klarem Sternenhimmel eine wunderbare Ergänzung zu herrlichen blauen Wintertagen.

Uranus/Wassermann und der Körper

Im Körper werden dem Uranus/Wassermann Unterschenkel, Nerven, Blutzirkulation und das Zentralnervensystem zugeordnet. Werden die Uranus-Qualitäten nicht integriert gelebt, können sich Symptome wie Unfälle, Brüche, Umknicken im Knöchel, Probleme mit den Unterschenkeln, Krampfadern und nervöse Störungen zeigen.

Uranus/Wassermann und die Psyche

Über die körperlichen Symptome hinaus beeinflusst Sie der Uranus auch auf der psychischen Ebene. Wenn Sie sich in Ihrer Freiheit eingeschränkt fühlen, nervös sind und Ihre Vorstellungen nicht leben können, dann nutzen Sie die Uranuskraft der Pflanzen. Uranuspflanzen helfen Ihnen, Ihre eigene Individualität und Originalität zu leben. Sie verbinden mit Gleichdenkenden und unterstützen die gemeinsame Arbeit an einer humanitären und friedlichen Welt.

Uranus/Wassermann und die Pflanzen

Uranus gilt als die höhere Oktave des Merkur. Pflanzen des Uranus zeigen viele Gemeinsamkeiten mit Merkur. Sie eignen sich vor allem dazu, das schöpferische Potential des Bewusstseins zu steigern. Ihr Wachstumsort ist häufig geopathisch belastet (Wasserdost) oder sie helfen bei Problemen durch plötzliche Einflüsse (Arnika).

Manche haben bizarre Wachstumsformen, die an Naturgeister erinnern (Lärche). Ihre Blüten leuchten gelegentlich in komplementären Farben, oft sind sie auch nur violett.

Uranuspflanzen sind geistig anregend und wegen ihrer Giftigkeit meist nur in homöopathischer Form gebräuchlich.

Wassermann & Uranus

Arnika – für alle Fälle
Arnica montana, Korbblütler (Uranus und Sonne)

Arnika wächst in den Tälern genauso gerne wie in Höhenlagen am liebsten in voller Sonne. Arnika ziert Ende Juni mit ihren gelben Blütensonnen üppig blühende, nicht gedüngte Bergwiesen. Arnika zählt zu den bewährten Hausmitteln und gehört in jede Hausapotheke, jeden Wanderrucksack und in jede Sporttasche. Egal ob als homöopathische Kügelchen oder als Arnikatinktur.

Gesundes
Die vielen Namen der Arnika erzählen von ihrer äußerst geschätzten Wirkung. Als *Wundkraut* beschleunigt sie die Heilung von schlecht heilenden Wunden. Wunden nach Operationen oder Zahnextraktion bluten weniger und heilen leichter. Als *Stichkraut* hilft Arnika bei Seitenstichen und „stechendem" Wundschmerz. *Fallkraut* wird sie genannt, denn Verletzungen, die wir uns beim Fallen zuziehen – egal ob beim Sport, beim Wandern oder beim Arbeiten – sind ein „Fall" für Arnika. Heute nennen wir das „stumpfe Verletzungen" wie Verstauchung, Prellung, Bluterguss oder auch Zerrung. Als *Kraftwurz* hilft sie dem Körper wieder auf die Beine. Die *Tabaksblume* verrät ihre Verwendung im Schnupftabak. Gemeinsam mit Huflattich und Königskerzenblüten wurde Arnika als Kräutertabak geraucht.

Affirmationen Arnika
Heilung – Arnika hilft mir in allen Fällen – Zu-fall, Hin-fall, Un-fall etc.
Vernetzung – Ich knüpfe Verbindungen neu.
Humor – Mit Humor begegne ich unerwarteten Erfahrungen.

Arnika
Arnica montana

Die *Johannisblume* blüht, wenn die Tage am längsten sind, und gilt als besonders heilkräftig, wenn sie am Johannistag gesammelt wird. Das dürfen wir natürlich heute nicht mehr tun, denn Arnika steht unter Naturschutz. Schließlich wird sie *Bergwohlverleih* genannt – in den Bergen wachsend verleiht sie den Menschen das „Wohl" der Gesundheit. Und wer dieses Wort ein bisschen anders ausspricht, hört darin den Wolf – ein Vergleich, der oft in Bezug zu Arnika als Wolfspflanze zu hören ist – vielleicht wegen der gelben Augen der beiden. Und früher soll die Arnikapflanze geholfen haben, den Wolf in Schach zu halten.

Mistel
Viscum album

Mistel – Zauberhaftes
Viscum album, Mistelgewächse

Jenseits von allen Regeln und Gesetzen lebt die Mistel wie eine Sternenkugel mitten im Baum. Sie ist Brücke zwischen Zauber und Wirklichkeit, zwischen Staunen und innerem Wissen. In den magischen Zeiten der Dämmerung, des Übergangs zwischen Wachen und Schlafen sind wir offen für Inspirationen und Eindrücke, die nicht der Kontrolle unserer Hirnrinde unterliegen. Die Mistel hilft, solche Zwischenräume zu meistern und Eindrücke zu verstehen. In Begleitung der Mistel empfinden wir Freude an diesem Zustand und seiner unbewussten Kreativität.

Im Alltag verschafft uns die Mistel einen gelassenen Umgang mit Stress und bringt uns immer wieder in Berührung mit unserer eigenen Kraft. Die innere Klarheit wächst und bringt einen festen Standpunkt und Durchsetzungsvermögen.

Gesundes
Tumorhemmende Proteine in der Mistel unterstützen den Körper bei der Abwehr von Krebszellen. Mistel wirkt insgesamt positiv auf den Krankheitsverlauf, verbessert die Lebensqualität und beugt Rückfällen vor. Präparate mit Mistelextrakten werden zur unspezifischen Reiztherapie bei entzündlichen Gelenkerkrankungen (Arthrose) eingesetzt. Ein kalt angesetzter Tee aus Mistelblättern senkt den leicht erhöhten Blutdruck.

Affirmationen Mistel
Hilfsbereitschaft – Ich stelle mich in den Dienst meiner Mitmenschen.
Sicherheit – Ich folge meiner inneren Stimme.
Abenteuerlust – Ich entfalte mich auf meine Art.

Küchenschelle – im Wind zu Hause
Pulsatilla-Arten, Hahnenfußgewächse

Die Küchenschelle läutet mit ihren hängenden Glöckchen den Vor-Frühling ein. Ein zottiges Haarkleid schützt sie vor kalten Frühlingswinden. Mithilfe von langen Pfahlwurzeln holt sie selbst in regenarmen Zeiten ihren Wasserbedarf tief aus der Erde. Ihre Samen mit den federartigen Flugvorrichtungen fliegen mit dem Wind und bohren sich mit Hilfe von eigenwilligen Drehbewegungen des „Federschweifs" in die Erde.

Küchenschelle
Pulsatilla vulgaris

Gesundes
Besonders in frischem Zustand ist die Küchenschelle sehr giftig und kann Kontaktallergien hervorrufen. Beim Trocknen der Pflanze verwandelt sich das sehr giftige Protoanemonin in das weniger giftige Anemonin. Heute wird *Pulsatilla* ausschließlich homöopathisch verwendet. In der Homöopathie ist sie ein Konstitutionsmittel für helle, zartbesaitete Menschen, oft mit blondem Haar, die sich hin- und hergerissen fühlen. Besonders geeignet ist das Mittel für Frauen mit großer Traurigkeit und labiler Stimmung. Pulsatilla hat ein breites Anwendungsgebiet bei vielen gynäkologischen Indikationen. *Bärblume* und auch *Mutterkraut* nannten die Kelten und Germanen diese Pflanze. Sie schätzten ihre Wirkung auf die Gebärmutter und ihre Fruchtbarkeit.

Affirmationen Küchenschelle
Aufgeschlossen – Vergnügt ernte ich neue Erkenntnisse und genieße mein Erdendasein.
Unkonventionell – Ich lebe meinen eigenen Rhythmus.
Ideenreich – Ich verwandle Hartes in Weiches, Kampf in Spiel.

Pulsare bedeutet schlagen, pulsieren. Im Wind schlagen die Blütenglöckchen hin und her. Küchenschelle müsste eigentlich Kühchenschelle geschrieben werden, denn sie bekam ihren Namen nach dem Glöckchen einer kleinen Kuh, eines Kühchens.
Nach der Signaturenlehre wurde in alten Zeiten die Küchenschelle jenen Menschen verordnet, die den Kopf hängen ließen. Heute würden wir von Depression sprechen.

Schneeglöckchen
Galanthus nivalis

Schneeglöckchen – mit Blütenheizung
Galanthus nivalis, Amaryllisgewächse

Es sind die Zwiebeln, aus denen die Schneeglöckchen zur Uranuszeit ihre Kraft ziehen. Der gefrorene Boden schreckt sie nicht. So manches Jahr stecken sie schon Ende Januar ihre Blütenköpfchen aus der Erde. Wie eine Pfeilspitze bohrt sich der weiß-grüne Spross durch die Erde, von schmalen Blättern eskortiert, und kündet an, dass die Macht des Winters gebrochen ist.

Gesundes
Das Schneeglöckchen ist giftig. Sein Alkaloid Galanthamin erzeugt Übelkeit, Erbrechen, Durchfall und verengt die Pupillen. Die aktuelle wissenschaftliche Forschung fand heraus, dass Galanthamin die Symptome von leichten und mittelschweren Alzheimererkrankungen mindert. Es fördert die Ausschüttung von Acetylcholin und verzögert dessen Abbau. Dieses Acetylcholin ist wichtig für alle Vorgänge im Gehirn, die mit Gedächtnis, Lernen und Aufmerksamkeit zu tun haben.

Affirmationen Schneeglöckchen
Klang – Ich läute die neue Zeit ein.
Neues – Ich lerne auf ungewöhnliche Art und Weise.
Narr – Ich verbinde kindliche Unschuld und Weisheit.

Lärche
Larix decidua, Kieferngewächse

Lärche
Larix decidua

Lärchen lieben das Licht und wachsen sehr schnell. Im Gebirge sind sie in Höhen bis über 2000 m zu finden und prägen mit ihrem sanften, frischen Grün in Frühjahr und Sommer und den gelben Nadeln im Herbst das Bild der Landschaft. Sie können bis zu 600 Jahre alt werden. Die Lärche ist der einzige Nadelbaum, der seine weichen Nadeln vor dem Winter abwirft. Je schneller das geschieht, umso härter wird der Winter, heißt es.

Ihre aufrechten Stämme sind voller Leichtigkeit, Vitalität und Regenerationskraft. Zu ihren Füßen wachsen Fliegenpilze und Goldröhrlinge. Die Lärche beschützt Höfe und Kinder.

Aus Lärchenholz wurden Amulette geschnitzt und häufig wurde es verräuchert, damit wieder eine saubere, friedliche Atmosphäre entstand.

Gesundes
Lärchenharz riecht fein und aromatisch und entfaltet in Salben seine desinfizierende und keimtötende Wirkung bei Wunden und Entzündungen. Bei Husten und Bronchitis erleichtert sie das Abhusten. *Larch* ist bei den Bachblüten die Essenz des Selbstvertrauens und macht Mut, die eigenen Begabungen zu leben.

Affirmationen Lärche
Mut – Ich erwecke meine brachliegenden Potentiale zum Leben.
Kommunikation – Ich denke, spreche und handle im Vertrauen auf meine Fähigkeiten.
Unerwartetes – Ich gebe dem Wind eine Stimme.

In der Lärche wohnen – so erzählen die Sagen aus den Alpenländern – anmutige und wohlmeinende Wesen, die Frieden und Fröhlichkeit in ihrer Umgebung verbreiten und manchmal süßen Gesang erklingen lassen, der bis in die Täler zu hören ist.

Der Wassermann-Geschmack:
Der Wassermann bevorzugt eine originelle, farbenprächtige Küche. Ungewöhnliche Zusammenstellungen schmecken ihm am besten!

Weitere Uranuspflanzen
Berberitze – Mut zu Ungewöhnlichem.
Bingelkraut – Kommunikation.
Ehrenpreis – Neuerfindung.
Lerchensporn – Erkennen und Leben der Einheit.
Mistel – Arbeit an der Vision zur Verwirklichung einer besseren Welt.
Natternkopf – klarer Ausdruck.
Schierling – Vielfalt anerkennen.
Stechapfel – Einschwingen auf das Engelreich.
Storchenschnabel – Befruchtet die Kreativität.
Wasserdost – Ich trete mit höheren Kräften in Verbindung.

Räucherung mit Uranuspflanzen
› Mistel, Narde, Mastix, Kresse …

Uranus in der Küche
Uranuspflanzen bringen Ungewöhnliches, Originelles in die Küche.

Früchte, Gemüse und Gewürze:
› Limette, Kiwi, Brotfrucht, Orangen, Mandarinen
› Kapern, Chicorée, Tamarinden, Sternfrucht
› Zitronengras, Kokosnussmilch, Kreuzkümmel

Menüvorschlag:
› *Vorspeise*: Orangenfenchelsalat mit Balsamico
› *Hauptgang*: Fischsoufflé aus fliegendem Fisch und Reis
› *Dessert*: Tamarindenmus, dazu bunte Zuckerwatte

Blumenstrauß:
Ein Strauß aus verschiedenfarbigen Strelizien und Strohblumen verschönert das Mahl des Wassermanns.

Fische, Neptun und die Frangipani

*„Wer auf seine innere Stimme hören kann,
für den hat der Lärm dieser Welt keine Macht."*
Carol Ann Hierl

Wie und wo können Sie Ihren Mitmenschen helfen?
Welche Sehnsüchte haben Sie? Wie könnten Sie sie leben?
Wie können Sie Ihre künstlerische Seite entfalten?
Was ist Ihnen heilig?
Wie gehen Sie in die Stille?
Wo lieben Sie bedingungslos?

So nutzen Sie dafür die Neptun/Fische-Energie

- *Gehen Sie in die Stille, meditieren Sie.*
- *Genießen Sie auch mal Wellness, Sauna, lassen die Seele baumeln.*
- *Leben Sie Ihre künstlerischen Talente, malen, musizieren, singen Sie ...*
- *Gehen Sie ins Kino oder ins Theater.*
- *Gönnen Sie sich eine Fußmassage.*
- *Suchen Sie Kraftplätze auf.*
- *Schreiben Sie Ihre Träume auf.*

Neptun/Fische als Prinzip

Neptun wurde im Jahr 1846 entdeckt, als Bahnstörungen des Uranus nicht anders als durch einen weiteren Planeten zu erklären waren. Von Neptun sind derzeit 13 Monde bekannt. Er besteht vor allem aus Gasen. Neptun braucht 164,8 Jahre, um einmal um die Sonne zu kreisen, befindet sich also durchschnittlich etwa 14 Jahre in einem Tierkreiszeichen.

In der Mythologie ist Neptun der Gott des Meeres (griechisch: Poseidon). Sein Zeichen ist ein stilisierter Dreizack, die Waffe des Meeresgottes. Die drei Brüder Zeus, Hades und Poseidon (oder Jupiter, Pluto und Neptun) teilten das Universum unter sich auf: Poseidon bekam Erde und Meer, Zeus regierte den Himmel und Hades die Unterwelt.

Die Qualitäten des Neptun im Horoskop sind Intuition, Spiritualität, All-Liebe, Medialität, Fantasie, Sensibilität, Träume, Mystik, Helfen und Heilen, Musik, Malerei, Friede, Stille.

Das Tierkreiszeichen Fische symbolisiert den Weg in die stille Mitte. Fische-Geborene sind Menschen mit der höchsten Sehnsucht nach spirituellen Erfahrungen und transzendenten Welten. Ihnen liegt wenig an den materiellen Werten dieser Welt, den Mitmenschen zu helfen ist ihnen viel wichtiger. Oftmals bewegt sie ein Gefühl grenzenloser Anteilnahme. Dies ist das Zeichen der großen Seelsorger, die zuhören können und verstehen, ohne zu werten. So können sie gut andere ermutigen und aufbauen.

Neptun/Fische in der Natur

Der Fische-Monat vom 20. Februar bis 21. März ist die Übergangszeit zwischen Winter und Frühling, meistens auch die Fastenzeit. Das astrologische Jahr findet im Zeichen Fische seinen Abschluss und die nun beginnende Schneeschmelze kündigt den nahenden Frühling an. Es wird von Tag zu Tag wärmer und die bereits sichtbaren Knospen sind Zeichen für das neu beginnende Leben.

Neptun/Fische und der Körper
Im Körper werden Neptun/Fische die Füße, Zehen, das Drüsensystem, Lymphsystem und die Aura zugeordnet. Werden die Neptun-Qualitäten nicht integriert gelebt, können sich Symptome wie Fußerkrankungen, Allergien, Übersensibilisierung des ganzen Lymphsystems, Schwindelanfälle, Ohnmacht, Abwehrschwächen, Vergiftungen, psychische Krankheiten oder Süchte zeigen.

Neptun/Fische und die Psyche
Über die körperlichen Symptome hinaus beeinflusst der Neptun Sie auch auf der psychischen Ebene. Wenn Sie ängstlich, unsicher, verletzlich, hilflos sind oder ein Helfersyndrom entwickelt haben, brauchen Sie die Neptun-Kraft der Pflanzen. Neptunpflanzen helfen Ihnen, Ihre Träume zu verwirklichen, die Verantwortung für Ihr Leben zu übernehmen und an sich selbst und an Ihre Intuition zu glauben.

Neptun/Fische und die Pflanzen
Die Pflanzen des Neptun wachsen häufig in der Nähe des Wassers. Es sind zarte, ätherische Gewächse mit einem seltsam intensiven Duft. Sie haben oft feine Blüten in blassen Regenbogenfarben. Neptunpflanzen sind häufig giftig und führen zu Halluzinationen (Fliegenpilz, Bilsenkraut, Schlafmohn, Stechapfel). Manche von ihnen führen bei Missbrauch schnell zu Suchterscheinungen oder Wahnsinn, deshalb werden sie heute nur in homöopathischer Zubereitung verwendet.

Fliegenpilz *Amanita muscaria*

Frangipani
Plumeria-Arten

Frangipani – dieser Duft verleiht Flügel
Plumeria-Arten, Hundsgiftgewächse

Frangipani, auch Tempelbaum genannt, ist überall in den Tropen zu finden. Es sind Bäume und Sträucher, die ihr Laub abwerfen und deren fleischige Äste reichlich Milchsaft enthalten. In den Blattachseln und am Zweigende stehen die Blüten in blumenstraußähnlichen Büscheln. Schon während der Blüte fallen sie einzeln ab. Fünf Blütenblätter überlappen sich im Uhrzeigersinn und verströmen einen wundervollen Duft. Dieser Duft allein ist Grund genug für eine Reise in tropische Gefilde.

Gesundes
Dieser Duft begeistert. Allein der Duft einer einzelnen Blüte, die sich Einheimische und Reisende hinters Ohr klemmen, verleiht Flügel. Flügel für die Fantasie, Flügel für die Kreativität, Flügel für die Lebensfreude. Kein Wunder, dass Frangipani als Aphrodisiakum gilt und in vielen Parfüms als Herznote enthalten ist. Frangipani macht heiter, verschafft gute Laune und lässt Stress und Hektik einfach abgleiten. Für Buddhisten und Hinduisten ist dieser Duft ein Symbol für die Unsterblichkeit, für die Ewigkeit und für die Wiedergeburt. Sie schmücken mit diesen Blüten ihre Opfergaben für die Götter. Wer an so einer Blüte riecht, kann die Seele baumeln lassen und sich fühlen, als ob ein Engel ihn geküsst hätte.

Affirmationen Frangipani
Sehnsucht – Ich vertraue meinen Visionen.
Verschenken – Ich schenke mich und meine Kreativität der Welt.
Allliebe – Das Paradies ist genau hier.

Vergissmeinnicht – Denk an dich
Myosotis-Arten, Raublattgewächse

Vergissmeinnicht-Arten sind überall zu Hause. Die blaue Farbe ihrer Blüten ist ein Symbol für Weite, Ferne, Unendlichkeit, Sehnsucht und Treue. Wenn sie – in Neptuns Gefilden – am Wasser wachsen, so wie das Sumpf-Vergissmeinnicht, leuchten ihre Blüten noch intensiver blau, nehmen die Farbe des Wassers an und heißen auch schon mal „Fischäugel".

Das Vergissmeinnicht verbindet die Ebenen. „Vergiss mein nicht!", ruft es den goldgierigen Schatzsuchern im Märchen nach, denen sie als „blauer Himmelsschlüssel" den Weg zu verborgenen Schätzen geöffnet hat. Doch die haben über all dem materiellen Reichtum die Pflanzenseele vergessen. „Erinnere dich an die Heilkraft der Liebe!", scheint es uns heute zuzurufen. So wie an der Pflanze eine Blüte nach der anderen aufgeht, soll auch die Liebe immer wieder neu erblühen.

Vergissmeinnicht
Myosotis-Arten

Gesundes
Das Vergissmeinnicht bringt mit seinen blauen Blüten Farbe und Freude in jeden Frühlingssalat. Als Heilpflanze wurde es nur selten bei festsitzendem Husten und zur Lymphreinigung verwendet. Dabei wirken ätherische Öle, verschiedene Mineralien und Kieselsäure. Ein selbst gepflückter Strauß aus Vergissmeinnicht ist eine Liebeserklärung an das Leben.

Affirmationen Vergissmeinnicht
Sehnsucht – Ich denke auch an mich selbst und lebe meine Träume.
Einheit – Ich bin eins mit mir und der Welt.
Allliebe – Ich bin für alle da.

Planeten – Pflanzen – Tierkreiszeichen

Algen – aus dem Reich Neptuns
Fucus vesiculosus, Braunalgen

Algen

Es gibt Tausende von Algenarten. Sie alle sind Zwischenwesen, leben im Wasser, betreiben Fotosynthese, gehören jedoch nicht zu den eigentlichen Pflanzen und ernähren sich zu einem Drittel von Bakterien, die im Wasser leben. Sie reichern die Atmosphäre mit Sauerstoff an und reinigen die Gewässer von den durch Menschen verursachten Verschmutzungen – solange ihr Gedeihen nicht gefährdet ist. Nach einem Sturm liegen manchmal die Strände voll mit losgerissenen Algen.

Manchmal hängen sie auch über dem Dreizack Neptuns, wenn er unversehens aus dem Mittelmeer auftaucht. Algen riechen nach See, nach Salz und Meer, nach einer Welt der Schwerelosigkeit.

Der Blasentang gedeiht in den Meeren der Nordhalbkugel. Sein Körper verzweigt sich gabelig und steckt voller luftgefüllter Blasen.

Gesundes
Blasentang steckt voller Mineralstoffe, Spurenelemente, Vitamine, Alginate und enthält in erster Linie Jod. Jod und Blasentang dienten früher zur Anregung des Stoffwechsels bei Schilddrüsenunterfunktion. In asiatischen Ländern werden Algen häufig verzehrt. Bekannt wurde die Nori-Alge durch das japanische Sushi.

Affirmationen Algen
Innige Freude – Mein Inneres ist die Welt.
Schwerelosigkeit – Ich bin überall zu Hause.
Kollektiv – Alles alte Wissen ist in mir.

Fische & Neptun

Passionsblume – ein pflanzliches Mandala
Passiflora incarnata, Passionsblumengewächse

Die Passionsblume ist eine Kletterpflanze, die in tropischen Gefilden zu Hause ist. Die Blüten sind kleine Kunstwerke, die dieser Pflanze ihren Namen gaben. Spanische Missionare verglichen den Bau der Blüten im 17. Jahrhundert mit der Dornenkrone Jesu. Sie können ein Symbol sein für das Leben, das aus der Mitte entsteht und in eben diese Mitte irgendwann zurückkehrt.

Passionsblume
Passiflora incarnata

So eine philosophische Perspektive bringt die nötige Ruhe in jeden Alltag. Blätter und Blüten wurden in Südamerika seit mehr als 1000 Jahren zur Beruhigung und Angstlösung verwendet. Die leckeren, vielsamigen Früchte der Passionsblumen kennen wir unter dem Namen Maracuja.

Gesundes
Passionsblumen beenden nervöse Unruhezustände und Getriebenheit im Alltag. Mit der ihnen eigenen Kunstfertigkeit sorgen sie für ein sanftes Gleiten in die Welt der Entspannung, des Schlafes und der Zuversicht.

Affirmationen Passionsblume
Heilung – Ich heile mit Zärtlichkeit und Güte.
Aura – Ich bin mir der fließenden Energie in und um mich herum bewusst.
Mitte – Raum und Zeit sind eine Illusion.

Babylonische Weide
Salix babylonica

Babylonische Weide – verbindet oben und unten
Salix babylonica, Weidengewächse

Die Babylonische Weide, auch *Trauerweide* genannt, wächst auf feuchten und lockeren Böden an Gewässern und ist ein Baum mit weit ausladenden Ästen. Sie war früher an den Ufern von Euphrat und Tigris anzutreffen.

Eine ausgewachsene Weide ist von respektabler Gestalt und kann bis zu 20 m hoch werden. Die langen, rutenförmigen Zweige fließen weit nach unten und vermitteln den Eindruck, dass Erde und Himmel, oben und unten in stetigem Fluss verbunden sind. Die Zweige kommen oft auch mit der Wasseroberfläche in Berührung und scheinen dort einzutauchen. Besonders schön anzusehen sind ihre Spiegelbilder im Wasser. Die Trauerweide ist „wasserfest" und verträgt auch lange Überschwemmungen gut.

Gesundes
Zubereitungen aus der Rinde der jungen Zweige stillen die Schmerzen bei Rheuma und Gicht und wirken diesen Entzündungen entgegen. Gleichzeitig schützen und erhalten sie die Knorpelschicht in den Gelenken. Bei Erkältungen senkt die Weide das Fieber, bei Schädelbrummen und Nervenschmerzen sorgt sie für Erleichterung. Sie ist ein rein pflanzliches Schmerzmittel. Jeder von uns kennt Aspirin – und weiß nur selten, dass die Weide der pflanzliche Vorläufer dieses Medikaments ist.

Das schnelle Wachsen der Weide beobachten
Schneiden Sie einige frische Weidenzweige mit einer scharfen Schere oder einem Messer ab und stellen Sie sie zum Bewurzeln in eine Vase oder ein anderes Gefäß mit Wasser. Merken Sie sich das Datum. Manchmal dauert es nur eine Woche, bis sich die ersten Saugwur-

zeln bilden. Das weitere Wachstum der Wurzeln können Sie in den nächsten 4 bis 6 Wochen verfolgen. Nach etwa sechs Wochen stecken Sie die bewurzelten Weidenzweige in einen größeren Topf mit Gartenerde. Drücken Sie die Erde leicht an und halten Sie sie gleichmäßig feucht. Wenn sich schon nach kurzer Zeit die ersten grünen Blättchen zeigen, ist bestimmt der Frühling eingekehrt. Dann können Sie den Weidentopf auf den Balkon oder in den Garten stellen. Wenn Ihr Garten groß genug ist, pflanzen Sie die Weide im Herbst aus, am besten dort, wo sie „nasse Füße", feuchten Boden hat. Und staunen Sie, wie viel Platz sie im Laufe der Jahre einnimmt.

Affirmationen Weide
Einheit – bringt neue Kräfte durch Anbindung an die natürliche Quelle.
Liebe – Ich lebe in Liebe mit mir und anderen.
Beweglichkeit – Geschmeidig stelle ich mich in den Fluss des Lebens.

Weitere Neptunpflanzen
Bärlapp – aktiviert starke Seelenkräfte als Heilkräfte.
Bilsenkraut – verbindet mit den göttlichen Instinkten.
Eisenhut – führt durch die Dunkelheit zum Licht.
Frauenschuh – hilft, das Licht hinter den Dingen zu sehen.
Hexenkraut – hilft, das Licht zu nutzen.
Narzisse – öffnet ein Fenster zum Himmel.
Pilze – wissen um die Verbindung von allem mit allem.
Quitte – zeigt, dass Trennung eine Illusion ist.
Tabak – bringt eine zeremonielle Verbindung mit dem Großen Geist.
Trollblume – motiviert zum Weitermachen mit dem Weitermachen.

Planeten – Pflanzen – Tierkreiszeichen

Der Fische-Geschmack:
Der Fische-Geborene bevorzugt vegetarische Küche und Fischgerichte.

Räucherung mit Neptunpflanzen
› Weihrauch, Patchouli, Zeder, Muskatnuss …

Neptun in der Küche
Neptunpflanzen bringen das Gefühl, überall zu Hause zu sein.

Früchte und Gemüse:
› chinesische und indische Gemüse/Früchte: Lychees, Kaki, Guave, Papaya, Passionsfrüchte (Maracuja)
› Avocado, Algen, Sojabohnen, Chinakohl

Gewürze:
› indische Gewürze, Currymischung mild, Sojasauce

Menüvorschlag:
Vorspeise: Fischsuppe mit Baguette
Hauptgang: Regenbogenforelle/Sushi mit Algenblättern
Dessert: Exotischer Früchtesalat mit Maracujamousse

Blumenstrauß:
Ein Strauß aus rosafarbenen Lilien verschönert das Fische-Mahl.

Lilith, die Urkraft, und der Hibiskus

„Ich lebe und genieße meine schöpferische Kraft."
Lilith, Adams erste Frau

Wie leben Sie Ihre Urkraft?
Wie erleben Sie die Zyklen in der Natur?
Welche Naturrituale sind Ihnen vertraut?
Findet die Wildheit in Ihnen Platz in Ihrem Leben?
Fühlen Sie sich gleichberechtigt? Gehen Sie Ihren eigenen Weg?
Nutzen Sie Ihre Freiheit, nein zu sagen?

So nutzen Sie dafür die Lilith-Energie

- *Machen Sie ein Vollmond-Ritual.*
- *Übernachten Sie alleine draußen in der Natur.*
- *Genießen Sie Ihre Sexualität.*
- *Tanzen Sie barfuß im Morgentau über eine nasse Wiese.*
- *Formen Sie aus Ton ein Lilith-Symbol ...*
- *Singen, lachen, schreien Sie sich in Ihre Kraft.*

Lilith als Prinzip

Die Lilith (oder auch schwarzer Mond genannt) ist kein Himmelskörper, sondern ein sensitiver, rechnerisch ermittelter Punkt, welcher sich aus der Umlaufbahn des Mondes um die Erde ergibt. Der Mond folgt auf seinem Umlauf um die Erde keinem genauen Kreis, sondern einer Ellipse. In einem Brennpunkt der Ellipse steht die Erde; der andere Brennpunkt ist „leer", nicht von einem Himmelskörper besetzt. Dieser zweite Brennpunkt der Ellipsenbahn des Mondes heißt Lilith. Der Punkt bewegt sich um rund 40 Grad pro Jahr; ein kompletter Umlauf durch den Tierkreis dauert 8 Jahre und 10 Monate. Lilith befindet sich durchschnittlich neun Monate in einem Zeichen, was die Dauer einer Schwangerschaft symbolisiert.

In der Mythologie ist Lilith eine Gestalt aus dem Alten Testament. Sie war die erste Frau Adams, die sich von ihm trennte, weil er sie zu beherrschen versuchte, während sie ihre Weiblichkeit und Selbstständigkeit leben wollte. Lilith symbolisiert den archetypischen und mythologischen Ausdruck für die weibliche Urkraft.

Qualitäten der Lilith im Horoskop sind Urkraft, Gleichberechtigung, Freiheit, Unabhängigkeit, Zyklen, Fruchtbarkeit, Schwangerschaft, Wechseljahre.

Lilith symbolisiert die Urkraft in Mann und Frau. Lilith-Kraft zu leben bedeutet, seine ureigenste Natur voller Vertrauen zu entfalten. Gelingt dies nicht, ergeben sich Abhängigkeiten, wird man(n)/frau unselbstständig, fühlt sich unterdrückt und kann sich nicht durchsetzen. Oder man(n)/frau fällt ins andere Extrem und wird herrisch, dominant, manipulativ und machtgierig.

Lilith und der Körper
Im Körper werden der Lilith Gebärmutter, Eileiter, Eierstöcke und Samen zugeordnet.

Werden die Lilith-Qualitäten nicht integriert gelebt, können sich Symptome wie Schwangerschaftsbeschwerden, Wechseljahresprobleme, Eileiterschwangerschaft, Zyklusstörungen, Impotenz oder Prostataprobleme zeigen.

Lilith und die Psyche
Über die körperlichen Symptome hinaus beeinflusst Sie Lilith auch auf der psychischen Ebene. Wenn Sie eine gleichberechtigte Partnerschaft leben und Ihre Sexualität intensiv genießen wollen, nutzen Sie die Lilith-Kraft der Pflanzen. Sie helfen, Ihre Urkraft im Einklang mit den Zyklen in der Natur und im Kosmos zu leben.

Lilith und die Pflanzen
Lilithpflanzen haben Einfluss auf den weiblichen Zyklus und Hormonhaushalt, auf Schwangerschaft und Wechseljahre. Und sie unterstützen die innere Lebenskraft.

Hibiskus – farbige Verführung
Roseneibisch, Malva, Malvengewächse

Hibiskuspflanzen blühen mittlerweile auch sehr schön und üppig in unseren mitteleuropäischen Blumentöpfen und Balkonkästen. Ihre Heimat jedoch liegt in wärmeren, tropischen Gefilden, wahrscheinlich irgendwo in Asien. Charakteristisch für alle Malvengewächse ist die hohe Säule inmitten der Blüte, die aus zusammengewachsenen Staubblättern gebildet wird. Eine würdige Umrahmung für den filigran und verspielt gezeichneten Stempel.

Hibiskus
Hibiscus-Arten

Gesundes
Der tiefrote Tee wird heiß oder kalt getrunken und ist besonders kalt eine köstliche Erfrischung in der heißen Jahreszeit. Obendrein hat er einen positiven Einfluss auf die Cholesterinwerte und kann damit Herz- und Kreislauferkrankungen vorbeugen.

Hibiskusextrakte werden in der Kosmetik verwendet. Sie fördern die Zellregeneration und spenden der Haut Feuchtigkeit. Wie alle Malvengewächse enthalten sie Schleimstoffe, die sich wie ein feiner Schutzfilm auf die Haut legen und sie beruhigen. Gerbstoffe ziehen erweiterte Äderchen zusammen und sorgen für einen leichten Lifting-Effekt.

Affirmationen Hibiskus
Temperament – Ich lebe mein Feuer.
Erotik – Ich genieße das Männliche und das Weibliche in mir.
Urinstinkt – Ich lasse alle meine Rollen los und bin ich selber.

Hibiskusblüten beeindrucken in satten, samtigen Farben, am meisten jedoch in einem kräftigen Rot. Ihnen entströmt oft ein süßer, fruchtiger, verführerischer Duft. Tänzerinnen der Südsee, von Indien bis Hawaii, schmücken sich bei ihren grazilen Bewegungen mit den üppigen, knallroten Blüten. Auch Männer zeigen dort mit einer Hibiskusblüte hinterm Ohr ihre Bereitschaft zum Liebesspiel. Hibiskusblüten sprechen auch von der Vergänglichkeit, denn sie blühen nur einen Tag.

Frauenmantel
Alchemilla xanthochlora

Frauenmantel – weibliche Urkraft
Alchemilla xanthochlora, Rosengewächse

Der Frauenmantel wächst nur nördlich der Alpen und war in diesen Regionen der Freya geweiht, der „Venus des Nordens". Deshalb hieß der Frauenmantel in jenen alten Zeiten auch „Freyas Mantel". Im ähnlichen Klang der Worte hören wir die Herkunft der Anrede „Frau": Freya war die Patin. Das bedeutet, dass wir auch heute noch in jeder Frau die Göttin begrüßen, jedes Mal, wenn wir sie ansprechen.

Gesundes
Die Göttin schenkte den Menschen den Frauenmantel, der insbesondere bei abnehmendem Mond die Fähigkeit besitzt, Blutungen zu stillen und Geburtswunden zu schließen. Er hilft bei allen Frauenproblemen von der Pubertät bis zu den Wechseljahren.

Die Frauen tranken den Tee aus dem Frauenmantel zur Zeit des abnehmenden Mondes. Allein die Form des Blattes verleitet dazu, sich in Gedanken mit einem in dieser Art geschnittenen Umhang zu bekleiden und darunter Schutz zu finden.

Affirmationen Frauenmantel
Urkraft – Ich bin in Kontakt mit dem urweiblichen Wissen.
Ideal – Ich bin meinem eigenen Geheimnis auf der Spur.
Zähigkeit – Ich bin zäh genug, um das Zarte hervorzubringen.

Schlehe – schwarz und weiß ist eins
Prunus spinosa, Rosengewächse

Schwarz und sehr dornig ist das Holz des *Schwarzdorns*. Auf diesem schwarzen Holz erblühen ganz bald im Frühjahr die ersten weißen Blüten. Manchmal sieht es dann aus, als sei gerade der letzte Schnee auf sie gefallen. Aus den blauen Früchten, den Schlehen, lassen sich köstliche Säfte, Gelees, Liköre … zubereiten. Getrocknete Schlehenfrüchte sind ein gesundes, belebendes Vitaminbonbon im Winter.

Schlehe
Prunus spinosa

Gesundes
Schlehenblüten sind ein willkommenes Blutreinigungsmittel im Frühjahr. Sie säubern und stärken den Magen und regen die Entschlackung des Körpers über Darm und Niere an. Schlehenblüten sind ein wahrer Jungbrunnen und bringen Kräfte des jungen Frühlings in jede Zelle, jedes Gefühl, jeden Gedanken, den ganzen Körper. Die Erschöpfung der Lebenskräfte durch die kalten, langen Wintertage mit ihrer kurzen Sonnenscheindauer ist wie weggeblasen.

Schlehenfrüchte geben Kraft bei Erschöpfungszuständen, in der Rekonvaleszenz und sind eine vitaminreiche Stärkung für das Immunsystem in Erkältungszeiten. Sie wirken zusammenziehend und helfen bei empfindlichem Magen-Darmtrakt.

Affirmationen Schlehe
Synthese – Ich lebe das dunkle Tiefgründige und das lichtvolle Helle.
Wandlung – Werden und Vergehen sind im Fluss.
Selbstsicherheit – Es fällt mir leicht, auf eigenen Füßen zu stehen.

Inhaltsstoffe:
Die Schlehenfrüchte enthalten Gerbstoffe in großen Mengen, Fruchtsäuren, Mineralstoffe und Vitamin C.

Schwarze Akelei
Aquilegia atrata

Schwarze Akelei – geheimnisvolle Tiefe
Aquilegia atrata, Hahnenfußgewächse

Die Schwarze Akelei ist im Gebirge zu Hause, wächst gerne auf feuchten, kalkhaltigen Böden im Halbschatten. *Aquilegia* leitet sich von dem lateinischen Wort *aquila* für *Adler* ab und bezieht sich auf die Ähnlichkeit der Blütensporne mit Adlerkrallen. Andere sehen genau in diesen Sporen einen Phallus und verbinden damit pure Sexualkraft. Im Volksmund heißt sie nach ihrer feinen Blütenform auch *Elfenhandschuh*. Oder an anderen Orten erinnern die fünf Blütenblätter an fünf im Kreis sitzende Vögel, dann wird die Akelei *Taubenblume* genannt.

Die Taube war in antiken Zeiten Lieblingstier und Symbol der Liebesgöttinnen. Hier und da findet sich auch der Name *Venuswagen*. Mit der Schwarzen Akelei wurde viel Fruchtbarkeits- und Liebeszauber betrieben. Und in mittelalterlichen Kräuterbüchern wird sie gegen männliche (angezauberte) Impotenz empfohlen.

Gesundes
Die Akelei ist in allen Pflanzenteilen leicht giftig und steht unter Naturschutz. Vergiftungen zeigen sich in Benommenheit, Atemnot und Durchfall. In der Homöopathie wird *Aquilegia* bei Menstruationsbeschwerden und Geschwüren verwendet.

Affirmationen Schwarze Akelei
Magie – Ich locke den Zauber aus allem hervor.
Tanz – Tanzend zeige ich das Verborgene in mir.
Zyklus – Alles beginnt immer wieder neu.

Granatapfelbaum – Schönheit und ewige Jugend
Punica granatum, Granatapfelgewächse

Der Name *Granatapfel* geht auf die Antike zurück: Im alten Rom war die Frucht als *Punicum malum*, „Punischer Apfel", oder *Malum granatum*, „gekörnter Apfel", bekannt. Dabei bedeutet *malum* „Apfel" und *granatum* leitet sich von *granum* „Korn" her, unter Bezug auf die vielen im Granatapfel enthaltenen Samenkörner. Das Adjektiv *punicus* bezieht sich auf Phönizien in Kleinasien, wurde von den Römern aber hauptsächlich für die phönizische Kolonie Karthago in Nordafrika gebraucht, von wo aus die Granatäpfel nach Rom importiert wurden.

Ein Granatapfel ist ein Symbol für Fruchtbarkeit, ewige Jugend, Schönheit und Liebe. Er ist die Frucht der Göttinnen. Venus, Aphrodite, Hera, Demeter und Persephone wurden mit ihm abgebildet. In der Bibel, im Hohelied Salomons, diente der Granatapfel dazu, die Schönheit einer Frau zu unterstreichen. Sehr wahrscheinlich war es auch ein Granatapfel, mit dem Eva im Paradies Adam verführte.

Gesundes
In arabischen Ländern verzehrt man diese Frucht bis heute samt Kernen, um jung zu bleiben. Die Signatur ist eindeutig: Schneidet man einen Granatapfel in der Mitte durch, dann gleicht die samenreiche Frucht dem Eierstock mit seinen zahlreichen Keimzellen.

Affirmationen Granatapfel
Sexualität – Ich genieße meine Sinnlichkeit.
Wissen – Ich bin die Hüterin meiner Urkraft.
Lust – Ich liebe das volle, pralle, intensive Leben.

Granatapfelbaum
Punica granatum

Inhaltsstoffe:
In den Granatapfelsamen fand man schon vor Jahrzehnten Östron, ein schwach wirksames Östrogen, das mit den in den Keimdrüsen gebildeten weiblichen Hormonen völlig identisch ist und sich durchaus zur Hormonsubstitution eignet. Diese Phytoöstrogene steigern die Fruchtbarkeit und erleichtern die Wechseljahre. Stark gefärbte Pflanzeninhaltsstoffe, die Anthozyane, stärken das Blut. Über 20 verschiedene Polyphenole schützen als Radikalfänger vor Umweltschäden und Krebserkrankungen.

Der Lilith-Geschmack:
Die Lilith liebt orientalische, aphrodisierende Küche. Gerichte, die die Lust am Leben fördern.

Weitere Lilithpflanzen

Habichtskraut – Freigeist mit Weitblick.
Kamille – selbstverständliche Gleichberechtigung.
Rose – Schönheit der Schöpfung.
Schafgarbe – hilft, sich gegen Erwartungen abzugrenzen.
Schierling – ermächtigt, in die eigene Kraft zu kommen.
Schlüsselblume – geht den direkten Weg.
Waldgeißblatt – verlockt durch seinen Duft.
Weiße Lilie – Öffnung für die eigene Anima.

Räucherung mit Lilithpflanzen

▸ Ylang-Ylang, Vetiver, Moschus, Kamille, Mistel

Lilith in der Küche

Lilithpflanzen bringen Intensität und Erotik in die Küche. Von einem Bauchtanz begleitet und mit bordeauxroter Spitzenunterwäsche serviert, schmeckt das Mahl besonders gut ...

Früchte und Gewürze:
▸ Granatapfel, Lychees
▸ Curcuma, Koriander, schwarzer Sesam, Kreuzkümmel, Paprika, Chili, Vanille, Zimt (Bazargewürze)

Menüvorschlag:
▸ *Vorspeise*: Austern mit Baguette
▸ *Hauptgang*: Tabouleh mit orientalischem Gemüse
▸ *Dessert*: Granatapfelsorbet mit orientalischen Süßigkeiten

Blumenstrauß:
Ein Strauß aus intensiv rotem Hibiskus verschönert das Lilith-Mahl.

Übersichtstabelle: Planeten und Pflanzen

1) Widder/Mars
Brennnessel, Bärlauch, Disteln, Weißdorn, Eiche

2) Stier/Venus
Rose, Veilchen, Maiglöckchen, Pfefferminze, Kirschbaum

3) Zwillinge/Merkur
Wilde Möhre, Haselnuss, Bohnenkraut, Basilikum, Ulme

4) Krebs/Mond
Seerose, Baldrian, Schlafmohn, Gurke, Silberweide

5) Löwe/Sonne
Sonnenblume, Johanniskraut, Rosmarin, Ringelblume, Esche

6) Jungfrau/Chiron
Lavendel, Kamille, Tausendgüldenkraut, Weizen, Weihrauchbaum

7) Waage/Isis
Iris, Thymian, Weiße Lilie, Jasmin, Birke

8) Skorpion/Pluto
Lotus, Zaubernuss, Einbeere, Herbstzeitlose, Zypresse

9) Schütze/Jupiter
Gelber Enzian, Engelwurz, Salbei, Glockenblume, Walnussbaum

10) Steinbock/Saturn
Ackerschachtelhalm, Edelweiß, Efeu, Christrose, Tanne

11) Wassermann/Uranus
Arnika, Mistel, Küchenschelle, Schneeglöckchen, Lärche

12) Fische/Neptun
Frangipani, Vergissmeinnicht, Algen, Passionsblume, Babylonische Weide

Lilith
Hibiskus, Frauenmantel, Schlehe, Schwarze Akelei, Granatapfel

4. SO NUTZEN SIE DIESES BUCH

So mobilisieren Sie Ihre Selbstheilungskräfte mit Planetenpflanzen

Es ist zu merken, dass jeder Stern auf Erden sein Kraut hat, welches die Art seines Sternes vollbringt und den Schaden abwendet. Denn Hyperion (Johanniskraut) ist die Sonne und die richtige irdische Sonne ...

Paracelsus

Culpeper, Paracelsus und andere große Ärzte des Mittelalters haben strikte Regeln gehabt, nach denen sie Planeten, Pflanzen und Krankheiten einander zuordneten. Ihre alten Erkenntnisse waren Anreiz für uns, sich diese faszinierenden Zusammenhänge wieder neu zu erschließen. Gleichzeitig wollten wir aber dieses umfassende Gebiet so aufarbeiten und strukturieren, dass es leicht und unkompliziert auf unser heutiges Leben übertragen und angewendet werden kann.

Da sich besonders in den letzten Jahrzehnten die Astrologie zu einer psychologischen Sichtweise gewandelt hat, haben wir uns die Freiheit herausgenommen, einige altbekannte Perspektiven neu zu interpretieren. Auch die Zuordnung der Pflanzen zu den Planeten haben wir etwas vereinfacht, damit mehr Menschen diese faszinierenden Zusammenhänge für ihr Leben nutzen können.

So war in alten Zeiten der Planet Saturn besonders für die chronischen Krankheiten zuständig. Heute brauchen wir die konzentrierende Fähigkeit des Saturn, um uns in der Informationsflut nicht zu verlieren und immer den Blick für das

Wesentliche zu behalten. Der Ackerschachtelhalm transportiert diese Fähigkeit des Planeten in unseren Alltag.

In dieser Zeit, in der so vieles gleichzeitig geschieht, sind wir dazu aufgerufen, unseren ureigenen, einzigartigen Weg zu finden und zu leben. Und unsere Mitmenschen zu ermuntern, das Gleiche zu tun, ihre Fähigkeiten in die Gemeinschaft hineinzutragen – zum Wohle aller. So machen es uns die Pflanzen vor. Es gibt unzählige Blätter des Löwenzahns auf dieser Welt, wahrscheinlich mehr als Menschen. Nicht zwei davon sind identisch, weder zwei Löwenzahnblätter noch zwei Menschen. Und alle zusammen ergeben das unverkennbare „Löwenzahn-Gruppenfeeling".

Pflanzenastrologie betrachtet die ganzheitlichen Zusammenhänge zwischen Planeten, Menschen und Pflanzen und sieht dabei immer den ganzen Menschen als Einheit aus Körper, Seele und Geist. Ebenso behalten wir auch bei den Pflanzen nicht nur ihren Körper und ihre Inhaltsstoffe im Auge, sondern sehen ebenfalls die Pflanze als Ganzes, ihre Ausstrahlung und ihre feinstoffliche, energetische Wirkung. Das Jahrtausende alte Erfahrungswissen der Astrologie verbindet alles.

In diesem Buch finden Sie eine Anleitung, wie Sie die Energie der Planeten mit Hilfe von Pflanzen in Ihrem Alltag nutzen können. Erforschen Sie für sich und Ihre Welt die Zusammenhänge zwischen Planeten und Pflanzen. Wählen Sie jene Pflanzen und ihre entsprechende Thematik aus, die Ihnen helfen, Ihr Leben zu gestalten. Verwandeln Sie mithilfe der Pflanzen Disharmonie in Harmonie und entdecken Sie Tag für Tag eine neue Lebensqualität.

So beschäftigen Sie sich mit den Pflanzen

☙ Wählen Sie zuerst mit Hilfe des Buches eine passende Pflanze aus. Suchen Sie die Pflanze in der Natur, betrachten Sie Fotos/Zeichnungen. *Wächst die Pflanze in Ihrer Umgebung? Können Sie sie dort besuchen? Wie passt sie sich in Ihrem Umfeld ein?*
☙ Öffnen Sie Ihre Sinne:
Wie sieht die Pflanze aus, wie fühlt sie sich an, wie riecht sie, wie schmeckt sie? (Probieren Sie keine Giftpflanzen. Spucken Sie sie wieder aus, wenn sie schlecht schmeckt.) Was hören Sie?
☙ Achten Sie dabei auf Gefühle und Gedanken, die Ihnen in den Sinn kommen. Hier ist nichts zufällig – alles ist eine Botschaft der Pflanzen und ihrer Planeten.

Wenn es Sie anspricht (und die Pflanze nicht unter Naturschutz steht und nicht giftig ist), pflücken Sie einen Strauß oder nehmen Sie einige Blätter für einen Tee mit nach Hause. Seien Sie kreativ: Tragen Sie die Pflanze irgendwo am Körper bei sich, legen Sie sie nachts unter Ihr Kopfkissen (und achten Sie auf Ihre Träume), zeichnen Sie die Pflanze, fotografieren Sie sie ...

Wollen Sie die Kräfte zweier Pflanzen kombinieren, dann können Sie diese mithilfe der Liegenden Acht verbinden.

> **Übung:**
> *Sie haben den Wunsch, Ihr Tierkreiszeichen noch liebevoller zu leben. Wählen Sie die Pflanze Ihres Tierkreiszeichens und die Rose als Vertreterin des Liebesplaneten Venus. Sie können mit den Pflanzen unmittelbar arbeiten, Sie können sie zeichnen oder auch nur symbolisch darstellen. Geben Sie z. B. eine Pflanze in den linken Kreis der Liegenden Acht und die andere in den rechten Kreis. Malen Sie die Liegende Acht immer wieder um beide Pflanzen herum, so lange, bis Sie das Gefühl haben, dass sie harmonisch schwingen. Seien Sie kreativ ...*

Hilfen im Alltag mit AstroFlora

Die Qualitäten der Planeten finden sich wieder in Pflanzen, Tieren und Mineralien. Und sie haben ihre Entsprechungen und Korrespondenzen genauso im Menschen, seinen Organen, Organfunktionen und Problemen. So lassen sich in allen Lebensbereichen zwölf Grundthemen erkennen, die sich auch in den zwölf Planeten spiegeln. (Darüber haben wir ausführlich ab Seite 157 geschrieben.)

Hier erhalten Sie erste, ganz konkrete Hinweise, wie Sie sich bei Fragen des Alltags mit AstroFlora selber helfen können. Formulieren Sie Ihr Ziel so konkret wie möglich.

1) Sie wollen etwas neu beginnen.
Beschäftigen Sie sich mit der Brennnessel und der Kraft des Planeten Mars. Siehe Seite 160.

2) Sie wollen das Leben mehr genießen/Ihren Wohnraum verschönern.
Beschäftigen Sie sich mit der Rose und dem Planeten Venus. Siehe Seite 169.

3) Sie wollen Ihre Kommunikationsfähigkeit verbessern.
Beschäftigen Sie sich mit der Wilden Möhre und dem Planeten Merkur. Siehe Seite 180.

4) Sie wollen sich in sich selbst geborgen und zu Hause fühlen.
Beschäftigen Sie sich mit der Seerose und dem Planeten Mond. Siehe Seite 189.

5) Sie wollen Ihre Kreativität leben und Ihre Ausstrahlung optimieren.
Beschäftigen Sie sich mit der Sonnenblume und dem Planeten Sonne. Siehe Seite 199.

6) Sie wollen an Körper, Geist und Seele gesund sein.
Beschäftigen Sie sich mit dem Lavendel und dem Planeten Chiron. Siehe Seite 208.

7) Sie wollen in einer glücklichen Partnerschaft leben.
Beschäftigen Sie sich mit der Iris und dem Planeten Isis. Siehe Seite 218.

8) Sie wollen alte Verstrickungen loslassen und bereit sein für Neues.
Beschäftigen Sie sich mit der Lotusblume und dem Planeten Pluto. Siehe Seite 228.

9) Sie wollen etwas Sinnvolles machen.
Beschäftigen Sie sich mit dem Gelben Enzian und dem Planeten Jupiter. Siehe Seite 238.

10) Sie wollen einen Vortrag halten, Ihre Berufung leben.
Beschäftigen Sie sich mit dem Ackerschachtelhalm und dem Planeten Saturn. Siehe Seite 248.

11) Sie wollen Ihre Visionen manifestieren.
Beschäftigen Sie sich mit der Arnika und dem Planeten Uranus. Siehe Seite 257.

12) Sie wollen mit sich und der Welt in Frieden leben.
Beschäftigen Sie sich mit den Frangipani und dem Planeten Neptun. Siehe Seite 266.

13) Sie wollen Ihre Urkraft leben
Beschäftigen Sie sich mit dem Hibiskus und der Lilith. Sie Seite 275.

So nutzen Sie dieses Buch

Pflanzenenergien verstärken oder abmildern

Es gibt weitere einfache Möglichkeiten, die Energien von Planeten und Pflanzen in den Alltag einzubauen:

1. Verstärken Sie Ihr Potential durch die Energie der Sonne

Sie wollen wissen, welche Pflanze zu Ihnen passt und Ihr Potential verstärkt, damit Sie immer mehr Sie selber werden können. Sicher kennen Sie das Tierkreiszeichen, in dem Sie geboren sind. Dort befindet sich Ihre Sonne.

Schlagen Sie die Seiten dieses Tierkreiszeichens im Teil „Der Kosmos und seine Pflanzen" auf und wählen Sie intuitiv eine der dort aufgeführten Pflanzen. Was gefällt Ihnen an dieser Pflanze? Was sagt Ihnen ihre Botschaft? Nutzen Sie die Pflanze auf vielfältige Art und Weise. Vorschläge finden Sie auf Seite 97 und 285.

2. Unterstützen Sie ein aktuelles Projekt

Sie brauchen einen Impuls für ein aktuelles Projekt. Sie möchten z. B. eine Praxis gründen, eine neue Stelle antreten, umziehen …

Formulieren Sie ein Wunschziel: Wie sollte das Projekt im besten Falle ausgehen? Z. B. viele Leute ersuchen um einen Termin in der Praxis, Ihre neue Stelle macht Arbeit zum Vergnügen, die neue Wohnung ist ein richtiges Wohlfühlnest …

Suchen Sie als Erstes die Pflanze, die zu der Sonne Ihres Geburtstages passt. Sollten Sie zum Beispiel Anfang Juli Geburtstag haben, dann ist die Seerose Ihre Pflanze. Lesen Sie auch über die Qualitäten des dazugehörenden Planeten Mond.

Suchen Sie als Nächstes die Pflanze, die zu dem aktuellen Stand der Sonne im Jahreskreislauf passt. Zum Beispiel befindet sich im April die Sonne im Tierkreiszeichen Widder. Die dazugehörende Pflanze ist die Brennnessel. Lesen Sie auch über die Qualitäten des Widder-Planeten Mars nach. So können Sie z. B. als gefühlsbetonter Krebs die Seerose durch die belebende Kraft der Brennnessel ergänzen, um Ihr Projekt zu manifestieren.

Wählen Sie aus den Affirmationen beider Pflanzen diejenigen aus, die Ihnen im Moment am besten zusagen.

Wählen Sie eventuell auch aus der Tabelle auf S. 292/293 die Kombinationspflanze von Mars/Widder und Mond/Krebs aus. Das ist die Brunnenkresse. Sie vereint Mars- und Mondqualitäten in sich. Möglicherweise ist das die Pflanze mit den besten Denkanstößen. Schließen Sie die Affirmation der Brunnenkresse in Ihre Überlegungen mit ein.

3. Erfahren Sie die Schwingungen des aktuellen Mondes

Wenn Sie nicht wissen, welche Pflanze Ihnen gerade helfen könnte, nehmen Sie einen Mondkalender zur Hand. Dort finden Sie, in welchem Tierkreiszeichen der Mond an diesem Tag steht. Oft sind genau diese Themen aktuell und können Unterstützung gebrauchen. Suchen Sie aus der Tabelle auf S. 292 oder dem Kapitel über Mondpflanzen ab Seite 73 die „Tagespflanze" aus. Ist der Mond gerade im Schützen, ist es das Schöllkraut.

4. Nutzen Sie die Energie des Augenblicks

Sie wollen die aktuelle Zeitqualität nutzen, um Ihre Projekte zu manifestieren. Wählen Sie eine Pflanze gemäß dem Stand der Sonne im Jahreskreislauf.

Für Menschen mit Astrologie-Kenntnissen:

1. Erfahren Sie die Kraft Ihres Aszendenten

Sie möchten die Kraft Ihres Aszendenten erfahren. (Der Aszendent steht ganz allgemein für die Zukunft und wird im Laufe des Lebens immer wichtiger.)
Nutzen Sie zur Integration dieser Themen Pflanzen, die dem Tierkreiszeichen des Aszendenten unterstellt sind. Ist – zum Beispiel – der Aszendent im Stier, verwenden Sie eine Venuspflanze.

2. Erfahren Sie die Schwingungen Ihres Mondes

Sie kennen die Stellung des Mondes in Ihrem Geburtshoroskop und möchten zur Unterstützung Ihres Gefühlslebens eine passende Pflanze finden. Entnehmen Sie diese der Tabelle auf Seite 292. Fühlen Sie sich in die Energien dieser Pflanze ein.

Schauen Sie weiter, in welchem Haus in Ihrem Horoskop sich der Mond momentan befindet. Dies ist möglicherweise genau das Thema, welches Sie gerade beschäftigt. Durchwandert der Mond z. B. gerade das 7. Haus, das Haus der Begegnungen und der Partnerschaft, dann beschäftigen Sie sich mit der Weißen Lilie, welche die Qualitäten von Mond und Waage verkörpert. Entnehmen Sie die gesuchte Mondpflanze der Übersicht auf Seite 292.

3. Setzen Sie sich ein Jahresziel

Falls Sie Ihr Horoskop gut kennen, wählen Sie eine Pflanze, welche die Jupiter-, Saturn- oder Pluto-Energien unterstützt, im Buch nachzulesen ab Seite 98.

Pflanzenenergien verstärken oder abmildern

Normalerweise wollen Sie die Energie eines Planeten unterstützen. Wählen Sie dazu eine Pflanze aus seinem Einflussbereich. Diese Pflanze und ihre Energie helfen Ihnen dabei, Ihr Ziel leichter zu erreichen. Manchmal ist es notwendig, die Energie eines Planeten abzuschwächen. Wählen Sie dazu eine Pflanze, die zum gegenüberliegenden

Tierkreiszeichen gehört. Diese Pflanze schwächt die Energie Ihres Gegenübers ab. Sie hilft Ihnen dabei, nicht über das Ziel hinauszuschießen.

Beispiel: Krebs-Geborene verlieren sich in ihren Gefühlen, weil der Einfluss des Mondes zu stark ist. Hier bringt der Ackerschachtelhalm aus dem gegenüberliegenden Tierkreiszeichen Steinbock und dem entsprechenden Planeten Saturn die fehlende Struktur und den Boden unter den Füßen zurück. Es kommt wieder Ordnung in die Gefühle.

Informationen zu Ihrem Horoskop finden Sie in verschiedenen astrologischen Kalendern wie z. B. dem Astrokalender „Sternenlichter" von Petra Niehaus, erschienen im Chiron Verlag oder im Internet unter *www.astro.com* oder auf anderen astrologischen Seiten.

Planeten und Pflanzen auf einen Blick

Pflanzenzuordnungen von Mars bis Chiron:

	Mars	Venus	Merkur	Mond	Sonne	Chiron
Widder	Brennnessel	Braunelle	Ruprechtskraut	Brunnenkresse	Sonnenhut	Bärlauch
Stier	Braunelle	Rose	Akelei	Beifuß	Gänseblümchen	Veilchen
Zwillinge	Ruprechtskraut	Akelei	Wilde Möhre	Baldrian	Alant	Wegerich
Krebs	Brunnenkresse	Beifuß	Baldrian	Seerose	Nachtkerze	Weißer Mauerpfeffer
Löwe	Sonnenhut	Gänseblümchen	Alant	Nachtkerze	Sonnenblume	Kamille
Jungfrau	Bärlauch	Veilchen	Wegerich	Weißer Mauerpfeffer	Kamille	Lavendel
Waage	Heckenrose	Frauenmantel	Fenchel	Weiße Lilie	Goldrute	Thymian
Skorpion	Chili	Einbeere	Bohnenkraut	Wolfsmilch-Arten	Tollkirsche	Myrrhe
Schütze	Eiche	Odermennig	Haselnuss	Schöllkraut	Königskerze	Steinklee
Steinbock	Stechpalme	Kornblume	Farne	Erdrauch	Rosmarin	Hirtentäschelkraut
Wassermann	Berberitze	Küchenschelle	Wasserdost	Lerchensporn	Mistel	Ehrenpreis
Fische	Aloe	Frauenschuh	Weinraute	Schlafmohn	Trollblume	Weihrauch

Pflanzenzuordnungen von Isis bis Lilith:

Isis	Pluto	Jupiter	Saturn	Uranus	Neptun	Lilith
Heckenrose	Chili	Eiche	Stechpalme	Berberitze	Aloe	Schlehe
Frauenmantel	Einbeere	Odermennig	Kornblume	Küchenschelle	Frauenschuh	Granatapfel
Fenchel	Schierling	Haselnuss	Farne	Wasserdost	Weinraute	Schierling
Weiße Lilie	Wolfsmilch-Arten	Schöllkraut	Erdrauch	Lerchensporn	Schlafmohn	Königin der Nacht
Goldrute	Tollkirsche	Königskerze	Rosmarin	Mistel	Trollblume	Hibiskus
Thymian	Myrrhe	Steinklee	Hirtentäschelkraut	Ehrenpreis	Weihrauch	Schafgarbe
Iris	Herbstzeitlose	Birke	Edelweiß	Vanille	Passionsblume	Frauenmantel
Herbstzeitlose	Lotusblume	Zypresse	Eibe	Zaubernuss	Eisenhut	Schwarze Akelei
Birke	Zypresse	Gelber Enzian	Ginkgo	Natternkopf	Engelwurz	Habichtskraut
Edelweiß	Eibe	Beinwell	Ackerschachtelhalm	Immergrün	Hexenkraut	Efeu
Vanille	Zaubernuss	Natternkopf	Immergrün	Arnika	Fingerhut	Waldgeißblatt
Passionsblume	Eisenhut	Engelwurz	Hexenkraut	Fingerhut	Frangipani	Schlüsselblume

So nutzen Sie dieses Buch

Planeten – Mineralien – Pflanzen – Tiere – Archetypen – auf einen Blick

Nach dem Prinzip „Wie oben, so unten" finden wir die Planetenprinzipien nicht nur in den Pflanzen, sondern auch in Mineralien, Tieren und Menschen. Dies bedeutet, dass z. B. die Energie des Planeten Merkur ähnlich schwingt wie das Mineral Zitrin, die Pflanze Dill und als Tiere die Insekten und Bienen. Und der Werbefachmann ist sicherlich auch Zwillinge/Merkur-betont.

	Planet	Zeichen	Archetypen einer Firma	Pflanze	Mineral	Tier
1	Mars	*Widder*	Der Manager	Brennnessel	Granat, Rubin	Widder, Raubkatze
2	Venus	*Stier*	Die Köchin	Rose	Koralle	Stier, Taube
3	Merkur	*Zwillinge*	Der Werbefachmann	Wilde Möhre	Zitrin	Insekten, Bienen
4	Mond	*Krebs*	Die Betriebspsychologin	Seerose	Mondstein	Ente, Delphin
5	Sonne	*Löwe*	Der Chef mit Herz	Sonnenblume	Tigerauge	Löwe, Adler
6	Chiron	*Jungfrau*	Die Ökologin	Lavendel	Jade	Haustiere
7	Isis	*Waage*	Der Innenarchitekt	Iris	Rosenquarz, Aventurin	Pfau, Reh
8	Pluto	*Skorpion*	Die Finanzexpertin	Lotusblume	Türkis	Schlange, Schmetterling
9	Jupiter	*Schütze*	Der Jurist, Philosoph	Königskerze	Lapislazuli	Pferd, Hirsch
10	Saturn	*Steinbock*	Die Seniorchefin	Ackerschachtelhalm	Bergkristall	Steinbock, Rabe
11	Uranus	*Wassermann*	Der Computerspezialist, Erfinder	Arnika	Amethyst	Vogel, Känguruh
12	Neptun	*Fische*	Die Meditationslehrerin	Frangipani	Rosenquarz	Fisch, Einhorn
13	Lilith		Die weibliche Urkraft	Hibiskus	Tiefroter Granat	Schlange

Die zwölf Tierkreisbewegungen – Energie für jeden Tag

Eine weitere Möglichkeit, um vermehrt in Einklang zu kommen mit den Rhythmen und Zyklen in der Natur und im Kosmos, sind die Tierkreisbewegungen. Diese zwölf Bewegungen repräsentieren jedes Ereignis von Anfang über den Höhepunkt, die Transformation und das Loslassen bis zur Stille. Das ist auch sehr deutlich zu sehen und zu spüren im Jahreskreislauf von Widder bis Fische, von Frühling bis zum Spätwinter.

Die zwölf Tierkreisbewegungen und die entsprechenden Pflanzen helfen nun dabei, sich fokussiert Ziele zu setzen, diese zu energetisieren und dann auch zu manifestieren. Über diese Bewegungen lernt auch der Körper und jede einzelne seiner Zellen und Schwingungsteilchen, was Seele und Geist wollen.

Sie fühlen sich durch die Bewegungen energievoller, wacher, aktiver und mehr im Einklang mit sich und der Umwelt.

Anwendungsmöglichkeiten:

1. Falls Sie gerne ein Ziel manifestieren möchten, aber auch falls Sie wenig Energie haben, sich momentan kraft- und mutlos fühlen, machen Sie die 12 Bewegungen von Widder bis Fische. Sie werden während der zwölf Bewegungen sehr inspiriert werden, neue, konkrete Ideen haben zu Ihrem Ziel, und sich am Schluss energetisiert und motiviert fühlen. Sie können die Bewegungen drinnen mit harmonischer Musik, aber natürlich auch draußen in der freien Natur machen.

2. Falls Sie ein Ziel manifestieren möchten, welches zu einem der 12 Archetypen gehört (z. B. Partnerschaft, Berufung, Familie), machen Sie die entsprechende Bewegung mehrmals. Das Thema

Partnerschaft z. B. könnte gut durch die Waage-/Isis-Bewegung harmonisiert und energetisiert werden. Stellen Sie sich dazu die entsprechende Pflanze vor. Vielleicht visualisieren Sie auch den dazugehörenden Planeten.

3. Sie können auch gegenüberliegende Zeichen/Planeten integrieren, indem Sie zwei Bewegungen verbinden. Beim Thema Partnerschaft z. B. könnte die Waage-/Isis-Bewegung durch die gegenüberliegende Widder-/Mars-Bewegung ergänzt werden.

Ein möglicher Einstieg in die Bewegungen:

1. Stellen Sie sich locker entspannt hin, legen Sie die Hände übereinander auf Ihr Herz, schließen Sie die Augen und atmen Sie einige Male tief ein und aus. Ein einziger Atemzug vom Beginn des Einatmens bis zum letzten Ausatmen hilft schon dabei, voll im Hier und Jetzt zu sein ...

2. Stellen Sie sich ein wunderschönes Bild der Natur im Moment vor. Vielleicht sehen Sie eine Wiese, Berge, die Sonne, Blumen, Vögel, Wasser etc. – seien Sie konkret! Öffnen Sie dabei Ihre Sinne: Was sehen, hören, riechen, schmecken, spüren Sie? Dies hilft Ihnen dabei, im Einklang mit dem aktuellen Sonnenzyklus in der Natur und ganz im Hier und Jetzt zu sein.
  Beispiel: In der Zeit von Sonne in Widder zwischen dem 21. März und dem 21. April stellen Sie sich eine wunderschöne Frühlingswiese vor. Sie sehen vielleicht die Wiese, ein Bächlein, eine Eiche, viele Wiesenblumen, hören aber auch das muntere Plätschern, die Vögel, den Wind, riechen und schmecken die frischen Blumen, den Morgennebel und spüren vielleicht auch die Wärme und die Feuchtigkeit auf der Haut ...

3. Fühlen Sie sich in die Energien einer mächtigen, schutzspendenden Eiche ein, die Wurzeln tief verbunden mit dem Erdreich und die Äste nach oben zum Himmelreich gerichtet ... Dies hilft Ihnen dabei, verbunden zu sein mit oben und unten, mit Himmel und Erde.

4. Stellen Sie sich ein Ziel vor. Dies kann ein Ziel auf persönlicher Ebene (z. B.: Eröffnung einer Praxis, neue Partnerschaft, Berufung) oder auch ein Ziel für die ganze Welt sein. (z. B.: Frieden zwischen Palästina und Israel, Tibet und China ...) Falls viele Menschen diese Bewegungen gemeinsam machen, entsteht ein sehr großes Energiefeld ...

    Vielleicht stellen Sie sich eine Pflanze oder auch die entsprechende Pflanzenaffirmation vor, welche Ihnen hilft, Ihr Ziel zu erreichen.

Natürlich können Sie die Bewegungen auch ohne konkretes Ziel machen, so kommen Sie ganz allgemein in Harmonie und in ein neues Gleichgewicht.

Die 12 Tierkreisbewegungen

Die Widder-Mars-Bewegung: Neuanfang
Pflanze: Brennnessel

Ausgangsposition: Sie legen Ihre beiden Hände übereinander auf Ihr Herz und spüren hinein. Nun visualisieren Sie ganz konkret das Ziel, welches Sie gerne erreichen möchten.

Hocke

Bewegung: Nun bewegen Sie Ihren Körper hinunter in die Hocke und berühren mit beiden Händen den Boden, der Kopf hängt nach unten. Sie fühlen sich wie ein Same, der bereit ist, zu wachsen und sich zu entfalten. Nun richten Sie sich allmählich auf, strecken sich, führen die Hände über Ihren Kopf nach oben wie Äste, die in den Himmel weisen. Sie stellen sich vor, wie sich unter Ihren Füßen Wurzeln bilden, welche Sie mit dem Erdreich verbinden. Nun fühlen Sie sich wie ein Baum oder wie eine Pflanze, verbunden mit Himmel und Erde.

Baum-Haltung

Affirmation: *„Ich bin ein Same und wachse und entfalte mich."*

Die Stier-Venus-Bewegung: Aufnehmen – Abgeben
Pflanze: Rose

Ausgangsposition: Sie halten Ihre Hände über dem Kopf offen wie eine Blüte, als ob Sie etwas aus dem Kosmos empfangen würden. Was möchten Sie aus der feinstofflichen Welt aufnehmen?

Gefäß am Boden

Bewegung: Nun führen Sie Ihre Arme und Hände in der Form eines großen Gefäßes nach außen und unten, beugen sich gleichzeitig vornüber bis zum Boden, wo die Hände wieder zu einem Gefäß zusammengeführt werden.

Sie stellen sich vor, was Sie aus der physischen Welt, von Mutter Erde, gerne empfangen würden, um Ihr Ziel zu erreichen. (Wissen,

Die zwölf Tierkreisbewegungen

materielle Mittel, eine Pflanze etc.). Nun heben Sie Ihre Hände vor Ihrem Rumpf nach oben bis zur Herzmitte und bilden dort wieder ein Gefäß. Das war bislang die Aufnahme feinstofflicher Kräfte. Nun folgt die Abgabe dieser Kräfte, das Teilen mit der Umwelt. Dazu strecken Sie Ihre Arme und Hände nach vorne aus.

Affirmation: *„Geben und Nehmen sind im Fluss."*

Gefäß an der Herzmitte

Die Zwillinge-Merkur-Bewegung: Verbindung von Herz und Verstand
Pflanze: Wilde Möhre

Ausgangsposition: Sie halten Ihre beiden Hände übereinander auf dem Herzchakra und spüren in Ihre Mitte hinein (Herz).

Bewegung: Nun führen Sie Ihre Arme nach oben, bis sie mit den Händen Ihre beiden Kopfhälften berühren (Verstand, Bewusstsein). Spüren Sie hinein, wie nun Herz und Verstand verbunden sind. Nun strecken Sie Ihre Arme mit den Handflächen nach oben offen zum Himmel hin.

Herzchakra spüren

Spüren Sie nun, wie Ihr Körper die Verbindung zwischen Himmel und Erde darstellt: Über die Füße die Verwurzelung mit dem Erdreich und mit den Händen die Verbindung zum Himmel, zur geistigen Welt.

Affirmation: *„Ich verbinde das Herz mit dem Verstand."*

Baum-Haltung

Die Krebs-Mond-Bewegung: Öffnung des Herzens
Pflanze: Seerose

Herzchakra spüren

Ausgangsposition: Beide Hände befinden sich übereinandergelegt auf dem Herzchakra.

Bewegung: Das Becken bewegt sich langsam in einer liegenden Achterform. Lassen Sie die Bewegung durch den Körper fließen, bis dieser mitschwingt. Wenn sich die Bewegung gleichmäßig und harmonisch anfühlt, lassen Sie sie langsam ausklingen bis zur Ruhe. Jetzt öffnen Sie die Arme und breiten sie nach vorne aus, wie wenn Sie die ganze Welt umarmen wollten. Spüren Sie nach.

Die Welt umarmen

Affirmation: „Ich integriere das Väterliche und das Mütterliche in mir und öffne mein Herz."

Die Löwe-Sonne-Bewegung: Ausstrahlung
Pflanze: Sonnenblume

Arme im Sonnenkreis nach vorn

Ausgangsposition: Führen Sie beide Hände nach unten, tanken Sie Energie aus der Erde und legen Sie sie dann übereinander auf das Herzchakra. Spüren Sie hinein.

Bewegung: Visualisieren Sie nun eine Sonne in Ihrem Herzen, welche Sie jetzt mit drei großen Armkreisbewegungen ausstrahlen: Zuerst fahren Sie mit beiden Händen nach oben und bilden einen Sonnenkreis um sich herum. Diese Kreisbewegung machen Sie einmal nach vorne, dann auf die linke und dann auf die rechte Seite. Sie beenden die Übung wieder mit beiden Händen übereinandergelegt auf dem Herzchakra.

Arme im Sonnenkreis zur Seite

Affirmation: „Ich strahle meine Sonne aus."

Die Jungfrau-Chiron-Bewegung: Heilung
Pflanze: Lavendel

Ausgangsposition: Beide Hände befinden sich übereinandergelegt auf dem Herzen.

Herzchakra spüren

Bewegung: Jetzt führen Sie die Hände in Richtung Erde und danach außen herum kreisförmig in Richtung Himmel. Dort legen Sie die Hände wie im indischen Gebet mit ihren Flächen zueinander und bewegen Sie sie vor dem Kopf langsam hinunter, etwa auf die Höhe des Herzchakras, wo Sie innehalten, um Ihre Herzenergie zu spüren. Dann beugen Sie sich nach vorne und verneigen sich mit den immer noch zusammengeführten Händen in Dankbarkeit. In dieser Verneigung bleiben Sie einige Augenblicke. Danach richten Sie sich wieder auf und beenden die Übung mit den Händen wieder vor der Brustmitte.

in Dankbarkeit verbeugen

Affirmation: *„Ich bin dankbar dafür, Teil dieser wunderbaren Schöpfung zu sein."*

Die Waage-Isis-Bewegung: Harmonie
Pflanze: Iris

Ausgangsposition: Beide Hände befinden sich übereinandergelegt auf der Brustmitte.

Waage-Haltung

Bewegung: Jetzt bewegen Sie die Hände nach außen bis in die Waagrechte, die Handflächen zeigen nach oben. Nun erspüren Sie rechts die männliche Yang-Energie, links die weibliche Yin-Energie. Danach bewegen Sie die Hände nach vorne, falten sie zusammen, führen sie zu Ihrer Herzmitte und spüren in Ihr Herz hinein.

Affirmation: *„Ich bin in Harmonie und Frieden mit allem."*

Herzchakra spüren

Die Skorpion-Pluto-Bewegung: Transformation
Pflanze: Lotusblume

Erdenergie aufnehmen

Ausgangsposition: Beide Hände befinden sich übereinandergelegt auf der Herzmitte.

Bewegung: Jetzt lassen Sie die Arme und Hände vornüberfallen bis zum Boden hinunter. In der Folge schütteln Sie die Hände und stellen sich vor, dass Sie alles Alte, Überholte, Ihre Ängste, Sorgen, Zweifel loslassen. Stellen Sie sich nun vor, wie Sie frische Energie, neue Ziele, Licht und Liebe aus der Erde aufnehmen. Nun bewegen Sie die Hände langsam wieder nach oben. Vor der Herzmitte bilden Sie mit den Händen eine Lotusblume, welche Sie nach oben in Richtung Himmel führen. Spüren Sie hinein. Jetzt legen Sie die beiden Hände wieder übereinander auf die Brustmitte.

Lotus-Haltung vor der Herzmitte

Affirmation: *„Ich lasse Altes los und bin bereit für Neues, Wunderbares."*

Die Schütze-Jupiter-Bewegung: Sinnfindung
Pflanze: Gelber Enzian

Hände vor der Brust falten

Ausgangsposition: Die Hände befinden sich übereinander auf der Brustmitte.

Bewegung: Sie legen die beiden Handflächen aneinander und visualisieren Ihr Ziel. Nun bewegen Sie die Arme wie einen Pfeil schräg nach vorne und oben, auf dieses angestrebte Ziel zu. Folgen Sie mit den Augen diesem imaginären Ziel. Vielleicht machen Sie auch einige Schritte nach vorne. Nun stellen Sie sich vor, wie Sie das Ziel erreicht haben. Wie fühlt es sich an, wie klingt, riecht und schmeckt es? Nun sehen und spüren Sie das höchste Ziel, die Harmonie mit allem, mit dem Licht, mit der Liebe, mit der Stille.

Vorwärtsbewegung der Arme

Affirmation: *„Ich sehe das Ziel und ich erreiche das Ziel."*

Die Steinbock-Saturn-Bewegung: Beruf und Berufung
Pflanzen: Ackerschachtelhalm, Tanne

Ausgangsposition: Die beiden aneinandergelegten Handflächen zielen wie ein Pfeil schräg nach vorne und oben.

aneinandergelegte Hände weisen nach oben

Bewegung: Nun bewegen Sie die aneinandergelegten Handflächen nach oben zum Himmel hin. Dabei stellen Sie die Beine zusammen. Nun strecken Sie die Arme so aus, dass Sie mit dem Körper ein Ypsilon bilden. Sie stellen sich vor, Sie befinden sich auf einem hohen Berg. Nun spüren Sie, wie Licht und Liebe gleichsam durch einen Trichter in Sie hineinfließen, Sie mit Himmel und Erde verbinden und Sie dieses Licht auch wieder ausstrahlen. Zum Abschluss legen Sie die Hände gefaltet auf Ihr Herzchakra und spüren hinein.

Ypsilon-Haltung

Affirmation: „Ich empfange und sende Licht und Liebe."

Die Wassermann-Uranus-Bewegung: Visionen
Pflanze: Arnika

Ausgangsposition: Ihre beiden Hände liegen gefaltet auf Ihrem Herzchakra, dem Sitz der Seele.

Bewegung: Stehen Sie etwa hüftbreit, die beiden Handflächen liegen auf Ihrer Herzmitte. Öffnen Sie sich und lauschen Sie auf Ihre innere Stimme: Überlegen Sie sich, welche Visionen Sie gerne manifestieren möchten. Breiten Sie nun Ihre Arme auf beiden Seiten des Körpers horizontal aus. Nun drehen Sie sich in dieser Haltung jeweils einmal links und einmal rechts herum. Spüren Sie, wie Sie mit Ihrer Umwelt verbunden sind, mit allen Mineralien, Pflanzen, Tieren, Menschen und mit der geistigen Welt. Legen Sie am Schluss die beiden Handflächen wieder auf Ihre Herzmitte und spüren Sie hinein.

Körperdrehung mit ausgebreiteten Armen

Körperdrehung in entgegengesetzter Richtung

Affirmation: „Ich bin verbunden mit allem."

So nutzen Sie dieses Buch

Herzchakra spüren

Waagehaltung

Die Fische-Neptun-Bewegung: Bedingungslose Liebe
Pflanze: Frangipani

Ausgangssituation: Ihre beiden Handflächen liegen übereinandergelegt auf Ihrem Herzchakra.

Bewegung: Lassen Sie beide Arme sanft seitlich am Körper herunterhängen. Spüren Sie die Verbindung mit der Erde. Bewegen Sie nun Ihren Körper, spiralförmig immer kleiner werdend, um Ihre Mitte herum. (Vielleicht konzentrieren Sie sich bei jeder einzelnen Drehung auf ein einzelnes Chakra von rot – Wurzelchakra – bis zu violett – Kronenchakra.) Spüren Sie nun Ihre Mitte, das weiße Licht in Ihnen.

Nun stellen Sie die Beine zusammen und bewegen beide Arme waagrecht nach außen wie ein Kreuz von Raum und Zeit mit dem Herzen in der Mitte. Jetzt stellen Sie sich vor, wie sich das weiße Licht in Ihrem Herzen ausbreitet, bis sich eine Kugel von Licht um Sie herum bildet, welche sich immer weiter ausdehnt, über Ihre Mitmenschen, das Dorf, in dem Sie leben, die Stadt, das Land, die Kontinente, den Planeten Erde ...

Abschließend legen Sie die beiden Hände wieder auf Ihr Herz und spüren den ruhenden Pol, die Stille, das Licht und die Liebe in Ihnen.

Affirmation: *„Ich bin in meiner Mitte. Ich bin Liebe. Ich bin Seele."*

Die Tierkreisbewegungen wurden vor einigen Jahren von einer der Autorinnen, Yvonne H. Koch, entwickelt. Sie werden regelmäßig von ihr für sich selber, aber auch in der Praxis, in Kursen und bei Kongressen angewendet. Die Bewegungen eignen sich sehr dafür, ein gemeinsames Ziel zu fokussieren und dieses auf allen Ebenen zu integrieren.

5. DIE PHANTASTISCHE GESCHICHTE DES BABYLONISCHEN HOHEPRIESTERS MARDUK

Pluto in Steinbock etwa 18.000 v. Chr. – Jungsteinzeit, Die Höhlen von Lascaux

Marduk trifft die Hüterin der Erde

>„Ich steige hinab in die Geborgenheit der Höhle
>und steige wieder zum Licht hinauf mit neuen Einsichten."
>Die Hüterin der Erde, Stammesmutter

„Vor langer, langer Zeit lebten die Menschen noch in Höhlen und waren Jäger und Sammler." Mit diesen Worten leitet Pluto die Reise durch die Zeit ein. Marduk und Pluto fliegen rückwärts durch die Zeit und landen auf einer kühlen, steppenartigen Hochebene. Es ist der Tag der Sommersonnenwende und noch herrscht dunkle Nacht. Einige Kiefern, Weiden und Birken säumen den Platz. Eine klein gewachsene ältere Frau kommt gemessenen Schrittes auf Marduk zu. Ihre Haare hat sie zu einem Knoten geschlungen und mit einer Adlerfeder geschmückt.

„Ich bin die Stammesmutter mit Namen ‚Hüterin der Erde'. Mit meiner kleinen Sippe bin ich unterwegs, um Mammuts, Wildpferde und Bären zu jagen. Unterwegs sammeln wir Pflanzen und Beeren, die uns ernähren und gesund erhalten. Tiere und Pflanzen sind unsere Lebensgrundlage und für uns heilig. Immer im Sommer, wenn die Sonne ihren höchsten Punkt im Zenit erreicht, kommen wir zu dieser Höhle. Mit unseren Ritualen danken wir den Göttinnen und bitten sie um genügend Nahrung für die nächste Umdrehung des Sonnenrades.

Marduks Zeitreise

Marduk, komm mit, ich möchte dir diese ganz besondere Höhle zeigen."

Sie zieht ihn an seinem weißen Umhang in die dunkle Höhle hinein. Als sich seine Augen an die Dunkelheit gewöhnt haben, erkennt er an den Wänden rundherum wunderschöne, ockerfarbene Malereien von verschiedenen Tieren. Es sind zwölf an der Zahl und sie gleichen den Tierkreisbildern seiner Heimat. Besonders beeindruckt ihn die Zeichnung eines großen, prächtigen Stieres. Darüber nimmt er die sieben Sterne der Plejaden wahr.

„Es waren unsere Altvorderen, die in den Sternbildern am Himmel Tiere erkannt haben. Diese Tiere und die entsprechenden Bilder der Sternkonstellationen haben sie an die Wände der Höhle gemalt. Nur am Tag der Sommersonnenwende beleuchtet der Strahl der Sonne ein Tierbild nach dem anderen."

Draußen bricht langsam der Tag an und auch in der Höhle wird es heller. Plötzlich dringt ein gleißender Sonnenstrahl in die Höhle ein, der die Tierzeichnungen zum Leben erweckt. Staunend folgt Marduk mit seiner Aufmerksamkeit diesem Strahl und erkennt die Schönheit jeder einzelnen Zeichnung. Ehrfürchtig und ergriffen fühlt er sich wie in einem kosmischen Tempel, der den Gestirnen gewidmet wurde. Nach einiger Zeit dringt Lärm an seine Ohren, der ihn und seine Begleiterin nach draußen lockt. Sie sehen etwa 30 Menschen, die sich festlich geschmückt haben. Ihr Fell haben sie mit Schnallen aus Tierknochen und Raubtierzähnen um die Hüften gebunden. In ihren Haaren stecken Blüten und ihren Hals schmücken Ketten aus Muscheln und Steinen. Sie lachen und singen und tanzen zu Ehren der Göttinnen.

Tausende von Jahren später wird die Wissenschaft der Archäoastronomie herausfinden, wie sehr der Rhythmus der Sterne und Planeten das Leben dieser alten Völker bestimmt hat. In diesen Höhlenzeichnungen sind ihr großes Wissen und ihre Weisheit zu erkennen.

Marduk möchte mit diesen Menschen tanzen und feiern, aber da nimmt Pluto ihn wieder an der Hand: *„Komm, nun reisen wir weiter!"*

Die Plejaden

Pluto in Steinbock 2646 bis 2621 v. Chr.: Das alte Ägypten, Höhepunkt der ägyptischen Baukunst, bei den Pyramiden

Marduk trifft Imhotep, Architekt des Pharao Djoser

„Wie oben, so unten, wie unten, so oben, wie innen, so außen, wie außen, so innen, im Kleinen wie im Großen, im Großen wie im Kleinen."

Hermes Trismegistos
(auf den Smaragdtafeln, Kybalion)

Marduk schließt kurz die Augen und als er sie wieder öffnet, ist er auf einem großen, flachen Plateau am Rande einer Wüste. Es ist heiß, die Sonne brennt, viele Menschen schleppen Steine, Hölzer und Sand zu einem zentralen Bau in der Mitte des Platzes. Er versucht zu erkennen, woran die Menschen hier bauen. Ein älterer, weiser Mann mit kahlem Haupt, einer schlichten, weißen Schürze aus Leinen und einer großen Papyrusrolle unter dem Arm kommt auf ihn zu und begrüßt ihn, als seien sie gute Freunde. Es ist Imhotep, der Architekt des Pharao Djoser (ca. 2660–2600 v. Chr.).

Er breitet die Pläne aus und sagt: *„Wir bauen jetzt hier in Sakkara zum ersten Mal in unserem Land eine große Stufen-Pyramide. Sie ist die Verbindung zwischen Erde und Himmel, zwischen Menschen und Göttern, zwischen unten und oben. Diese Pyramide hier wird die Grabstätte des großen Pharao Djoser sein und ihm das Tor zu den Sternen weisen. Auch in unserem Land gab es viele dürre Jahre. Seit langer Zeit haben wir die Sterne beobachtet und dabei herausgefunden, dass das Erscheinen des hellsten Fixsternes in der Morgendämmerung vor Sonnenaufgang ein Ende der Dürrezeit ankündigt. Wir haben diesen Stern ‚Verkünder der Nilflut' und ‚Sothis' genannt (später wird er Sirius heißen). Mit einem Fest um den 21. Juni herum begrüßen wir sein Erscheinen. Doch nicht immer bringt er genügend Wasser mit sich, um das Bett des Nils zu füllen und die Felder wieder fruchtbar zu machen. Jetzt habe ich eine geniale Idee."*

Voller Eifer entrollt Imhotep seine Papyruspläne. Gleich drei Pyramiden sind darauf zu erkennen. Sein Finger zeichnet ihren Grundriss nach. *„Es werden königliche Pyramiden sein. Die Grundrisse ihrer vier Seiten werden exakt nach den vier Himmelsrichtungen ausgerichtet. Auch werden wir die drei Pyramiden so bauen, dass sie genau den drei Gürtelsternen im Sternbild Orion entsprechen. Im Osten werden sie auf* *den Punkt zeigen, an dem Sirius zum ersten Mal im Sommer zu sehen ist. Außerdem werden wir die Pyramiden mit weißem, strahlendem Kalkstein verkleiden und ihre Spitzen vergolden, damit sie Empfänger für die Strahlung des Sothis sind.*

Königspyramiden von Gizeh

Damit wollen wir mehr Regen auf die Erde locken und dafür sorgen, dass so der Nil jedes Jahr seinen fruchtbaren Schlamm über die Äcker verteilen wird."

Zufrieden lässt der Baumeister seinen Blick über die Pläne schweifen, blickt dann zum Himmel und wendet sich an Marduk mit der Frage: „Wäre dies nicht auch eine Lösung für dein Zweistromland?" Marduk hängt in Gedanken diesem Vorschlag nach. Neben ihm flüstert Pluto: „Dieser Baumeister Imhotep wird später ein Universalgelehrter genannt werden. Die drei großen Pyramiden werden in den nächsten 200 Jahren gebaut werden und über Jahrtausende die höchsten Bauwerke der Menschheit sein. Imhotep hat auch die ägyptische Schrift erfunden und begründet bald die erste Medizinlehre. Dabei hilft ihm allerdings der Mann, der da drüben im Schatten einer Tamariske sitzt." Marduk blickt hinüber und gewahrt eine farbenfrohe Gestalt, die sich klar aus dieser staubigen Umgebung abhebt. Ein meerblauer Umhang und eine rote Kappe auf dem Kopf des Mannes leuchten in der Abendsonne. Er ist vertieft in seine Arbeit. Er schreibt auf einer großen Tafel aus grünem, leuchtendem Smaragd. „*Das ist Hermes Trismegistos. Vielleicht ist er nur eine Fata Morgana in der Wüste. Er ist ein Gott und ein Weiser. Und er schreibt uralte Weisheiten auf, die die Menschen im Laufe ihres Lebens erkennen sollten. Damit jeder auf seine Art weise werden kann und das Geschenk des Lebens schätzen lernt. Er schreibt über Religion und Philosophie, über Astrologie, Medizin und Alchemie. Und er notiert die sieben geistigen Gesetze, die uns noch öfter begegnen werden auf unserer Reise. Sie werden die ‚hermetischen Gesetze' genannt werden. Es sind Gesetze über die Zusammenhänge zwischen Kosmos, Mineralien, Pflanzen, Tieren und Menschen. Noch oft wirst du den Satz hören: Wie oben, so unten. Er schreibt ihn gerade auf.*" Doch als Marduk auf den weisen Mann zugehen will, verflüchtigt sich das bunte Bild und er kann ihn nicht erreichen. „Macht nichts", sagt Pluto, „wichtig ist seine Botschaft. Merke sie dir."

310

Pluto in Steinbock: 448 v.Chr. bis 428 v.Chr.: Das alte Griechenland, im Tempel von Delphi

Marduk trifft Hippokrates

„Die wirksamste Medizin ist die natürliche Heilkraft, die im Inneren eines jeden von uns liegt."
Hippokrates von Kos (460 – 370 v. Chr.)

Pluto zupft Marduk am Ärmel und sagt: „Komm, nun reisen wir weiter." Während des Fliegens sehen sie plötzlich unter sich eine alte babylonische Stadt mit einer Zikkurat auftauchen. „Ja, dort unten stehst du und beobachtest die Sterne – und dein Herrscher schläft noch. Alles ist in diesem Moment enthalten ... Aber nun reisen wir einige Plutorunden weiter in die Zukunft ..." Marduk schließt die Augen und als er sie wieder öffnet, ist ihm leicht schwindlig. Um sich herum erkennt er üppig wachsende, grüne Natur und mittendrin eingebettet einen wunderschönen, runden Säulentempel. An den Hängen des Berges Parnass steht der Tempel von Delphi. Über seinem Eingang prangen die Worte: „Mensch, erkenne dich selbst." Marduk tritt durch dieses Tor und findet zu seinem großen Erstaunen im Inneren eine Statue von Marduk, dem Gott seiner Heimat, dessen Namen er trägt. Doch hier heißt dieser Gott „Zeus".

Ein würdevoller Mann, bekleidet mit einer weißen Tunika, mit Denkerstirn und vollem lockigen Bart, sieht seine Verwunderung und kommt auf ihn zu.

„An deiner Kleidung sehe ich, dass du nicht von hier bist. Zeus heißt der höchste aller Götter bei uns. Wir glauben, dass er selbst die Sterne an den Himmel gepflanzt und ihnen ihren Lauf gegeben hat. Aus diesem Lauf erkennen wir, wann wir das Land bearbeiten müssen und wann wir ernten können.

Ich möchte mich vorstellen: Ich bin Hippokrates, Arzt meines Zeichens. Ich komme von der Insel Kos. Dort unterrichte ich Medizin, Pflanzenheilkunde und Astrologie – am liebsten unter einer uralten Platane. Ich bin viel durch Kleinasien und Griechenland gewandert und habe die Menschen genau beobachtet. Und ich habe gefunden, was sie brauchen, um gesund zu werden – und noch wichtiger – was sie brauchen, um gesund zu bleiben. Ich habe vor nicht allzu langer Zeit etwas Phantastisches entdeckt, was mich selbst begeistert. Wenn ich das Horoskop der Geburtsstunde eines Menschen anschaue, sehe ich darin, welche Planeten seinen Weg begleiten. Ich kann ihm auch dabei helfen, sich selbst besser zu erkennen, und verordne ihm Pflan-

zen, die die Kraft der Planeten in seinen Körper bringen. So kann ich dazu beitragen, dass der Mensch gesund und glücklich lebt. Hier, in diesem Tempel der Weisheit, habe ich die Götter gefragt, in welcher Pflanze sich der Planet Saturn auf Erden zeigt, damit ich meinen Patienten bei ihren chronischen Krankheiten noch besser helfen kann. Nun warte ich hier auf ihre Antwort."

Marduk ist sehr beeindruckt von dieser groß gewachsenen Gestalt. Hippokrates stützt sich auf einen hölzernen Stab, um den sich zwei geschnitzte Schlangen winden. „Das ist mein Hermesstab, der mich mit den Heilkräften der Götter verbindet. Man nennt ihn auch den Aeskulapstab, dessen Vorbild am Himmel im Sternbild des Schlangenträgers zu entdecken ist." Marduk möchte mehr von Hippokrates und seinen Heilmethoden erfahren. Er hofft, einen Hinweis zu bekommen, wie er seinem König Ur-Nammu besser helfen kann. Hippokrates berichtet gerne: „Ich beobachte die Natur und lerne aus dem Zusammenspiel der Elemente Erde, Feuer, Wasser und Luft. Wichtig ist für einen Arzt, dass er sorgfältig den Patienten beobachtet, befragt und untersucht. Und so bin ich zu dem Schluss gekommen, dass die Krankheit eines Körpers durch ein Ungleichgewicht der Körpersäfte hervorgerufen wird. Es sind vier Körpersäfte – wir Griechen nennen sie Humores – Blut, Schleim, gelbe Galle und schwarze Galle. Sind sie im Gleichgewicht, ist der Mensch von guter Gesundheit und besitzt einen guten Humor. Sind sie aber im Ungleichgewicht, muss der Arzt den Körper in seinem Bestreben unterstützen, sich selbst zu heilen und die krank machenden Säfte auszuscheiden. Das unterstütze ich durch pflanzliche Zubereitungen. Ich schätze die Heilkraft der Pflanzen sehr, die zwischen Erde und Himmel wachsen. Sie tragen die Weisheit der Sterne in sich und helfen dem Körper, Krankheiten zu heilen. Die beste Therapie für den Menschen, der gesund bleiben will, ist eine vernünftige Ernährung und eine gesunde Lebensführung." Hippokrates macht eine Pause und scheint der Bedeutung seiner Worte nachzulauschen. „Da ist noch etwas", fährt er dann fort. „Vor mir lebte der große Mathematiker und Philosoph Pythagoras. Von ihm habe ich die Gesetze gelernt, nach denen die Planeten im All in ihren Schwingungen klingen und in Harmonie sind mit den Klängen auf der Erde. Er sprach von einer Weltenharmonie. Auch diese heilende Musik setze ich für den Gesundungsprozess ein."

Marduk denkt an seinen kranken Herrscher in Babylon und das Gleichgewicht der Säfte in seinem Körper. Mithilfe der Sterne würde er für ihn die richtigen Heilpflanzen finden und ihm mit der Harmonie der Sphären Freude und Gesundheit bringen. Doch Pluto reißt ihn aus seinen Gedanken und drängt ihn weiter.

Pluto in Steinbock 42 bis 61 n. Chr.: Das alte Rom

Marduk trifft Dioscurides

„Die Natur wird nie dem Menschen folgen, sondern der Mensch hat die Gesetze der Natur zu befolgen."

Dioscurides

Sie reisen etwa 500 Jahre weiter in die Zukunft und landen im prächtigen Rom. Auf den Straßen erzählt man sich von Jesus, der Wunder bewirkte. Er soll Tote wieder zum Leben erweckt und unheilbar Kranke geheilt haben. Man sagt, er sei der Sohn des Gottes der Christen, einer neuen Glaubensrichtung aus dem Nahen Osten. Zwei seiner Apostel, Petrus und Paulus, seien auch gerade in Rom und verbreiten Geschichten aus dem Leben dieses Gottessohnes.

Marduk und Pluto sitzen in der Bibliothek eines luxuriösen Hauses und schlürfen ein Glas stärkenden Weines. Am Fenster sitzt ein Mann mit dunklen Haaren, eine braune Kappe auf dem Kopf, und über seinem blauen Kleid liegt ein purpurner Umhang. Gebeugt über ein dickes Buch, schreibt er mit einer Feder kleine Zeichen auf weißes Papier. Er bittet um ein wenig Geduld, beendet seine Aufzeichnungen und wendet sich schließlich seinen Gästen zu. *„Willkommen in meinem Haus. Ich bin Dioscurides, der Grieche in Rom.*

Meine Wanderungen haben mich von Kleinasien über Ägypten nach Italien und schließlich in diese Stadt gebracht. Ich bin Arzt, habe die Natur, die Pflanzen und die Menschen studiert – und dort alles gefunden, was der Gesundheit dient. Damit konnte ich so vielen Menschen helfen, dass ich zum Leibarzt der römischen Kaiser berufen wurde. Zuerst bei Kaiser Claudius und jetzt auch bei seinem Nachfolger, Kaiser Nero. Für mich ist die Zeit gekommen, alle meine Erfahrungen aufzuschreiben, damit auch andere davon lernen können. Ganz besonders schätze ich die Kräfte der heilenden Pflanzen. Über 800 von ihnen habe ich schon beschrieben. De materia medica nenne ich mein Werk."

Pluto beugt sich zu Marduk hinüber und flüstert ihm leise ins Ohr: *„Und es wird für die nächsten 1500 Jahre das Standardwerk in der Pflanzenheilkunde sein. Aber das weiß er noch nicht."*

„Komm, wir ziehen weiter", mahnt Pluto wieder Marduk, der sich gerne noch eine Weile mit diesem berühmten Arzt unterhalten hätte. *„Die nächsten Jahrhunderte werden erstmal ziemlich dunkel, der Kampf ums Dasein beschäftigt die Menschen mehr als alles andere. Wir überspringen diese Zeit und reisen direkt in die Nähe deiner Heimat, nach Persien."*

Pluto in Steinbock 1024 bis 1042: Hochmittelalter, in einer kleinen Stadt in Persien

Marduk trifft Abū Alī al-Husayn ibn Abdullāh ibn Sīnā, genannt Avicenna

„Du glaubst dich aus dem Nichts und enthältst das Universum."
Avicenna (980–1037)

Astrolabium aus Isfahan

Abū Alī al-Husayn ibn Abdullāh ibn Sīnā lautet sein wohlklingender Name. Bekannte Klänge für Marduks Ohren. Im Bazar einer kleinen Stadt in Persien, ganz in der Nähe seiner Heimat Mesopotamien, begegnet Marduk dem jungen Mann, der zielstrebig und sicher einen alten Greis mit gebrochenem Bein versorgt. Um die Schmerzen zu stillen, steckt er ihm einen Schwamm mit betäubenden Pflanzen in den Mund, während er das Bein schient. Schlafmohn, Mandragora und Bilsenkraut benutzt er für örtliche und allgemeine Betäubung bei Operationen. In seinem Koffer sind Heilpflanzen gegen Blutungen, Durchfall, Entzündungen und Abszesse. Er hat sich sein ganzes Wissen aus Büchern angelesen. Physik, Medizin, Philosophie, Mathematik, Astronomie stellten die Basis seiner Studien dar. Schon als junger Mann von 18 Jahren war er bekannt und berühmt als Arzt mit einem enormen Heilpflanzenwissen.

„Der Alte wird noch eine Weile schlafen und die Ruhe wird ihm guttun, dann kann sein Bein wieder heilen." Der persische Arzt packt seinen Koffer und lädt Marduk ein, ihn ein Stück auf seinem Weg zu begleiten. Sie gehen über einen Markt und Abū Alī macht Halt an einem Gemüsestand. Er nimmt ein Bündel grüner, kräftig gezackter Blätter in die Hand, hält es Marduk unter die Nase und sagt: *„Koste es einmal."* Es schmeckt bitter. *„Dieses Kräutlein wirkt wahre Wunder, macht die meisten Menschen gesund, lebendig und verjüngt sie geradezu. Ich habe es Taraxacum genannt, das heißt in eurer Sprache: Bitteres Kräutlein, das auf dem Markt verkauft wird. Mit diesem Namen kann es jeder finden und im Dienste seiner Gesundheit mit nach Hause nehmen."* (Fast alle Mitteleuropäer kennen diese Pflanze heute als Löwenzahn …) Marduk überlegt, ob er es wohl irgendwo in seiner Heimat würde finden können, um es seinem Herrscher zu bringen. Abū Alī spricht weiter: *„Die Wissenschaften faszinieren mich sehr und sie sind eine Quelle für unendliches*

Wissen. Dennoch bleibt es immer das Wichtigste, den ganzen Menschen in seiner Einheit aus Körper und Geist in den Mittelpunkt meiner Arbeit als Arzt zu stellen." Das leuchtet Marduk ein und er überlegt, ob es wohl die Last des Regierens und die Sorge um die große Dürre sind, die seinen Herrscher Ur-Nammu erschöpft haben. Wieder ist es Pluto, der ihm die Bedeutung dieses Arztes weiter erklärt: *„Abū Alī al-Husayn ibn Abdullāh ibn Sīnā wird sein ganzes Wissen in etwa 40 Schriften in arabischer und persischer Sprache der Nachwelt überliefern. Abū Alī hat den Nahen Osten nie verlassen, seine Schriften aber wandern mit den Arabern über Nordafrika und Südspanien bis nach Mitteleuropa. Überall werden sie Grundlage für die medizinische Ausbildung. In Europa kann sich niemand diesen fremden Namen merken. Deswegen nennt man ihn dort Avicenna. Ich habe meine helle Freude an ihm."*

„Doch jetzt lass uns weiterziehen – Mitteleuropa wacht aus dem Dornröschenschlaf auf. Ich führe dich zu einem anderen Höhepunkt in der Geschichte, bei dem in aller Bescheidenheit der Ziegenfisch (Steinbock) und ich Bedeutendes in die Wege geleitet haben. Es ist die Zeit der Renaissance. Renaissance bedeutet Wiedergeburt. Es ist eine Wiedergeburt der alten klassischen Werte aus Ägypten, Griechenland, Rom ..."

Pluto in Steinbock: 1515 bis 1531: Die Renaissance, in Florenz

Marduk trifft Kopernikus und Leonardo da Vinci

„Wo die Natur aufhört, ihre Abbilder zu schaffen, dort beginnt der Mensch aus natürlichen Dingen mithilfe der Natur unendliche Bilder zu schaffen."
Leonardo da Vinci (1452–1519)

Wir schreiben das Jahr 1517, es ist die Zeit des Höhepunkts der Renaissance. Die geistige Revolution ist in vollem Gange, sämtliche Weltbilder stürzen ein und keine Ordnung hält den sprunghaften Entwicklungen dieser Zeit stand.

Marduk findet sich wieder inmitten vieler Häuser und Kirchturmspitzen. Auf dem Platz vor der großen Basilika San Lorenzo in Florenz pulsiert das Leben. Menschen laufen an ihm vorbei, preisen ihre Waren an, lachen und lärmen. Marduk schreitet in seinem priesterlichen weißen Gewand mit bedächtigen Schritten über den Markt. Er riecht den Duft von unbekannten Gewürzen und Kräutern und hört, worüber die Marktleute reden. Sie sprechen von einer neuen Welt, die ein seefahrender Kolumbus entdeckt haben soll. An einem weiteren Stand werden Bücher zum Kauf angeboten, deren Seiten mit einheitlichen Lettern bedruckt sind. Die Buchdruckerkunst ist vor einigen Jahren erfunden worden. Ein fahrender Händler erzählt von Unruhen in der christlichen Kirche. Ein Pfarrer namens Martin Luther hat vor wenigen Monaten in Deutschland 40 reformierende Thesen an die Kirchentür in Wittenberg geschlagen, welche das alte christliche Weltbild revolutionieren.

An der Ecke des Platzes steht ein Redner auf einem Stuhl und verkündet lauthals: *„Die Erde ist rund, nicht eine Scheibe! Es stimmt nicht, dass sich die Sonne um die Erde dreht. Es ist umgekehrt: Die Erde kreist um die Sonne! Die Sonne ist der Mittelpunkt im Kosmos. Da sich die Erde um sich selber dreht, scheinen sich die Planeten und Fixsterne um uns zu drehen! Meine Berechnungen beweisen dies eindeutig."* Aufgeregtes Stimmengewirr begleitet seine Worte. Marduk nähert sich dem Sprecher und lauscht aufmerksam: *„Ich heiße Kopernikus, meines Zeichens Astronom und Mathematiker. Ich weiß, dass diese neuen Erkenntnisse viel Widerstand hervorrufen werden, besonders in der Kirche. Aber ab jetzt müssen wir Menschen auf der Erde umdenken. Wir sind nicht der Mittelpunkt des Universums."* Protestrufe werden laut, ein wirres Durcheinander entsteht. Marduk schwindelt es in diesem Gewühl und um sich zu erholen, setzt er sich auf den Boden. Ein Raunen geht durch die Menge, die Menschen weichen ehrfürchtig auseinander. Jemand greift ihm unter die Arme und hilft ihm wieder auf die Beine.

Ein alter, weiser Mann mit lockigem grauen Bart und gutmütigen wachen Augen bietet ihm einen Schluck Wasser an. Marduk trinkt dankend. Der Alte spricht: *„Ich sehe deiner Kleidung an, dass du aus dem Babylon kommst. Die Babylonier waren sehr weise Leute und wir haben viel von ihnen gelernt. Selbstverständlich bin ich als Mensch der Renaissance mit der Astrologie, welche ihr entwickelt und erforscht habt, vertraut. In meinem Gemälde „Das Abendmahl" habe ich die 12 Tierkreiszeichen in den 12 Aposteln verewigt. Übrigens: Ich heiße Leonardo da Vinci. Ich bin hier in Florenz geboren und aufgewachsen. Pluto hat mir gerade erzählt, dass in*

Kopernikanische Wende

deiner Heimat Babylon eine große Dürre herrscht. Vielleicht kann ich dir helfen. Neben vielen anderen Erfindungen habe ich auch Wasserräder gebaut und Bewässerungssysteme konstruiert.

Du hast in deinem Land den Vorteil, dass du zur Energiegewinnung die Sonnenenergie nutzen kannst. Damit ist es dir möglich, das Wasser aus größter Tiefe emporzupumpen. Ich zeige dir, wie das geht. Lass uns in die Basilika gehen. Dort ist es schattig und ruhig." Ehrfürchtig betreten sie die Kirche, Marduk atmet die kühle Luft ein und spürt wieder neue Energie. Gemeinsam schmieden sie Pläne für eine Bewässerung des Zweistromlandes. Hell und klar scheint das Sonnenlicht durch die Fenster und beleuchtet die geometrische Schönheit der Architektur. Marduk wendet sich nach oben. Über ihm wölbt sich eine riesige zwölfteilige Kuppel und er fühlt sich wie unter dem Himmelszelt, in einem dreidimensionalen Raum. *„Dieses Kuppelgewölbe ist absolut harmonisch und ausgewogen. Es bringt die Energie des Kosmos auf die Erde zu den Menschen. Die ganze Basilika ist nach klassischem Vorbild gebaut und in Einklang mit oben und unten. Die Formen sind klar und geometrisch, Ordnung, Symmetrie, Regelmäßigkeit sind wichtig"*, erklärt ihm sein Begleiter. Die Worte klingen in Marduk nach und wieder sieht er den Schreiber der Smaragdtafeln in der Wüste vor sich. *„Und da drüben"*, fügt der Alte noch hinzu, *„die Treppe, die zu der Bibliothek hinaufführt, hat vor Kurzem mein großer Kollege Michelangelo gebaut. Dort in der Bibliothek sind übrigens die Manuskripte von Hermes Trismegistos aufbewahrt."* Bedeutungsvoll schaut er Marduk an und erkennt in dessen Nicken die Vertrautheit damit.

Sie treten wieder hinaus auf den sonnendurchfluteten Platz. Leonardo verabschiedet sich mit den Worten: *„Ich bin und war immer ein Schüler der Natur. Bei dieser Lehrerin wirst auch du Hilfe finden."* Marduk lässt sich langsam auf der Treppe der Basilika nieder. Diese vielen Eindrücke muss er erst einmal auf sich wirken lassen.

Pluto setzt sich neben ihn. *„Ganz schön was los hier, nicht wahr? Die Entdeckung von Kopernikus, dass die Planeten um die Sonne kreisen, hält weder ihn noch andere große Astronomen wie Kepler davon ab, sich mit praktischer Astrologie zu beschäftigen. Allerdings bleibt in der Astrologie immer noch der Mensch im Mittelpunkt des Geschehens. Planeten und Sternbilder bewegen sich um ihn herum. Und stell dir vor: In Rom hat sogar Papst Leo I. (seine Amtszeit dauerte von 1513 bis 1521) einen Lehrstuhl für Astrologie eingerichtet. Die Herrschenden lassen sich die Daten von Inthronisationen und Feierlichkeiten berechnen. Es ist gerade in Mode gekommen, dass sich jeder Bürger der Renaissance, der etwas auf sich hält, ein Horoskop erstellen lässt. Das Individuum erwacht ..."*

Marduk trifft Paracelsus (1492 bis 1541)

„Blumen sind die Sterne der Erde und Sterne sind die Blumen des Himmels"
Paracelsus

Marduk sitzt immer noch auf der Treppe der Basilika in Florenz. Pluto hat sich wieder zurückgezogen und ein junger Mann mit einem schwarzen Bündel über der Schulter und einem roten Hut auf den braunen Locken setzt sich neben ihn.

„Du siehst so anders aus als die Menschen hier. Woher kommst du? Was führt dich nach Florenz?"

Er überschüttet Marduk mit Fragen. Nach und nach erzählt Marduk seine Geschichte, über die sich der junge Mann kaum zu wundern scheint. Er liebt das Ungewöhnliche und das Besondere. „*Aus Babylon kommst du hierher? Um Wasser und Heilung zu finden?*

Ich bin gerade frisch gebackener Doktor der Medizin", erzählt der junge Mann. „*Jetzt will ich umherziehen und in ganz Europa die Heilkunde studieren. Überall kann ich das lernen, nicht nur an den Universitäten. Am meisten lerne ich von dem gemeinen Volk, den Bauern, kundigen Weibern, Hebammen, von Unedlen und Edlen, Einfältigen und Gescheiten. Meine Schulmeisterin ist die Natur. Die meisten Ärzte vergessen die Kraft der Natur. Sehen sollten sie, nicht sinnieren, nicht berechnen, sondern sehen! Sehen mit den Augen des Geistes, wenn die Natur uns erleuchtet. Denn das will ich bezeugen mit der Natur. Die Natur ist der wahre Arzt. Horche auf den Gesang der Natur. Gehorche ihren Wirkungen. Nur so kannst du heilen*", spricht er mit glühendem Eifer. „*Jegliche Krankheit hat ihre Arznei*", fährt er fort. „*Jede. Erkenne die Verbindung von Himmel und Erde. Erkenne, dass die Sterne die Modelle sind, die Formen, Matrices aller Kräuter. Jeder Stern, jeder Planet zieht mit seiner Kraft seinesgleichen Kraut aus der Erde. Willst du*

Paracelsus

mithilfe der Planeten heilen, so brauchst du nur ihre Zeichen in den Pflanzen zu erkennen. Denn was oben ist, ist auch unten, was innen ist – das ist auch außen." Da war er wieder, dieser Satz, den Marduk auf dieser Reise schon aus verschiedenen Mündern hörte.

(Später wird Paracelsus in seinem Buch „Aurora Philosophorum" die Hermeslegende wieder aufnehmen und von seinen Anhängern „der zweite Hermes" genannt werden, „der die Urweisheit wieder belebt hat".)

„Ich will nun weiterziehen nach Rom. Begleite mich ein Stück auf meinem Weg", fordert ihn der junge Mann auf. *„Ich will noch mehr lernen über die Pflanzen und über die Astrologie. Ich habe interessante Aufzeichnungen gefunden. Darin gehört jeder Planet zu einem Tierkreiszeichen am Himmel. Und jeder Planet zeigt sich auf der Erde in einer Pflanze. Und er zeigt sich auch im Menschen – all seine Körperteile arbeiten im Einklang mit bestimmten Planeten. Jetzt will ich nur noch herausfinden: Welcher Planet zeigt sich in welcher Pflanze und hilft bei welcher Krankheit. So wie der rote Planet Mars sich mit seinem Eisen in der Brennnessel zeigt und mit ihr unser rotes Blut reinigt. Für jeden Planeten muss es irgendwo auf der Erde pflanzliche Vertreter geben, die die Kraft der Himmelskörper in den Körper des Menschen transportieren und ihm helfen, gesund zu werden."*
(Mehr dazu ab Seite 157.)

Wieder denkt Marduk an seinen kranken Herrscher. Er wird mithilfe der Planeten die richtigen Heilpflanzen für ihn finden. Beim Abschied fragt Marduk ihn noch nach seinem Namen. *„Ich heiße Theophrastus Bombastus von Hohenheim. In ein paar Jahren werde ich mich Paracelsus nennen."*

Pluto in Steinbock 1762 bis 1778: Frühe Klassik

Marduk trifft Goethe

„Wie an dem Tag, der dich der Welt verliehen, die Sonne stand zum Gruße der Planeten, bist alsobald und fort und fort gediehen nach dem Gesetz, wonach du angetreten."

Johann Wolfgang von Goethe (1749–1832)

Pluto und Marduk sausen weiter durch die Zeit und weiter in die Zukunft. Wieder ist es eine unruhige Epoche voller Wirren und Veränderungen. Überall kämpfen die Menschen dafür, die Macht neu zu verteilen und soziale Unterschiede aufzuheben. Sie wollen

Freiheit und Gleichberechtigung für alle, Selbstbestimmung und Glück. In Frankreich bereitet sich die Französische Revolution vor. In Nordamerika entstehen die von England unabhängigen Vereinigten Staaten von Amerika. Bald wird ein neuer Planet entdeckt und Uranus genannt werden.

Marduk wandelt neben einem vor Ideen und Fragen nur so sprudelnden jungen Mann durch einen blühenden Garten in Weimar. „Für mich ist es ein beglückender Gewinn, die Stuben- und Stadtluft mit der Land-, Wald- und Gartenatmosphäre zu vertauschen", erzählt Johann Wolfgang Goethe. Aus dem Musikzimmer des Hauses erklingt harmonische, klassische Musik des jungen Salzburger Komponisten Mozart zu ihnen herüber.

„Ich bin gerade Minister geworden in diesem Staat und dennoch interessiert mich im Moment nichts brennender als die Naturwissenschaften. Ein schwedischer Arzt, Carl von Linné (1707–1778), hat gerade alle Pflanzen in Familien eingeordnet und ganz nüchtern nach ihren Übereinstimmungen und Besonderheiten sortiert. Über 7000 Pflanzen hat er fantasievolle Doppelnamen gegeben. Das L. hinter jedem Pflanzennamen bezeugt seine Handschrift. Ich jedoch sehe das viel philosophischer. Irgendwo muss es eine Ur-Pflanze geben, aus der sich alle anderen Pflanzen entwickelt haben. Ich will zeigen, dass alle Bereiche der Natur zusammenhängen und auf einer höheren Ebene verbunden sind. Dann schreibe ich einen Aufsatz über die Metamorphose der Pflanzen, vielleicht sogar in Versform." (erschien 1790)

Sie setzen sich auf die Gartenbank im Schatten eines Ginkgo-Baumes. „Außerdem arbeite ich gerade an einem Theaterstück über den Dr. Faustus. Es handelt von einem Arzt, der sich neben der Medizin auch mit Astrologie, Pflanzen und Natur beschäftigt. Als Wissenschaftler will er ergründen und verstehen, was die Welt im Innersten zusammenhält. Doch nur als theoretischer Wissenschaftler allein ohne Streben nach Höherem wird ihm das kaum gelingen. Ich höre den Dr. Faustus schon sagen:

,Habe nun, ach! Philosophie, Juristerei und Medizin,
Und leider auch Theologie!
Durchaus studiert, mit heißem Bemühn.
Da steh ich nun, ich armer Tor!
Und bin so klug als wie zuvor.'"

Johann Wolfgang von Goethe

Pluto in Steinbock 2008 bis 2024: Heutige Zeit

Marduk trifft Professor Quantix

„Der erste Trunk aus dem Becher der Naturwissenschaft macht atheistisch, aber auf dem Grund des Bechers wartet Gott."

Werner Heisenberg, Physiker

„Gedanken erschaffen Realität: Unsere Welt ist das Ergebnis unserer geistigen Grundhaltung."

Dieter Broers, Biophysiker

„Wie geht es weiter?", fragt Marduk, begierig zu wissen, warum die Menschen Planeten und Götter in ihrer Welt nicht mehr beachten. Pluto antwortet: *„Ich hab noch einiges zu tun in den Jahren 2008–2024. Die Menschen haben das Gefühl, alles ginge immer schneller. Sie sagen, die Zeit – Spezialgebiet des Ziegenfisches (Steinbock) – laufe ihnen davon. Mittlerweile haben sie mich als Planetoiden entdeckt und schieben mir all die Naturkatastrophen in die Schuhe. Und auch die Wirtschafts- und Finanzkrise seit dem Anfang meines Aufenthalts im Steinbock. Sie sehen nur noch die Materie und nicht mehr, was wirklich wichtig ist im Leben. Nun habe ich Zeit bis 2024, um neue Ordnungen und Gesetze zu manifestieren. Die Menschen müssen nun auch lernen, Verantwortung für sich und für den Planeten Erde zu übernehmen."*

Die Zeitreisenden landen in den Schweizer Bergen, mitten auf einer Wiese voller Alpenblumen. Sie stehen direkt vor einem Holzchalet mit einem runden, gläsernen Kuppeldach. Glitzernde Geräte machen Marduk neugierig, ein kleines Observatorium wartet auf die dunkle, sternenklare Nacht. Doch noch scheint die Sonne und lässt die weißen Schneefelder auf den Bergspitzen leuchten. Marduk fragt sich, was das wohl sein könnte. *„Schnee – ein physikalisches Phänomen"*, sagt eine warme Stimme neben Marduk. *„Nichts anderes als gefrorenes Wasser."* *„Gefrorenes Wasser?"* Marduk kann sich nichts darunter vorstellen. *„Gestatten Sie, dass ich es Ihnen erkläre."* Verwundert lauscht Marduk den Erklärungen des alten Mannes neben ihm. Seine wirren grauen Haare umrahmen leuchtende Augen, die ihn durch eine runde Nickelbrille erstaunt anschauen. Marduk seinerseits berichtet, er sei geradewegs aus Babylon hierhergekommen. Pluto habe ihn auf eine Zeitreise mitgenommen. Das sei alles ziemlich verwirrend. *„Zeitreise?"*, murmelt der Alte vor sich hin, *„ja, ja, das ist wohl möglich, schließlich hat Einstein*

das alles schon mal ausgerechnet. Vielleicht hat Einstein doch recht gehabt ..."
Ein bisschen wundert er sich, dass dies Realität ist, und dann stellt er sich vor. *„Ich heiße Professor Quantix und bin Quantenphysiker. Seit meinen jungen Jahren interessiert mich nichts brennender, als zu erforschen, was die Welt im Innersten zusammenhält.*

Deshalb wohne ich nun hier an diesem wunderschönen Ort in den Schweizer Bergen. Tagsüber wandere ich durch die klare Bergluft, rede mit den Pflanzen und denke über die großen Zusammenhänge und über den Sinn des Lebens nach. Die Pflanzen sind weise Lehrer und bringen mir viele Impulse aus ihrem langen Leben. Auch darüber forsche ich in meinem Labor im Untergeschoss meines Hauses. In der Nacht beobachte ich von meinem gläsernen Observatorium aus die Sterne und Planeten. Sei mein Gast. Ich zeige dir mein Haus und meine Forschungen."

Marduk folgt dem Professor mit dem wirren Haar in sein Reich. Ein Fahrstuhl bringt sie in das Untergeschoss.

„Hier erforsche ich die kleinsten Teilchen der Materie und ihr Verhalten zueinander. Sie bekommen immer neue Namen: Elektronen, Neutronen und Neutrinos, Nanoteilchen, Quarks und Quanten – alle sind in ihrem Grunde nichts anderes als Schwingung und miteinander verbunden. In meiner Welt ist die Wissenschaft der Quantenphysik gerade dabei, dies alles zu beweisen.

So erforsche ich hier unten die Welt im Allerkleinsten und erkenne immer mehr, dass im Mikrokosmos die Materie nach dem gleichen Bauplan aufgebaut ist wie im Makrokosmos. Jetzt lass uns den Fahrstuhl ins Obergeschoss nehmen und schauen, wie es in der großen Welt des Universums aussieht. Unter dem gläsernen Kuppeldach stehen viele Geräte, die im Licht der Nacht glitzern."

Unter dem Himmelszelt mit Tausenden von leuchtenden Sternen fühlen sich beide zu Hause. „*Hier oben beschäftige ich mich mit den großen Zyklen der Sterne und Planeten.*" „*Das ist ja so ähnlich, wie wenn ich auf meiner Zikkurat sitze*", denkt Marduk. Der Professor scheint seine Gedanken zu erraten. „*Wir haben vieles gemeinsam. Wir kennen den Rhythmus der Planeten und finden ihre Entsprechungen auf der Erde. Und jetzt bist du hier – alles ist in diesem Moment enthalten, Vergangenheit, Gegenwart und Zukunft.*" Für einen Moment hängt der Professor seinen Gedanken nach.

„*Jetzt zeige ich dir die Planeten, die du noch nicht kennst. Sie ziehen ihre Bahnen jenseits von Saturn, sind mit bloßem Auge nicht zu sehen und heißen Uranus, Neptun und Pluto. Dazu brauchen wir ein modern ausgerüstetes Fernrohr. Ja, auch den Pluto kann ich dir als kleinen Planetoiden zeigen. Du wirst dich wundern, wie er aussieht. Im Jahre 2015 bekommt er weit draußen im Universum sogar Besuch von der Raumsonde „New Horizons". Ich zeige dir auch noch Chiron und erzähle dir etwas über Isis. Isis kennen wir nur aus Berechnungen, aber es dauert nicht mehr lang und wir werden auch diesen Planeten sehen können.*" Als Marduk durch das Fernrohr schaut, zwinkert Pluto am Firmament ihm wie ein alter Verbündeter zu ...

Nur schwer kann Marduk sich von diesem himmlischen Anblick lösen. Er schaut umher: Im Licht einer kleinen Lampe sieht er viele Bücher auf einem Schreibtisch liegen. Die Verfasser sind Menschen, die er schon getroffen hat. Sein Auge streift über Schriften von Hippokrates, Kopernikus, Paracelsus, Goethe. Sogar das Kybalion von Hermes Trismegistos liegt zuoberst auf einem Stapel. „*Früher bin ich viel herumgereist und habe Vorträge gehalten. Heute genieße ich die Ruhe in den Bergen, bin verbunden mit Himmel und Erde und habe Zeit für meine Forschungen. Und hier schreibe ich ein neues Buch, in dem ich die Ergebnisse meiner Überlegungen und Berechnungen der Zukunft überliefere. Ich werde neue Begriffe einführen, um die Phänomene zu erklären, die ich gefunden habe.*"

Marduk ist fasziniert von einem magisch flackernden Bild auf dem Pult. Quantix folgt seinem Blick: „*Das ist mein Computer. Der verbindet mich mit der ganzen Welt. Ich habe damit Zugriff zu unendlich vielen Informationen. Der Computer hat auch ein phantastisches Astroprogramm und kann mir alle genauen Positionen der Planeten in den vergangenen und zukünftigen Jahrtausenden berechnen. Im Handumdrehen. Und er weiß auch, wie lange die Dürre damals im Zweistromland gedauert hat. Sollen wir das mal googeln?*"

Pluto in Steinbock 2255–2270: Das „Goldene" Zeitalter?

„Die grundlegenden revolutionären Ergebnisse der modernen Physik weisen den Weg in eine lebenswerte Zukunft, die geprägt ist von Vielfalt und Verbundenheit. Vielfalt in Natur und Kultur, Verbundenheit der Menschen untereinander – und mit der Natur."
Hans-Peter Dürr, Physiker

Marduks Zeitreise geht weiter in die Zukunft. Natürlich wissen wir nicht, wie das Leben auf der Erde dann aussehen wird. Astronomen können aber heute schon berechnen, wo in 250 Jahren die Planeten stehen werden, und Astrologen können diese Schwingungsqualitäten interpretieren.
Das genaue Horoskop für den Beginn des „Goldenen Zeitalters" finden Sie auf Seite 43.

Was meinen Sie, liebe Leserin, lieber Leser, wie wird die Zukunft in 250 Jahren wohl aussehen?
Lesen Sie nun bitte weiter ...

Marduk trifft Frau Tao, Mitarbeiterin eines ganzheitlichen Pflanzenkonzerns

„Die Summe unseres Lebens sind die Stunden, in denen wir lieben."
Wilhelm Busch

Professor Quantix bestaunt und bewundert, dass Marduk jetzt noch weiter in die Zukunft reisen wird. Gerne wäre er mitgebeamt, doch Pluto gibt ihm die Aufgabe, diese Reise lediglich in Gedanken zu begleiten. Wie würde es wohl hier bei ihm in der Schweiz in der Zukunft aussehen? Das beschäftigt den Professor noch, während Marduk sich schon längst in einer neuen Umgebung voller sanfter Farben auf einem Sessel aus nachwachsenden Materialien wiederfindet. Vor ihm eine selbstbewusste Frau, die ihn lächelnd begrüßt.

„Herzlich willkommen in der Zukunft! Wie ich in deinem Schwingungsfeld sehe, möchtest du gerne wissen, was du tun kannst, damit es wieder regnet in Babylon und damit dein Herrscher wieder gesund wird." Marduk ist fasziniert von dieser Frau mit der sehr liebevollen, harmonischen Ausstrahlung.

„Stärke dich erstmal mit unserem Regenbogen-Energie-Drink." Sie reicht ihm ein herrlich duftendes Erfrischungsgetränk in einer sternförmigen

Fruchtschale. „Zuerst möchte ich dir gerne unser Unternehmen vorstellen: Viele Firmen sind so strukturiert wie unser Konzern. Roboter übernehmen die eintönigen Tätigkeiten. Alle Mitarbeiter machen nur die Arbeit, die ihnen Freude bereitet. Sie wählen ihre Arbeitsplätze selbst, sodass sie ihre Talente und Fähigkeiten optimal entwickeln und leben können. Der Same zu ihrem Potential steckt in ihrem Geburtsmoment und der entsprechenden Grundschwingung.

Du bist hier in einer Pflanzenfirma. Wir betreuen große Anbaugebiete mit verschiedenen Nutz- und Heilpflanzen. Wir pflegen die Felder, pflanzen, säen und ernten biologisch im Einklang mit den Rhythmen und Zyklen der Natur und dem Kosmos. So wachsen die Pflanzen gesund und kräftig. Wir können längst die Sprache der Pflanzen entschlüsseln und haben gelernt, mit unseren grünen Erdbewohnern zu kommunizieren. Wenn Schädlinge oder Krankheiten sie bedrohen, bringen wir sie mit der richtigen Schwingung wieder in einen harmonischen Zustand.

Unsere Firma steht in engem Kontakt mit anderen Unternehmen auf der ganzen Erde und tauscht Erfahrungen aus. Die gemeinsamen Erträge sind so groß, dass sie die gesamte Erdbevölkerung ernähren können. Eine demokratisch gewählte Weltregierung, in der alle Kontinente, Völker und Religionen vertreten sind, gewährleistet die gerechte Verteilung der Nahrung.

Dank der Bewusstseinsentwicklung der Menschen hat die Bevölkerungsdichte in den letzten 200 Jahren stetig abgenommen. Die Ressourcen gehören allen und werden nachhaltig gepflegt. Umweltfreundliche Energien gewinnen wir in erster Linie aus den Elementen Sonne, Wind, Wasser und Erde. Alle Prozesse sind in einem ausbalancierten Verhältnis und in Einklang mit den Ressourcen der Natur.

Zur Rettung unseres Planeten Erde haben unsere Vorfahren vor langer Zeit herausgefunden, dass sie nur überleben können, wenn Frauen und Männer gleichberechtigt eine neue Welt erschaffen. Gefühl und Verstand, Intuition und Intellekt, Liebe und Tatkraft bestimmen heute unser Handeln."

Frau Tao holt tief Luft und legt einen großen runden Plan auf den Tisch. Marduk erkennt die gleiche Aufteilung in zwölf Abschnitte, wie sie ihm immer wieder in den Zeichnungen vom Himmelsgewölbe oder auch in der Basilika in Florenz begegnet ist. Nur sind hier die Fotos von Mitarbeitern und ihre Aufgabengebiete zu erkennen.

„Das sind die zwölf Teamleiter unserer Firma. Sechs Männer und sechs Frauen teilen sich gleichberechtigt die Aufgaben", setzt Frau Tao ihre Ausführungen fort. *„Alle Archetypen der zwölf Tierkreiszeichen sind vertreten. Und da die Planeten seit Anbeginn der Schöpfung an Zusammenarbeit gewöhnt sind,*

harmonieren auch die in ihrer Energie wirkenden Menschen in unserer Firma:

Beginnen wir mit dem Widder-Mann. Er ist der Manager, der pionierhafte Ideen einbringt und umsetzt und es auch versteht, andere dafür zu begeistern.

Da wir alle Genussmenschen sind und leckeres, gesundes Essen zu schätzen wissen, ist in unserer Küche die Stier-Frau am Werk, die uns alle bestens versorgt. Sie organisiert auch After-work-partys und andere liebevolle Zusammentreffen.

Unser PR-Manager und Werbefachmann ist unter dem Tierkreiszeichen der Zwillinge geboren. Blitzschnell und originell knüpft er neue Verbindungen und pflegt bestehende.

Damit wir alle uns jederzeit Rat und Hilfe holen können und uns über Gefühle, Wünsche oder Träume klar werden, arbeitet die Krebs-Frau in unserer Crew als Betriebspsychologin.

Unser Chef ist natürlich ein Löwe, der das Herz auf dem rechten Fleck hat und es versteht, alle mit seiner Begeisterung anzustecken.

Die JungFrau als Spezialistin für Heilung ist zuständig für die Gesundheit von Erde und Menschen. Da mich dieses Thema seit meiner Kindheit berührt und ich dem Tierkreiszeichen Jungfrau angehöre, ist das meine Aufgabe. Ich bin Ökologin und für die Nachhaltigkeit eines jeden Projektes zuständig.

Ein Innenarchitekt übernimmt die Energie der Waage und bringt so Schönheit und Farbe, Form und Ausstattung in all unsere Räume und Unternehmungen.

Unsere Finanzexpertin wird geführt von der Energie des Skorpions. Sie bündelt die Energien der Projekte so, dass Geben und Nehmen im Gleichgewicht sind und im Einklang mit den Veränderungen.

Für die internationalen Beziehungen und das interkontinentale Management ist ein Schütze-Geborener zuständig. Er achtet auch gleichzeitig auf Recht und Gerechtigkeit und hält uns über neueste philosophische Erkenntnisse auf dem Laufenden.

Eine Steinbock-Frau ist unsere Seniorchefin und gleichzeitig Coach. Wir schätzen das Wissen der Alten wieder. Sie sorgt für Struktur und Klarheit in allen Abteilungen und achtet darauf, immer das Wesentliche im Auge zu behalten.

Natürlich brauchen wir auch einen Computerspezialisten, der nicht nur das Bestehende nutzt, sondern es auch regelmäßig weiter ausbaut. Kein Problem für einen Menschen mit Wassermann-Betonung. Er steckt immer voller visionärer Ideen.

Und da Arbeit Vergnügen ist und Vergnügen Arbeit, sorgt unsere Trainerin aus dem Tierkreiszeichen Fische für Ausgleich bei Yoga, Pilates, Tai Chi und Meditation.

Übrigens: Jeden morgen um 8.00 Uhr treffen sich alle Mitarbeiter unserer Firma und machen gemeinsam mit

Das goldene Zeitalter

der Trainerin Yoga, Tai Chi und die zwölf Tierkreisbewegungen. Es hat sich seit langer Zeit überall auf der Welt eingebürgert, dass viele Menschen gemeinsam zur gleichen Zeit diese Übungen machen. Das bringt sie in Einklang mit den Zyklen von Mutter Erde und Vater Kosmos. Seitdem diese Bewegungswelle jeden Tag um die Erde geht, ist unsere Welt friedlicher geworden." (Siehe Tierkreisbewegungen ab S. 295.)

"Jetzt will ich dir zeigen, wie wir um Regen bitten, wenn unsere Felder ihn dringend brauchen. Begleite mich auf unsere Plantage."

Als sie eintreffen, haben sich schon viele hundert Menschen auf einem Hügel zwischen den Feldern versammelt. Auf dem höchsten Punkt steigt weißer Rauch von einem Kräuterfeuer auf. Die Menschen schauen alle nach Osten, sind verbunden mit Himmel und Erde und wiegen sich sanft wie die Wellen des Wassers hin und her. Ihre Bewegungen werden konkreter. Marduk erkennt darin den Rhythmus der Tierkreisbewegungen. Sie bringen die Energie von Widder bis Fische, von Mars bis Neptun, von Anfang bis Ende auf die Erde. Langsam und leise stimmen sie ein Regenlied an. Der ganze Hügel scheint mit ihnen zu schwingen. Marduk schließt die Augen und fügt sich ein in diese Bewegungen, in diese Musik ... Er weiß nicht, wie lange es gedauert haben mag – es ist auch gar nicht wichtig. Irgendwann spürt er das Wasser. Er spürt, wie jede Zelle sich mit einem Tropfen füllt und wie er zu einer Wolke wird. Zu einer dicken, schweren Wolke voller Wassertropfen. Irgendwann lässt er die Tropfen frei, lässt sie einfach fallen. Genauso machen es all die vielen Menschen um ihn herum. Er spürt die Nässe auf seiner Haut und öffnet die Augen – und sieht über sich den allerschönsten Regenbogen ...

Zurück in Babylon 2156 v. Chr.

„Die kosmische Ordnung und die ewige Gegenwart sind eins."
   Marduk, Babylon 2156 v. Chr.

Marduk spürt sein Heimweh und will das Wissen um die Regenzeremonie mit nach Babylon nehmen. Pluto begleitet ihn auf dem Regenbogen zurück in seine Heimat.

Pyramide von Sakkara

Auf der Spitze seiner Zikkurat im Zweistromland dämmert der Morgen. Marduk reibt sich die Augen und erkennt verwundert und beruhigt die bekannte Umgebung um sich herum. Die heilenden Klänge aus dem Jahr 2255 hat er noch im Ohr. Er weiß jetzt, dass er hier in Babylon, im Jahre 2156 vor unserer Zeitrechnung, die Regenzeremonie mit seinem Volk machen wird. Sie werden sich treffen bei der uralten, riesigen Zeder und den Rauch von Kräutern zum Himmel steigen lassen. Sie werden sich ausrichten auf die Grundlinie zum Aufgang des Wassermanns. Sobald die Sonne am östlichen Horizont in diesem Sternbild aufgeht, werden sie die zwölf Tierkreisbewegungen von Alpha bis Omega machen, um sich mit den großen Zyklen in der Natur und im Kosmos in Harmonie zu bringen. Dazu werden sie immer und immer wieder im Rhythmus der fallenden Tropfen die Melodie des Regens singen, bis der erste Regen fällt.

Er wird den Baumeister des Königs rufen lassen und mit ihm gemeinsam Pläne entwickeln, wie sie noch tiefere Brunnen bauen können. Sie werden die Energie der Sonne nutzen, um das Wasser aus größerer Tiefe zu fördern. In abgedeckten Kanälen soll es dann in die Felder fließen und den Pflanzen das Wasser bringen, das sie zum Wachsen brauchen. Tag für Tag – bis die Früchte reif sind und die Hungersnot ein Ende hat. Er wird seinem Herrscher einen Strauß blühender Blumen schenken, die in allen Farben des Regenbogens leuchten. Er wird sie so auswählen, dass von jedem der Planeten ein Gruß dabei ist, damit sie ihm neue Kraft und Gesundheit bringen. Vielleicht wird er ihm auch erzählen, dass es zwölf Planeten gibt – ganz weit da draußen. Und dass man sie auf großen, ungewöhnlichen Reisen besuchen kann ...

Pluto im Lauf der Generationen

In der Geschichte von Marduk erwähnen wir immer wieder das Besondere an der Zeit, in der Pluto durch das Tierkreiszeichen Steinbock wandert. Zum Vergleich erläutern wir in diesem Kapitel anhand von Beispielen aus der jüngeren Vergangenheit und der nahen Zukunft, was geschieht, wenn Pluto sich durch andere Tierkreiszeichen bewegt.

Pluto

Ungefähr 20 Jahre verweilt Pluto in einem Tierkreiszeichen und richtet dort den Fokus auf die entsprechende Thematik. In dieser Zeit führt er zu neuen Perspektiven, die grundlegende Veränderungen, tief greifende Verwandlungen und Transformationen zur Folge haben. Das prägt fast eine ganze Generation. Wer sich dies bewusst macht, versteht oft die eigene Generation und auch die Generationen der Kinder – Eltern – Freunde besser.

Beispiel:
Menschen, die geboren wurden, als Pluto zwischen 1938 und 1957 durch das Tierkreiszeichen des Löwen wanderte, sind häufig sehr kreative Menschen mit dem Bedürfnis, sich selber in den Mittelpunkt zu stellen. Negative Auswüchse davon sind zu erkennen an Machthabern wie Berlusconi, Gaddafi oder Saddam Hussein. Die nachfolgende Generation, geboren mit Pluto in Jungfrau zwischen 1957 und 1972, übernimmt gerade Führungsrollen in der Welt und stellt ihre Fähigkeiten vermehrt in den Dienst der Allgemeinheit, so wie der amerikanische Präsident Barack Obama.

Ganz allgemein kann das Wissen um die Plutothemen dazu beitragen, kollektive Ereignisse in der Geschichte besser zu verstehen.

Die Generation mit Pluto
im Tierkreiszeichen Krebs 1912 bis 1938

Zum Tierkreiszeichen Krebs gehören die Themen von Familie, Geborgenheit, Tradition, Heimat und Gefühle.

Die Idylle der patriarchal geführten Familie ging im 1. Weltkrieg und der darauffolgenden Weltwirtschaftskrise verloren. Bis dahin war es wichtig für die Frauen, sich im Dienst für die Familie aufzuopfern. Nachdem viele Männer im Krieg fielen und Heimkehrer keine Arbeit fanden, waren die Frauen mehr und mehr auf sich selbst gestellt. Sie kämpften um Gleichberechtigung, um Arbeitsrechte und erlangten das Frauenstimmrecht.

Die Generation mit Pluto
im Tierkreiszeichen Löwe 1938 bis 1957

Zum Tierkreiszeichen Löwe gehören die Themen von Selbstverwirklichung, Identität, Ausstrahlung und Kreativität.

Die Zeit der großen Diktatoren wie Hitler, Mussolini und Stalin ging zu Ende. Sie legten Europa in Schutt und Asche. Die Menschen fanden neue Möglichkeiten, ihre Kreativität zu leben und sich selbst zu entfalten. Neues Selbstvertrauen musste wachsen. Die Vereinten Nationen wurden gegründet. Sie formulierten eine gemeinsame Erklärung der Menschenrechte. Die Unterhaltungsindustrie made in Hollywood weckte ein Bedürfnis nach Spiel, Freude und Freizeit. Das Fernsehen verbreitete sich rasant.

Die Generation mit Pluto
im Tierkreiszeichen Jungfrau 1957 bis 1972

Zum Tierkreiszeichen Jungfrau gehören Themen wie Arbeit, Wissenschaft, Natur und Umwelt, Gesundheit, Dienen, Helfen und Heilen.

Verhärtete Strukturen wurden durch Flower-Power aufgebrochen. In der Folge wurden die Arbeitsbedingungen verbessert, Arbeitsmethoden rationalisiert, das Computerzeitalter begann. Fragen der Gesundheit und der Ökologie gewannen an Bedeutung. Ein neues Körperbewusstsein machte sich breit, neue Heilmethoden fanden ihre Anhänger. Altes Wissen wurde kritisch hinterfragt und spirituell erweitert.

Die Generation mit Pluto im Tierkreiszeichen Waage 1972 bis 1984

Zum Tierkreiszeichen Waage gehören Themen wie Schönheit, Ausgleich, Harmonie, Frieden, Kunst und Kultur.

Diese Jahre sind geprägt vom Wirtschaftsaufschwung im Westen. Ungebremster Konsum, oftmals auf Kosten der armen Länder und der ausgebeuteten Natur, sorgte für ein neues Lebensgefühl. Die sexuelle Befreiung, ausgelöst durch die Pille, führte zu einer Gleichberechtigung der Geschlechter und zu neuen Beziehungsformen.

Erste Friedensgespräche zwischen Ost und West wurden möglich.

Die Generation mit Pluto im Tierkreiszeichen Skorpion 1984 bis 1996

Zum Tierkreiszeichen Skorpion gehören Themen wie Verantwortung, Ausdauer, Kraft, Finanzen, Tiefe und Transformation.

Der kommunistische Block brach zusammen, die Mauer fiel. Die gesamte alte Ordnung zerbrach. Tabus wurden gelüftet, geheimes Wissen wurde öffentlich. Die Menschen diskutierten über Themen wie Aids, Tschernobyl und Atomkraft, Waldsterben, Ozonloch und Verschmutzung der Weltmeere. Bisher unerforschte Gebiete des menschlichen Geistes wurden entdeckt und gelebt. Psychologie, die Kraft des Unterbewusstseins, Reinkarnationsthemen, ursprüngliche Heilkräfte der Naturvölker und Rituale brachten neue Aspekte in das Alltagsleben.

Die Generation mit Pluto
im Tierkreiszeichen Schütze 1995 bis 2008

Zum Tierkreiszeichen Schütze gehören Themen wie Religion, Philosophie, Wahrheit, Glaube, Gerechtigkeit, Sinnsuche und Sinnfindung.

Globalisierung heißt das Zauberwort. Internet und andere moderne Kommunikationsmedien verbinden die ganze Welt. Weltweite Konzerne vereinheitlichen auch die Bedürfnisse weltweit. Die Welt wird zu einem „globalen Dorf". Morde im Namen eines falsch verstandenen Gottes erschüttern die Welt. Dazu gehört der 11. September 2001. Die Lohnschere zwischen Arm und Reich, Nord und Süd vergrößert sich. Kirchliche Dogmen liefern keine Antworten auf die Fragen der Gegenwart und die Menschen suchen Sinn und neue spirituelle Dimensionen.

Die Generation mit Pluto
im Tierkreiszeichen Steinbock 2008 bis 2024

Zum Tierkreiszeichen Steinbock gehören Themen wie Beruf und Berufung, Wirtschaft und Politik, Naturgesetze, Klarheit, Ausdauer, Zeit und die Essenz von allem.

Gesellschaftliche Ordnungen, Hierarchien, Gesetze und Religionen verändern sich. Globales Identitätsbewusstsein und kollektive Verantwortung finden immer mehr Anhänger. Der arabische Frühling ist nur ein Beispiel für den Umsturz bestehender Strukturen, die weltweite Umgestaltung von politischen Grenzen und die Aufgabe des Nationalismus. Es ist eine Zeit für verantwortungsvolle, disziplinierte, hilfsbereite Menschen, die bereit sind, der Gesellschaft etwas zurückzugeben.

Zeitreisen werden möglich ...

Die Generation mit Pluto
im Tierkreiszeichen Wassermann 2024 bis 2044
(ähnlich wie 1778 bis 1798, Französische Revolution)

Zum Tierkreiszeichen Wassermann gehören Themen wie Freiheit, Gleichheit, Brüderlichkeit, Visionen, Humanität, Gruppenbewusstsein und Schwingungen.

Natürlich ist es im Reich der Spekulation angesiedelt zu vermuten, dass sich ab 2024 die Gesellschaftsstrukturen ähnlich verändern wie zu Zeiten der Französischen Revolution, allerdings auf einer höheren Stufe der Bewusstseinsentwicklung. Weltweit könnte eine Epoche der bewussten humanitären und spirituellen Organisation des Gesellschaftslebens eintreten. Die ganze Welt wächst zusammen, eine einheitliche Weltregierung könnte Wirklichkeit werden. Es gelten die Regeln des „Fair Trade".

Die Generation mit Pluto
im Tierkreiszeichen Fische 2044 bis 2068
(ähnlich wie 1798 bis 1823, Romantik)

Zum Tierkreiszeichen Fische gehören Themen wie Intuition, Hilfsbereitschaft, Spiritualität und Medialität.

Die Themen der Romantik werden in dieser Phase auf einer neuen Bewusstseinsebene wieder aufleben. Die Menschen vernehmen, respektieren und schätzen die feinstofflichen Botschaften der Natur und der geistigen Welt. In Einklang mit Klängen, Farben und Düften finden sie Harmonie in sich selbst und in ihrer Umwelt. Gemeinsam unterstützen und helfen sie sich auf ihrem Weg. Der Frieden verbreitet sich auf der ganzen Welt. Das Goldene Zeitalter beginnt ...

6. AUSBLICK: HEILUNG DURCH SCHWINGUNG

Sie haben es oft gelesen in diesem Buch: Wie oben, so unten, wie innen, so außen – alles auf dieser Welt ist durch Schwingung verbunden. Die Schwingungen der Planeten und der Pflanzen beeinflussen uns oft, ohne dass wir dies merken. Jeder Mensch möchte schöpferisch tätig sein und das Heft seines Lebens selbst in die Hand nehmen. Er möchte auf seine Art gesund und glücklich sein. Wer eigenverantwortlich handelt, stößt bei dieser Suche eines Tages auf das unendliche Gebiet der Schwingungen.

Unsere Vision: Jeder Mensch, der mehr er selbst sein möchte, findet die Hilfe dafür in der Natur. Bei Nacht schaut er sich den Sternenhimmel an, bei Tag nimmt er die blühenden Pflanzen wahr. Schließlich fühlt er sich ein in den Moment seiner Geburt und in seine eigene Grundschwingung, seine Talente, Fähigkeiten und Lernaufgaben, ersichtlich im Horoskop. Vielleicht wählt er sich nun einen Planeten, dessen Information er in sein Leben integrieren möchte, um sein Potential zu manifestieren. Dafür sucht er sich die passende Pflanze (vielleicht aus diesem Buch ...), beschäftigt sich mit den entsprechenden Themen und verinnerlicht die passende Affirmation. So wird er immer mehr ein Stückchen er selber, lebt in ausgeglichenen, harmonischen Schwingungen und verwirklicht auf einfache Art und Weise seine Wünsche und Träume. Mit Leichtigkeit und Lebensfreude erreicht er so seine Ziele. So aktiviert jeder Mensch seinen eigenen, inneren Arzt und ist im Einklang mit den heilenden und gesund machenden Schwingungen um ihn herum. Krankheit und Unfälle als Lehrmeister des Lebens sind nun überflüssig geworden – es ist die Liebe, die heilt.

Anhang

Stichwortverzeichnis

A

Abendstern 166, 177
Abies alba 252
Abwehrkräfte 102, 199, 239
Abwehrschwäche 265
Ackerdistel 162
Ackerschachtelhalm 114, 134, 139, 149, 153, 245, 248, 287, 291, 303
Aconitum napellus 124
Aggressionen 80, 157
Agrimonia eupatoria 99
Akazienblüte 204
Akelei 126, 175, 278
Alant 82, 185, 198, 203, 243
Alchemilla xanthochlora 276
Algen 268, 272
Allergie 159, 170, 212, 217, 265
Allium ursinum 161
Aloe 165, 195
Alraune 227, 233
Alzheimer 260
Amaryllisgewächse 161, 260
Ananas 165, 204, 244
Angelica archangelica 106
Angelika 243
Angina 168
Angst 86, 125, 170, 217
Anis 185, 213
Anspannung 209
Anthozyane 279
Anthroposophie 64
Anthurium 165
Anti-Aphrodisiakum 190
Apfel 58, 176, 224
Aphrodisiakum 183, 222, 266
Aphte 169
Apoptose 220
appetitanregend 203, 209, 238, 239
Aprikose 195
Aquilegia atrata 126, 278
Archetypen 32, 33, 34, 36, 92, 294, 295
Arctium lappa 162
Arme 179
Arnica montana 257
Arnika 203, 254, 256, 257, 287, 303
Aronstab 164
Artemisia vulgaris 73
Arthritis 247
Arthrose 174, 258
Artischocke 204, 237
Asthma 179, 231
Aszendent 35, 94, 96, 290
Atemwege 173, 179, 209, 240, 252
Atropa belladonna 118
Aubergine 234
Augen 141, 159, 197
Augenleiden 159, 169, 230
Augentrost 203, 204
Ausscheidungsorgane 227
Autoimmunkrankheit 227
Avocado 244, 272

B

Bachblüten 144, 210
Baldrian 74, 129, 184, 188, 191, 207, 213, 214
Baldriangewächse 191
Banane 234
Bandscheibenschäden 248
Bärlapp 271
Bärlappgewächse 149, 271
Bärlauch 161
Bartflechte 253
Basilikum 184, 185, 204
Bauchspeicheldrüse 217
Bauern-Jasmin 76
Becken 208, 217
Beifuß 73, 194, 195
Beinwell 104, 153, 243, 253
Bellis perennis 81
Benzoe 243, 253
Berberitze 262
Bergwohlverleih 257
beruhigend 90, 123, 171, 189, 192, 208
Betäubungsmittel 192
Betonie 243
Betula 102
Bilsenkraut 96, 125, 227, 233, 265, 271
Bingelkraut 184, 262
Birke 59, 102, 175, 217, 220
Birkengewächse 181, 220
Birne 224
Bittermandel 253
Bitterstoffe 80, 153, 171, 210, 238, 239
Blähungen 183, 208
Blase 160, 199, 217
Blasentang 268
Blattknospen 59
Blei 199
Blockade 146, 219
Blumenkohl 176
Blut 159, 171
Blutdruck 174, 203, 242, 256, 258
blutdrucksenkend 90, 171
Bluterguss 257
Blutfettwerte 181
Blutgerinnung 229
Blutkreislauf 197
blutreinigend 80, 162, 277
Blutungen 159, 276
Blutwurz 164
Bock, Hieronymus 172
Bohne 185, 214
Bohnenkraut 183
Borretsch 243, 244
Boswellia 212
Braunalgen 268
Braunelle 164
Brennnessel 10, 96, 130, 139, 157, 160, 286, 289, 298
Brombeere 214
Bronchitis 239, 261
Brotfrucht 262
Brunnenkresse 73
Brust, weibliche 188
Brustwurz 82, 239
Brutblatt 188
Buche 60
Buchengewächse 163
Burgunderharz 185
Buschwindröschen 164

C

Calendula officinalis 200
Campanula 241
Capsella bursa pastoris 111
Capsicum annuum 121
Cellulite 250
Centaurea cyanus 108
Centaurium erythraea 210
Chelidonum majus 77, 100
Chicorée 262
Chili 121, 165, 234, 244, 280
Chinakohl 244, 272
Chiron 33, 36, 40, 85, 91, 94, 96, 123, 140, 142, 149, 205, 206, 207, 287
Chironpflanzen 207, 213, 214

Christrose 251, 253
Circea lutetiana 115
Colchicum autumnale 126, 231
Commiphora myrrha 123
Conium maculatum 120
Consolida 104
Convallaria majalis 172
Corydalis cava 78
Corylus avellana 100, 131, 181
Crataegus monogyna 164
Crataegus oxyacantha 164
Cucumis sativus 194
Culpeper 10, 99, 283
Cupressus sempervirens 122, 232
Curcuma 244, 280
Curry 165, 204, 244, 272

D

Dachwurz 188
Darm 161, 239
Darmentzündung 207, 212
Datteln 244
Daucus carota 180
da Vinci, Leonardo 15, 18
Depressionen 188, 202, 237, 247, 259
desinfizierend 261
Deszendent 35
Diabetes 217
Dickblattgewächse 207
Dill 184, 185, 214
Dioscurides 18
Dipsacus silvestris 162
Distel 162
Doldengewächse 179, 180
Drachenblut 234
Drachenfrucht 234
Drüsen 188, 265
Dünndarm 207
Durchfall 163, 192, 207
Durchhaltevermögen 114
Durchsetzungsvermögen 130, 157, 159
durchwärmend 203

E

Echium vulgare 105
Edelweiß 67, 112, 249
Edwards, Lawrence 59
Efeu 67, 89, 122, 250, 253

Stichwortverzeichnis

Efeugewächse 250
Ehrenpreis 213, 262
Eibe 96, 112, 122, 233, 247, 253
Eiche 57, 98, 163, 237
Eierstöcke 227, 274, 279
Eileiter 274
Eileiterschwangerschaft 274
Einbeere 120, 230
Eisen 10, 139, 160, 161
Eisenhut 96, 124, 233, 271
Eisenkraut 175, 223
Ekzem 163, 182, 248
Endivie 185
Endorphine 121
Engelwurz 106, 153, 198, 237, 239
entgiftend 77, 161, 162, 163
entsäuernd 201
entschlackend 161, 200, 250, 277
Entspannung 75, 77, 83, 189, 208
Entwässerung 250
Entzündung 124, 163, 173, 193, 200, 229, 250
entzündungshemmend 270
Enzian 153, 302, 235, 237, 238, 287
Enziangewächse 210, 238
Equisetum arvense 114, 134, 248
Erbse 185, 214
Erdbeere 176, 185, 195
Erde 29, 182, 186
Erdenton 60
Erdrauch 77, 110, 223
Erkältung 124, 193, 200, 209, 270
Erle 233
Ermüdung, chronische 102
erotisierend 121
Erschöpfung 170, 202, 210, 277
Esche 59, 201
Eselsdistel 80
Euphorbia 119
Euphorbia peplus 76, 119

F

Farn 109, 149, 179, 184, 253
Feige 244
Felddistel 162
Fenchel 185, 214
Fetthenne 75, 207, 213
Fichte 253
Fichtennadel 214
Fieber 159, 193, 200, 270
Fingerkräuter 203
Fische 22, 33, 37, 46, 54, 78, 85, 91, 152, 263, 333
Fische-Qualitäten 91
Fischezeitalter 50
Flamingoblume 165
Flatterulme 182
Fliegenpilz 265
Frangipani 263, 266, 287, 304
Frauenhaarfarn 185
Frauenmantel 175, 214, 223, 276
Frauenschuh 271
Fraxinus excelsior 201
Frühjahrskopfschmerz 10
Frühjahrs-Tagundnachtgleiche 35, 152, 158
Fucus vesiculosus 268
Fumaria officinalis 77, 110
Fünfstern 58
Füße 265
Fußerkrankung 265

G

Galanthus nivalis 260
Galgant 204, 243
Galle 138, 141, 142, 162, 173, 238
Gallenblase 159
Gallenprobleme 141, 159, 169, 247
Gänseblümchen 81, 213
Gartenmöhre 180
Garten-Wolfsmilch 76, 119
Gebärmutter 274
Gebärmutterprobleme 222
Geburtshilfe 222
Geburtshoroskop 30, 54, 117, 125, 290
Geburtskonstellation 53
Geburtswunde 276
Gedächtnis 99, 181
Gehirn 181, 188
Gelassenheit 114
Gelbsucht 99
Gelenke 203
Gelenkerkrankung 126, 174, 258
Genitalien, weibliche 168

Gentiana lutea 238
Geranie 175
Gerbstoffe 163, 169, 184, 219, 220, 229, 275, 277
Germergewächse 230
Geschlechtskrankheit 227
Geschlechtsorgane 140, 227
Geschwür 104, 237, 278
Gewichtszunahme 237
Gicht 126, 160, 174, 193, 201, 231, 247, 270
Giersch 253
Ginkgo 113
Ginkgo biloba 113
Ginseng 176
Ginster 223
Gleichgewicht, inneres 88, 100
Glockenblume 241
Glockenblumengewächse 241
Goldregen 203
Goldrute 217, 223
Goldrute, Kanadische 86, 150
Granatapfel 234, 279, 280
Granatapfelgewächse 279
Gräser 211
Grippe 171, 242
Grundhoroskop 94
Grundschwingung 53, 55, 147
Guave 195, 272
Gundelrebe 175
Günsel, kriechender 175
Gurke 189, 194, 195

H

Haare 160, 199, 242, 248
Habichtskraut 280
Hafer 184, 185
Hafer-Kratzdistel 162
Hagebutte 58
Hageneder, Fred 61
Hahnemann, Samuel 144
Hahnenfußgewächse 251, 259, 278
halluzinogen 120, 227
Halsentzündung 209
Halsschmerzen 168
Hamamelis 67, 87, 124
Hamamelis virginiana 87, 229
Hämorrhoiden 227, 229

Hände 179
Harmonica mundi 33, 55
Harnblase 227
Harnleiter 217
Harnsäurespiegel 174
Harnwege 160
Haselnuss 100, 131, 181
Häuser, astrologische 97
Häuserteilung 35
Haut 180, 188, 194, 199, 217, 219, 241, 242, 248, 275
Hautausschläge, chronische 182
Hautkrankheiten 217
Hautreizung 249
Hautveränderung 76
Hautveränderung, präkanzerös 119
Heckenrose 57, 164, 169
Hedera helix 250
Heiserkeit 168
Helianthus annuus 199
Helianthus tuberosus 84
Helleborus niger 251
Helmkraut 213, 214
Herbst-Tagundnachtgleiche 86
Herbstzeitlose 126, 227, 231
Herkulesstaude 150
Hermes Trismegistos 10, 15, 18, 51, 151
Herpes 169, 202
Herschel, Sir William 254
Herz 82, 86, 164, 170, 172, 197, 242, 251
Herz-Kreislauferkrankungen 198, 275
herzstärkend 88, 89, 101
Heudistel 162
Heuschnupfen 170
Hexenkraut 115, 271
Hibiskus 273, 275, 280, 287
Himbeere 176, 185, 214
Himmelsmitte 35
Hirtentäschel 111, 253
Holunderblüten 185
homöopathisch 78, 117, 124, 125, 126, 144, 219, 230, 251, 259, 265, 278
Hormone, pflanzliche 160
Horoskop 22, 30, 35, 43, 52, 55, 69, 92, 97, 197, 206, 226, 236, 246, 255
Huflattich 257
Hüfte 237

Anhang

Stichwortverzeichnis

Hülsenfrüchte 214
Hundsgiftgewächse 266
Husten 171, 174, 179, 192, 208, 233, 239, 250, 261, 267
Hyoscyamus niger 125
Hypericum perforatum 202
Hypophyse 227

I

Ilex aquifolium 108
Immergrün 114, 253
Immunsystem 184, 208, 277
Impotenz 227, 274
Ingwer 165, 244
Insektenstiche 169
Inula helenium 82
Iris 215, 218, 287, 301
Iris pallida 218
Iris pseudacorus 218
Iris versicolor 219
Isis 33, 37, 40, 42, 46, 49, 80, 94, 112, 125, 142, 215, 287
Isispflanzen 217, 223, 224
Isis-Qualitäten 217

J

Jasmin 195, 222, 224
Johannisbeere 176, 185, 214
Johannisblume 257
Johanniskraut 198, 202
Johanniskrautgewächse 202
Johanniskrautöl 202
Juglans regia 104, 132, 242
Jungfrau 22, 33, 36, 46, 75, 85, 91, 94, 140, 205, 216, 330
Jupiter 21, 22, 24, 33, 37, 40, 41, 46, 60, 63, 64, 77, 82, 92, 94, 96, 97, 98, 99, 102, 103, 104, 105, 106, 121, 127, 132, 141, 143, 153, 235, 287
Jupiterpflanzen 132, 153, 237, 243
Jupiter-Qualitäten 236
Jupiterzyklus 70, 127, 128

K

Kaki 272
Kaktus 165, 227
Kalmus 176
Kamille 85, 207, 213, 280
Kapern 262

Karambol-Frucht 204
Kardamom 243, 244
Karotten 185
Karottensamenöl 180
Kartoffel 176, 253
Kastanie 237
Kehle 168
Kehlkopfentzündung 168
keimtötend 261
Keratose 76
Kiefer 253
Kieferngewächse 252, 261
Kirschblüte 174
Kirsche 59, 174, 195
Kirschharz 175
Kiwi 262
Klarheit 110, 122
Klette 162
Knie 247
Knieprobleme 247
Knoblauch 161, 234
Knochen 171, 247, 248
Knochenbruch 104, 153, 179, 248, 256
knochenstärkend 139
Kohlarten 64
Kokosnussmilch 262
Kommunikation 74, 99, 109, 119, 178, 184
Kompassdistel 68
Königin der Nacht 227
Königskerze 88, 101, 243, 257
Konjunktion 39, 94, 182
Konstellation 13, 15
Konzentration 74, 122, 173, 181, 242
Kopf 159, 208
Kopfsalat 189, 195
Kopfschmerzen 159, 170, 171, 173, 209
Korbblütler 162, 199, 200, 213, 239, 249, 257
Koriander 165, 184, 185, 244, 280
Kornblume 108
Korndistel 162
Kraftwurz 257
Krampfadern 256
Krämpfe 200, 208, 233, 239
Krebs 36, 83, 89, 186, 227, 258, 279, 330
Krebs-Geborene 291
Krebs-Qualitäten 75, 83
Kreislauf 194, 251

Kreislaufstörungen 198
Kresse 262
Kressearten 164
Kreuzblütler 64
Kreuzkümmel 165, 262, 280
Küchenschelle 259
Kümmel 185, 214
Kürbis 189, 195, 244

L

Labkräuter 194
Lampionblume 234
Lärche 256, 261
Larix decidua 261
Laubbäume 64
Lauch 253
Lavandula officinalis 208
Lavendel 148, 149, 205, 207, 208, 214, 287, 301
Leber 77, 100, 138, 142, 153, 162, 237
Leberleiden 99
Leberpflanze 100
Leinsamen 213, 214
Leontopodium alpinum 112, 249
Lerchensporn 78, 262
Lernen 179
Lethargie 173
Liebestrank 126
Liebstöckel 185
Lilie 195, 221, 224, 272, 280, 290
Liliengewächse 221
Lilith 38, 42, 46, 126, 273, 287
Lilithpflanzen 274, 280
Lilith-Qualitäten 274
Lilium candidum 221
Limette 262
Linse 253
Lippenblütler 173, 183, 184, 203, 208, 223, 240
Lorbeer 185, 203, 204, 253
loslassen 74, 112, 116
Lotusblume 225, 228, 287, 302
Lotusgewächse 228
Löwe 30, 36, 75, 84, 90, 101, 141, 149, 196, 216, 329, 330
Löwe-Geborene 30, 197
Löwenzahn 68, 140, 141, 148, 153, 189, 237, 284
Löwe-Qualitäten 84, 197

Lunge 208, 252
Lungenprobleme 179, 209
Lust 168
Luther, Martin 15
Lychee 234, 272, 280
Lymphe 188, 200, 242, 265
Lymphreinigung 267

M

Mädesüß 185, 194
Madonnenlilie 221
Magen 188, 195, 213, 238, 239, 277
Magen-Darm-Krämpfe 173
Magen-Darmtrakt 183, 208, 277
Magenkrämpfe 169
Magenkrankheiten 188
Magersucht 168
Maiglöckchen 172, 223
Mais 67, 204, 211
Majoran 176, 185, 214
Malva 275
Malvengewächse 275
Mandarine 262
Mandeln 168
Mango 195, 224, 244
Manie 251
Maracuja 272
Mariendistel 162
Mars 10, 21, 22, 23, 28, 33, 35, 36, 40, 57, 60, 63, 64, 73, 80, 86, 94, 121, 130, 139, 140, 141, 143, 157, 158, 286, 289
Marsmetall 10
Marspflanzen 130, 159, 164, 165
Mars-Qualitäten 28, 158
Mars-Widderenergie 96
Marszyklus 128
Mastix 195, 262
Materie 14, 15
Matricaria chamomilla 85, 213
Mauerpfeffer 194, 213
Meerrettich 165
Melancholie 100, 122
Melilotus officinalis 102
Melisse 175
Melone 195, 244
Meningitis 251
Menstruation 208, 233
Menstruationsbeschwerden

Stichwortverzeichnis

169, 222, 278
Mentha piperita 173
Menthol 173
Mercurialis perennis 179
Merkur 21, 23, 33, 36, 40, 46, 59, 63, 68, 74, 82, 88, 93, 94, 96, 109, 119, 128, 131, 142, 143, 177, 178, 182, 286
Merkurpflanzen 131, 179, 184, 185
Merkur-Qualitäten 178
Methylsalicylat 171
Migräne 208, 219, 230
Mikrokosmos 14, 151
Milchstern 195
Milz 142, 247
Milzkraut 253
Mineralien 294
Mirabelle 214, 224
Mistel 89, 90, 188, 194, 258, 262, 280
Mistelgewächse 258
Mohngewächse 78, 100, 110, 192
Mohnsamen 195
Mönchspfeffer 233
Mond 20, 21, 23, 33, 36, 40, 42, 46, 49, 62, 63, 64, 89, 118, 129, 141, 143, 182, 186, 193, 286, 288, 289, 290
Mond, abnehmender 71, 130, 276
Mondenergie 72
Mond-Geborene 187
Mondknoten 38, 45, 127
Mondknoten, absteigender 94
Mondknoten, aufsteigender 46, 94
Mond-Mars-Konjunktion 59
Mond-Mars-Opposition 59
Mondpflanzen 129, 130, 188, 194, 195
Mondphasen 73, 193
Mond-Qualitäten 187, 188
Mond-Saturn-Konstellation 59
Mond, schwarzer 273
Mondwurz 191
Mondzyklus 70, 71
Morgenstern 166, 177
Moschus 280
Moschuskraut 224
Mund 168

Mundschleimhaut 169
Mundspülung 169
Muskatellersalbei 194
Muskatnuss 195, 234, 243, 272
Muskelkater 233
Muskulatur, gestreifte 159
Mut 233, 261
Mutterkraut 259
Myom 227
Myosotis 267
Myrrhe 96, 123, 198, 234, 243
Myrte 175, 195, 214

N

Nachtkerze 75, 83, 188, 194
Nachtschatten, Schwarzer 233
Nacken 168
Nadelbäume 57, 64
Nägel 199, 248
Narde 262
narkotisierend 192
Narzisse 271
Nasenknochen 227
Nasennebenhöhlen 239
Nasturtium officinale 73
Natternkopf 105, 262
Nelke 185, 214, 234, 243, 244
Nelumbo nucifera 228
Neophyt 150
Neptun 33, 37, 40, 46, 85, 96, 124, 142, 215, 225, 226, 263, 287
Neptunpflanzen 265, 271, 272
Neptun-Qualitäten 265
Nergal 22
Nerven 171, 179, 181, 208, 239, 242, 256
Nervenerkrankungen 179, 193, 270
Nervosität 180, 209
Neuanfang 10, 54, 111, 112, 116, 298
Neumond 59, 71, 72, 130, 186
Neuralgien 230
Neurose 227
Niere 160, 180, 217, 220, 248
Nierenbaum 220

Nierenerkrankung 217
Nierenfunktion 201
Nierensteine 247
Nieswurz 251
Nymphaea alba 74, 189

O

Oberschenkel 237
Ocimum basilicum 184
Odermennig 99, 243
Oenothera biennis 75, 83
Ohnmacht 265
Ohren 179
Ökologie 16
Okra-Schote 244
Ölbaumgewächse 201, 222
Olea europaea 103
Olibanum 212
Olive 103, 198, 203, 247, 253
Olivenöl 195
Onopordon acanthium 80
Opoponax 214
Opposition 39
Orange 176, 204, 262
Orchidee 234
Oregano 176, 184, 213, 214
Ornithogallum 195
Osteoporose 153
Östrogen 279

P

Pankreas 238
Papaver somniferum 78, 192
Papaya 224, 244, 272
Pappel 253
Paprika 165, 280
Paracelsus 10, 15, 18, 93, 96, 99, 104, 137, 139, 143, 144, 151, 153, 283
Paris quadrifolium 120, 230
Partnerschaft 86, 111, 127, 215, 296
Passiflora incarnata 269
Passionsblume 269
Passionsblumengewächse 269
Patchouli 175, 195, 234, 272
Peperoni 165
Persönlichkeitsentwicklung 40

Petersilie 184, 185
Pfeffer 161, 165
Pfefferminze 173
Pfirsich 195
Pflanzensinne 66
Pflaume 214, 224
Philadelphus coronarius 76
Physalis 234
Phytoöstrogen 279
Pilze 195, 271
Pilzerkrankung 248
Planck, Max 14
Planetenenergie 32, 41, 61, 92
Planetenkräfte 143
Planetenschwingung 38, 41, 61, 70
Planetenübergänge 116
Planetenzyklen 128
Plumeria 266
Pluto 13, 16, 18, 19, 24, 31, 33, 37, 40, 41, 43, 47, 52, 81, 92, 93, 94, 95, 96, 97, 103, 124, 125, 142, 215, 225, 226, 287, 329, 330
Pluto-Konjunktion 96
Plutopflanzen 117, 227, 233, 234
Pluto-Qualitäten 227
Pluto-Transit 117
Plutozyklus 70
Polyarthritis 212
Prellung 229, 257
Prognose 31
Prostataprobleme 227, 274
Protoanemonin 259
Prunus avium 174
Prunus spinosa 277
psychische Leiden 188
Psychose 227, 251
Pubertät 240, 276
Pulsatilla 259
Pulsatilla vulgaris 259
Punica granatum 279
Punkt, stiller 53, 69

Q

Quadrat 31, 39
Quanten 14
Quantenphysik 14, 28, 48, 52
Quercus 98
Quercus petraea 163

Stichwortverzeichnis

Quercus robur 163
Quitte 204, 271

R

Rachen 168
Radieschen 164
Rainfarn 243
Raublattgewächse 267
Räucherung 89, 122, 123, 174, 175, 185, 195, 204, 214, 224
Regeneration 113, 189
reinigend 110, 160
Reis 211, 224
Reizbarkeit 170
Resonanz 147
Rettich 164, 165
Rheuma 160, 182, 193, 201, 212, 231, 247, 270
Ringelblume 198, 200
Rittersporn 244
Rosa species 169
Rose 57, 133, 139, 166, 169, 175, 176, 223, 280, 285, 286, 298
Roseneibisch 275
Rosengewächse 58, 99, 164, 169, 174, 276, 277
Rosenholz 175
Rosenkohl 176
Rosenöl, ätherisches 170
Rosmarin 89, 110, 203, 204
Rosmarinus officinalis 89, 110, 203
Rosskastanie 243
Rote Beete 165
Rotsandelholz 204
Rübe 176
Ruprechtskraut 164

S

Safran 175
Salbei 176, 237, 240, 243
Salicylsäureverbindung 220
Salix alba 193
Salix babylonica 270
Salomons-Siegel 253
Salvia officinalis 240
Samen 274
Samstag 134
Sandelholz 185, 195
Sanikel 175
Satureja hortensis 183

Saturn 20, 21, 24, 33, 37, 40, 41, 45, 57, 60, 63, 64, 83, 92, 97, 104, 112, 122, 127, 134, 139, 142, 143, 149, 153, 205, 245, 283, 287
Saturnpflanzen 134, 139, 153, 247, 253
Saturn-Qualitäten 246
Saturnzyklus 70, 128
Schachtelhalm 247
Schachtelhalmgewächse 248
Schafgarbe 185, 223, 280
Scharbockskraut 164
Schierling 96, 120, 233, 262, 280
Schilddrüsenerkrankung 168
Schilddrüsenunterfunktion 268
Schlaf 179, 189, 208, 233
Schlaflosigkeit 170, 188
Schlafmittel 191
Schlafmohn 78, 189, 192, 265
Schlangenbiss 105
Schlehe 234, 253, 277
Schleierkraut 214
Schleimbeutelentzündung 248
Schleimhaut 248, 252
Schleimhaut, gereizte 171
schleimlösend 82
Schleimstoffe 219, 275
Schlüsselblume 168, 175, 223, 280
schmerzlindernd 78, 171, 192, 193
Schmerzmittel 193, 270
Schneeglöckchen 67, 260
Schnupfen 213
Schöllkraut 77, 100, 138, 243
Schrunde 213
Schütze 33, 37, 77, 82, 88, 94, 235, 332
Schütze-Geborene 88, 236
Schwangerschaftsbeschwerden 274
Schwarzwurzel 253
Schwermetalle 199
Schwertliliengewächse 218
Schwindelanfälle 265
Schwingungsmoment 30
Schwitzen 240
Sedum album 75

Seerose 74, 186, 188, 189, 286, 289, 300
Seerosengewächse 189
Sehstörungen 198
Seifenkraut 175
Seitenstechen 257
Selbstbehauptung 130
Selbstbewusstsein 84, 135, 198
Selbsterkenntnis 104, 108
Selbstheilung 102
Selbstheilungskräfte 85, 207, 283
Selbstvertrauen 84, 197, 261
Selbstverwirklichung 104
Selbstwert 82
Sellerie 185, 253
Senfarten 164
Sesam 280
Sextil 39, 96
Sexualität 73, 75, 103, 126, 157, 161, 226, 230, 233, 273, 274, 279
Signatur 140, 163
Signaturenlehre 137, 230, 259
Silberdistel 162
Silberkerze 194
Silberweide 193
Silybum marianum 162
Skelett 247
Skorpion 33, 37, 45, 76, 81, 87, 93, 94, 225, 331
Skorpion-Geborene 226
Sojabohne 272
Solidago canadensis 86
Sonne 13, 21, 22, 23, 30, 33, 35, 36, 40, 42, 46, 49, 56, 59, 62, 63, 75, 90, 93, 118, 128, 135, 141, 143, 177, 178, 196, 263, 286
Sonnenblume 84, 148, 149, 196, 198, 199, 204, 286, 300
Sonnenhut 203
Sonnenorgan 82
Sonnenpflanzen 198, 204
Sonnen-Qualitäten 198
Sonnenschutzmittel 249
Sonnenton 60
Sonnenwende 42
Sonnenwurz 82
Sonnenzeichen 75
Sonnenzyklus 64, 70, 79, 296
Spargel 176, 185

Spargelgewächse 172
Speicheldrüsen 168
Speiseröhre 168
Spitzwegerich 184
Spontaneität 159, 180
Sportverletzung 173, 229
Sprachorgane 179
Sprachverlust 182
Springkraut 68, 150
Sprossen 165
Stachelbeere 165, 185, 195
Stechapfel 262, 265
Stechpalme 108, 247, 253
Steinbock 13, 14, 16, 18, 19, 22, 24, 30, 33, 37, 43, 45, 47, 52, 72, 77, 83, 89, 94, 96, 116, 149, 245, 291, 329, 332
Steinbock-Geborene 30, 246
Steinbock-Qualitäten 89, 149
Steiner, Rudolf 10, 59, 64
Steinklee 102, 243
Sternanis 244
Sternfrucht 262
Stieleiche 163
Stier 33, 36, 49, 73, 81, 87, 94, 152, 166, 290
Stier-Geborene 81, 167
Stier-Qualitäten 81
Stierzeitalter 49
Stimmbänder 168
Stoffwechsel 189, 207, 240, 251, 268
Storchenschnabel 262
Störungen, nervöse 256
straffend 87
Strahlung, kosmische 60
Strelizie 262
Stress 164, 191, 199, 208, 239
Strohblume 262
Sucht 265
Sumpfdotterblume 233
Symbolsprache 29
Symphytum officinale 104
Synchronisation 17

T

Tabak 68, 271
Tabaksblume 257
Tabakwickler 68
Tabernaemontanus 106
Tagundnachtgleiche 216
Talent 27, 30
Tamarinde 262

Stichwortverzeichnis

Tanne 89, 252, 303
Tannine 163
Taraxacum officinale 140
Tatendrang 158
Taubenblume 278
Taubnessel 194
Tausendgüldenkraut 210
Taxus baccata 112, 122
Teilchen 14
Teilchen, verschränkte 51
Thor 98, 100, 102, 132
Thymian 68, 176, 223, 224
Thymol 68, 183
Thymusdrüse 179, 197
Thymus vulgaris 223
Tiere 294
Tierkreisbewegung 295
Tierkreismensch 151, 152
Tierkreiszeichen 22, 29, 33, 35, 49, 153
Tollkirsche 118, 227
Tomate 165, 195
Tonkabohne 224
Trachelospermum jasminoides 222
Transformation 31, 103, 116, 127
Transite 94
Transit-Planet 95
Traube 224
Traubeneiche 163
Trauerweide 270
Traurigkeit 100, 102, 122, 259
Triefaugen 141
Trigone 39, 96
Triticum-Arten 211
Trollblume 91, 271
Trollius europaeus 91
Tropfenmethode 61
tumorhemmend 258

U

Überarbeitung 191
Übergewicht 168
Ulme 59, 182
Ulmengewächse 182
Ulmus campestris 182
Umknicken 256
Unabhängigkeit 159
unkonzentriert 179
Unruhe, nervöse 269
Unterleib 207, 227
Unterleibsbeschwerden 207

Unterschenkel 256
Uranus 31, 33, 37, 40, 46, 84, 123, 142, 205, 215, 254, 263, 287
Uranuspflanzen 256, 262
Uranus-Qualitäten 255, 256
Uranuszyklus 128
Urtica dioica 160
Urtica urens 160

V

Valeriana officinalis 74, 129, 191
Vanille 175, 176, 195, 224, 244, 280
Veilchen 171, 175, 223
Veilchengewächse 171
Venus 21, 23, 33, 36, 37, 40, 41, 57, 59, 63, 73, 81, 87, 99, 120, 128, 133, 139, 140, 143, 166, 167, 177, 235, 285, 286
Venusenergie 58
Venuspflanzen 133, 168, 175, 217, 290
Venusqualitäten 167, 168
Verbascum densiflorum 88, 101
Verbrennung 202
Verdauung 180, 195, 207, 209, 210, 214, 239, 240
Vergissmeinnicht 175, 267
Verletzung 179, 206, 257
Verstauchung 257
Verstopfung 207
Verzweiflung 122
Vetiver 253, 280
Vinca minor 114
Viola odorata 171
Virus-Infektionen 210
Viscum album 90, 258
Vitalitätsverlust 198
Vogelmiere 194
Vollmond 59, 71, 129, 141, 189

W

Waage 33, 37, 46, 72, 76, 80, 86, 215, 290, 331
Waage-Geborene 216
Waage-Sonne 217
Wacholder 60
Wald-Bingelkraut 179
Waldgeißblatt 184, 280

Walnuss 104, 132, 242
Walnussgewächse 242
Wandel 13
Wandelstern 21, 153
Warze 76, 119, 141, 227
Warzenkraut 141
Wasseransammlung 220
Wasserdost 256, 262
Wassermann 22, 23, 33, 37, 51, 78, 84, 90, 254, 333
Wassermann-Geborene 255
Wassermann-Qualitäten 50, 89, 90
Wassermannzeitalter 48, 50, 51, 150
Wechseljahre 169, 194, 240, 274, 276, 279
Wegerich 213
Wegwarte 253
Weide 195, 270
Weidengewächse 193, 270
Weihrauch 198, 204, 212, 214, 272
Weihrauchgewächse 212
Weinraute 203
Weißdorn 164
Weizen 211
Weltenharmonie 33, 55
Wermut 247, 253
Wetterfühligkeit 202
Wetterwechsel 10
Wicke 179, 185
Widder 22, 33, 35, 36, 54, 80, 86, 140, 152, 157, 165, 289
Widder-Geborene 54, 158
Widder-Qualitäten 80
Widderzeitalter 50
Wiesen-Kerbel 179
Wilde Karde 162
Wilde Möhre 177, 180, 286, 299
Wintersonnenwende 22
Wirbelsäule 197, 198, 247
Wolfsmilch 76, 119, 233
Wucherung 237
Wunde 104, 123, 200, 202, 257
Wundkraut 159, 257
Wundschmerz 257
Wut 157

Y

Ylang-Ylang 175, 280

Ysop 195, 243

Z

Zähne 159, 247, 248
Zahnfleisch 169
Zahnprobleme 159, 247
Zaubernuss 87, 124, 229
Zaubernussgewächse 229
Zeder 272
Zehen 265
Zeit 16, 17, 24, 25, 41
Zeitlosengewächse 231
Zeitqualität 92
Zentralnervensystem 256
Zerrung 257
Ziele setzen 92
Zimt 198, 204, 234, 244, 280
Zinnkraut 248
Zitrone 204
Zitronengras 262
Zitruspflanzen 203
Zodiak 29
Zucchini 189, 195
Zunge 179
zusammenziehend 87, 194, 275, 277
Zwetschke 214, 224
Zwiebel 161, 164
Zwillinge 33, 36, 74, 82, 88, 177, 178
Zwillinge-Geborene 178
Zwillinge-Qualitäten 82, 179
Zwillingezeitalter 49
Zyklen, kosmische 41
Zyklusstörung 274
Zypresse 96, 122, 232, 253
Zypressengewächse 232
Zyste 227

Literaturverzeichnis

Bachmann, Verena; Weiss, Claude; Hamaker-Zondag, Karen etc.: Visionen einer neuen Zeit, Edition Astrodata 2010
Banzhaf, Hajo: Zwischen Himmel und Erde, Königsfurt Urania Verlag 2009
Berendt, Joachim-Ernst: Nada Brahma. Die Welt ist Klang, Frankfurt Insel 1983
Bond, Elisabeth: Spirituelle Alchemie, Lokwort Verlag 2011
Cousto, Hans: Die Kosmische Oktave, Synthesis 1984
Dahlke, Rüdiger: Die Lebensprinzipien – Wege zu Selbsterkenntnis, Vorbeugung und Heilung, Arkana Verlag 2011
Dahlke, Rüdiger: Das senkrechte Weltbild, Ullstein Verlag 2005
Dürr, Hans-Peter: Geist, Kosmos und Physik – Gedanken über die Einheit des Lebens, Crotona Verlag 2010
Grof, Stanislav: Die Psychologie der Zukunft, Edition Astrodata 2002
Fintelmann, Volker; Weiss, Rudolf F.: Lehrbuch der Phytotherapie, Hippokrates 2002
Hageneder, Fred: Geist der Bäume, Neue Erde 1998
Hand, Robert: Das Buch der Transite, Kailash Verlag 1994
Hirsch, Siegrid; Grünberger, Felix: Die Kräuter in meinem Garten, Freya Verlag 2005
Hüther, Gerald: Was wir sind und was wir sein könnten, Fischer Verlag 2011
Kaiser, Annette: Der Weg hat keinen Namen, Theseus Verlag 2002
Knauss, Harald und Sonnenschmidt Rosina: Die zwölf Tore der Heilung: Das Spiel der Kräfte im Jahreslauf, Verlag Homöopathie + Symbol 2005
Koch, Yvonne; von Rohr, Wulfing: AstroKinesiologie – das Praxishandbuch, VAK 2005
Koch, Yvonne; von Rohr, Wulfing: Einführung in die Horoskopdeutung, Urania 2004
Lipton, Bruce: Intelligente Zellen, Koha Verlag 2007
Madaus, Gerhard: Lehrbuch der biologischen Heilmittel, Nachdruck Olms 1979
Marzell, Heinrich: Wörterbuch der deutschen Pflanzennamen, Hirzel 1977
Niehaus, Petra: Astrokalender Sternenlichter, Chiron Verlag
Paracelsus: Sämtliche Werke, Anger 1993
Rippe, Olaf; Madejsky, Margret: Die Kräuterkunde des Paracelsus, AT-Verlag 2006
Schäfer, Silke: Der Kuss ist weg, aber die Liebe bleibt. Books on demand 2012
Schäfer, Thomas: Vom Sternenkult zur Astrologie, Herder Verlag 1993
Sheldrake, Rupert: Das schöpferische Universum – Die Theorie des Morphogenetischen Feldes, Ullstein TB 2009
Sommer-Dickson, Pamela: Das Fenster zum Himmel öffnen, Ansata Verlag 2011
Storl, Wolf-Dieter: Der Kosmos im Garten, AT Verlag 2001
Stumpf, Ursula: Pflanzengöttinnen und ihre Heilkräuter, Kosmos Verlag 2010
Stumpf, Ursula: Unsere Heilkräuter, Kosmos Verlag 2012
Tolle, Eckehardt: Leben im Jetzt, Goldmann Arkana Verlag 2001
Uyldert, Melie: Die verborgenen Kräfte der Pflanzen, Bastei Lübbe 2000
Warnke, Ulrich: Quantenphilosophie und Spiritualität, Scorpio Verlag 2011
Wilber, Ken: Integrale Spiritualität, Kösel-Verlag 2006
Zülle, Silvan: Quantenbewusstsein – Die eigene Realität nach 2012, Eigenverlag 2012

Internet-Verweise: *www.astrosoftware.ch* (Galiastro Astrologieprogramm, benutzt für die Horoskope im Buch)   *www.astro.com* & *www.astrology-and-science.com*

Die Autorinnen

Dr. rer. nat. Ursula Stumpf

- ☙ gelernte und promovierte Apothekerin
- ☙ als Heilpraktikerin und Kinesiologin 20 Jahre in eigener Praxis tätig
- ☙ gründete 1998 die „Kräuterweisheiten" – eine Kräutererlebnisschule in Karlsruhe
- ☙ seit 2004 Entwicklung der Seminare in „AstroFlora" gemeinsam mit Yvonne H. Koch, Egg bei Zürich
- ☙ regelmäßige Fernsehauftritte als Heilpflanzenexpertin

Eigene Bücher:
Unsere Heilkräuter – Bestimmen und anwenden, Kosmos 2012

Pflanzengöttinnen und ihre Heilkräuter
Naturkraft schöpfen, Heilwissen nutzen, Kosmos-Verlag 2010

Kräuter für Körper und Seele – 20 heimische Pflanzen mit allen Sinnen entdecken, VAK 3. Auflage 2012

Pflanzenweisheiten von Apfel bis Zimt
Genüssliches und Heilsames für Körper und Seele, VAK 2005

Von Magie bis Phytotherapie
Die Geschichte der Kräuter und Pflanzen, ihre Bedeutung und erfolgreiche Anwendung, medmedia, 3. Auflage 2010

Kräuter zum Wohlfühlen – Gartentipps und Wellness-Ideen rund um Rosmarin, Lavendel und Co., GU, nur noch antiquarisch

Reisen zu den Kräuterweisheiten – CD mit Pflanzenfantasiereisen und Musik zum Entspannen

www.kraeuterweisheiten.de

Yvonne Helene Koch

- ଔ Pädagogin, Dipl. Phil. I, Universität Bern
- ଔ ein Jahr Archäologiestudium an der Arizona State University in Phoenix/Arizona
- ଔ Ausbildungen in Astrologie und Kinesiologie, eigene Praxis seit 20 Jahren
- ଔ Entwicklung der AstroKinesiologie – Vorträge, Seminare, Jahresausbildungen im In- und Ausland
- ଔ seit 2004 Entwicklung der Seminare in „AstroFlora" gemeinsam mit Ursula Stumpf, Karlsruhe
- ଔ Entwicklung der Seminarreihe TK-Astro (Transformationskinesiologie und Astrologie) gemeinsam mit Grethe Fremming, Dänemark
- ଔ diverse Weiterbildungen in Meditation, Yoga, Tai Chi und Bewusstseinsschulung
- ଔ Autorin der monatlich erscheinenden „AstroNews"

Eigene Bücher:

„AstroKinesiologie – Das Praxishandbuch"
Yvonne Helene Koch mit Wulfing von Rohr, VAK 2005, Kirchzarten

Die AstroKinesiologie als Synthese von Kinesiologie und Astrologie erschließt neue Wege, die Signale von Körper, Natur und Kosmos in Einklang zu bringen.

„Einführung in die Horoskopdeutung"
Wulfing von Rohr mit Yvonne Helene Koch

Mitautorin des astrologischen Standardwerks *„Chiron, Lilith und Isis"*, erschienen 2004 im Urania Verlag, Neuhausen, Schweiz.

www.astrokinesiologie.ch